中国劳资关系政府干预的调整研究

以人工智能时代为背景

张 颖 著

中国社会科学出版社

图书在版编目（CIP）数据

中国劳资关系政府干预的调整研究：以人工智能时代为背景 / 张颖著. —北京：中国社会科学出版社，2021.7
ISBN 978 – 7 – 5203 – 9209 – 9

Ⅰ.①中… Ⅱ.①张… Ⅲ.①劳资关系—行政干预—研究—中国 Ⅳ.①F249.26

中国版本图书馆 CIP 数据核字(2021)第 190639 号

出 版 人	赵剑英
责任编辑	王莎莎
责任校对	石建国
责任印制	李寡寡

出　　版	中国社会科学出版社
社　　址	北京鼓楼西大街甲 158 号
邮　　编	100720
网　　址	http://www.csspw.cn
发 行 部	010 – 84083685
门 市 部	010 – 84029450
经　　销	新华书店及其他书店
印　　刷	北京明恒达印务有限公司
装　　订	廊坊市广阳区广增装订厂
版　　次	2021 年 7 月第 1 版
印　　次	2021 年 7 月第 1 次印刷
开　　本	710×1000　1/16
印　　张	16.25
字　　数	210 千字
定　　价	89.00 元

凡购买中国社会科学出版社图书，如有质量问题请与本社营销中心联系调换
电话：010 – 84083683
版权所有　侵权必究

前　言

自改革开放以来，中国经历了四十多年持续快速的经济增长，曾一度被国内外描述为"中国经济奇迹"。GDP 年均增长率达到 9.9%，截至 2013 年，中国 GDP 总值超过 58 万亿元，成为全球位居前列的经济体。尽管 2013 年以后，GDP 增长速度放缓，中国经济进入结构调整与发展方式转变的新时期，但中国经济发展动力依然强劲。2020 年，在全球抗击新冠肺炎疫情的背景下，中国 GDP 初步核算为 1015986 亿元，按可比价格计算同比增长 2.3%，我国成为疫情发生以来第一个恢复增长且唯一实现正增长的主要经济体。从宏观经济层面来看，中国经济的发展将会极大地改善中国人民的经济收入与生活水平，为市场化的工资增长创造更多的可能性与机会。然而，从现有的统计数据来看，中国快速的经济增长虽然带来了劳动者工资绝对值的增长，但劳动者报酬的相对份额却不升反降，劳动者的经济利益面临受损风险。这种客观分配上的不公势必会引起主观上的相对剥夺感，劳动者与资本所有者之间的矛盾与冲突不可避免地存在于劳资关系体系中。事实上，中国自 20 世纪 90 年代中期以来，劳动争议案件数逐年上升，工人们集体化的产业行动（如罢工、游行、示威等）逐步显露，劳资关系面临潜在的风险，劳动者权益实现成为政府干预劳资关系的着眼点。

2015年，我国南方一些制造业大省先后出现了"机器换人"现象，即在产品生产过程中使用智能化机器人代替人力劳动者，这在给企业带来可观利润、给国民经济增长带来"技术红利"的同时，也给劳动者带来了就业危机，给本就面临失衡风险的劳资关系带来新的挑战。

劳资关系失衡会对经济发展与社会的和谐稳定造成不利影响，因此，如何化解劳资矛盾、构建平衡的劳资关系、实现经济与社会的和谐发展是摆在我国政府与社会各界人士面前的大问题。我国当前正处于经济转型期，市场经济体制还没有完全发育成熟，政府在劳资关系调整中还发挥着主导性作用，因此，我国劳资关系的政府干预问题急需予以理论说明。本书以协调劳资冲突与矛盾为契机，以不完全劳资契约为主线，分析了劳资契约的不完全性与从属性特征共同导致劳资关系失衡的机理，探讨了不完全契约条件下，政府干预劳资关系的思路与职能界定，解释和验证了中国劳资关系潜在失衡风险的成因，并通过对比分析西方国家政府干预劳资关系的实践得出对我国的启示，把政府干预劳资关系的基点落实到增强劳方博弈力量、保证劳方基本权益的实现与处理劳动争议上来，并把这一基点与政府干预方式联系起来，构建了中国传统劳资关系的政府干预框架体系。紧接着，本书结合人工智能时代特点来重新审视劳资关系变化，提出了中国劳资关系不仅面临失衡问题而且面临技术变革所带来的不确定性等更加复杂的问题，因此，中国劳资关系已经形成的政府干预体系还需做进一步的调整，以应对人工智能时代可能会给社会带来的动荡。

本书使用了逻辑演绎法、数理分析法、计量分析法、国际比较分析法等研究方法，通过十章共四大部分内容对中国劳资关系的政府干预问题以及人工智能时代下劳资关系政府干预的调整问题进行了分析与探讨，除了"绪论"外，各部分的主要内容安排如下：

第一部分是理论基础，也是本书分析的重点。这部分主要从三个方面进行阐述：

（1）对国内外学术界关于劳资关系及其调整问题的研究进行综合述评。与国内研究相比，国外学术界已经形成了较为成熟的劳资关系理论，其中，亚当·斯密的分工理论与劳动价值论构成了劳资关系研究的理论渊源，在此基础上逐渐形成了"马克思主义的阶级斗争观""多元论"与"一元论"三种观点，以这些理论为基础国内外学者分别对劳资关系政府干预与不完全劳资契约展开了研究，但无论是国外还是国内研究都没有从契约视角对劳资关系的政府干预问题进行系统分析，这就为本书的研究提供了足够的上升空间。

（2）对劳资契约不完全性进行理论分析，首先从对契约的理论解读出发，分析了契约经济理论由新古典契约发展到不完全契约的演变路径，并在此基础上对完全契约与不完全契约概念进行了系统梳理与补充，分别给出了完全契约与不完全契约的含义及其成立的条件，在本质上对完全契约与不完全契约的区别进行了剖析；其次探讨了劳资契约及其不完全性，指出劳资契约由于交易客体的特殊性、契约交易内容的复杂性、团队生产活动的特点、劳资双方严重的信息不对称性等方面原因具有较非劳资契约更加突出的不完全性；最后分析了劳资契约所具有的"隐性契约"特征，并从契约执行角度探讨了劳资契约不完全所带来的后果及影响。

（3）对不完全契约条件下劳资关系的政府干预问题展开研究，首先分析了不完全契约条件下劳资关系政府干预的必要性，指出在劳资契约的不完全性与劳方从属于资方的博弈力量不对等性的共同作用下，劳资关系出现失衡从而对经济发展与社会和谐产生不利影响，因此，政府有必要对劳资关系进行干预；其次分析了政府干预劳资关系的基本思路，在劳资契约不完全的框架下，政府应从增强劳方博弈力量、保证劳方基本权益实现与公平合理地解决劳动争议三个方面实施对劳资关系的干预；然后对政府干预劳资关系的职能进行了界定，指出政府可以从治理失业的劳动力市场政策、建立并执行劳工标准与劳动监察制度、促进工会调节作用的发挥与构建劳资集体谈判制度、构建劳动争议处理制度等方面界定政府干预劳资关系的职能；最后通过劳动者的契约收益模型与集体谈判的重要作用模型对劳资关系政府干预进行了数理分析。

第二部分是实证分析，具体阐述了中国传统的劳资关系及其政府干预框架体系。本部分内容分为三个方面展开论述：

（1）对中国劳资关系面临失衡状况进行契约理论阐释。首先从劳动者工资收入面临潜在风险和劳资矛盾与冲突隐性地存在两个方面对中国劳资关系失衡风险的表现进行了分析，然后基于不完全契约视角，从劳资契约的签约、履约以及政府干预三个环节对劳资关系失衡的成因进行了阐释，最后通过构建计量经济学模型对中国劳资关系失衡的成因进行了验证。

（2）对西方典型国家劳资关系政府干预状况的研究。首先选取了美国、德国与日本作为典型国家，对这三个国家劳资关系的政府干预措施进行了比较分析，然后提出了当代西方发达国家政府干预劳资关系的成功经验对我国的重要启示，即政府要从利益平衡角度出发做好调解者的角色、从赋予劳动者"劳权"角度出发增强劳方博弈力量、在劳资关系调整中综合使用各种手段、尽量采用调解方式解决劳动争议以及劳动争议多样化处理等。

（3）给出中国传统劳资关系政府干预的框架体系。通过加强工会组织建设、完善集体协商与集体合同制度、促进就业与改善劳动力市场供求关系等措施来增强劳方博弈力量；通过推进劳动基准制度建设与社会保险福利制度改革、改进监察体制并加强劳动执法等办法来保证劳方基本权益的实现；通过完善劳动争议调解、仲裁与诉讼制度等方面来促进劳动争议处理制度的完善。

第三部分是转型分析，具体阐述了人工智能时代背景下中国劳资关系面临的转变与劳资关系政府干预需要做的相应调整。本部分内容也分为三个方面展开论述：

（1）阐述人工智能时代特点及其对就业与劳资关系的影响。首先概括了人工智能的内涵与外延，然后抓住人工智能作为技术进步的一种变革力量的特点，分析其对劳动力市场以及就业所产生的影响，进而阐述人工智能时代下劳资关系的转变，得出传统固定劳资关系逐渐向新型不确定性劳资关系转变的结论。

（2）人工智能时代中国劳资关系的政府干预。主要从理论层面介绍了中国政府在人工智能技术应用过程中要对劳资关系进行干预的必要性，随后结合人工智能时代特点阐述了中国劳资关系政府干预的基本思路。

（3）从三个方面阐述了人工智能时代中国劳资关系政府干预的调整方向。首先，要通过逐步建立高等教育中的人工智能专业培养体系、构建公益性培训与再就业服务平台、规范人工智能技术专业化培训机构等方面展开人力资本投资促进劳方博弈力量的增强；其次，要通过发展新兴产业业态、鼓励创新创业、促进国际化劳务输出等方式多管齐下缓解就业压力；再次，要通过社会保障制度改革与法律制度调整来增强劳动者抵御社会风险的能力。

目　录

第一章　绪论 …………………………………………………（ 1 ）
　　第一节　研究背景 ………………………………………（ 1 ）
　　第二节　研究意义 ………………………………………（ 4 ）
　　第三节　研究方法 ………………………………………（ 7 ）
　　第四节　基本结构与主要内容 …………………………（ 8 ）
　　第五节　创新与不足 ……………………………………（ 13 ）
第二章　劳资关系及其政府干预的国内外文献综述 ………（ 16 ）
　　第一节　国外关于劳资关系及其政府干预的研究 ……（ 16 ）
　　第二节　国内关于劳资关系及其政府干预的研究 ……（ 34 ）
第三章　劳资契约不完全性的理论分析 ……………………（ 52 ）
　　第一节　完全契约与不完全契约 ………………………（ 52 ）
　　第二节　劳资契约及其不完全性 ………………………（ 60 ）
　　第三节　劳资契约不完全的特点及影响 ………………（ 65 ）
第四章　不完全契约条件下劳资关系的政府干预 …………（ 68 ）
　　第一节　劳资契约不完全条件下政府干预的必要性 …（ 68 ）
　　第二节　不完全契约条件下劳资关系政府干预的
　　　　　　基本思路 ………………………………………（ 74 ）

第三节　不完全契约条件下劳资关系政府干预的

　　　　　　职能界定 ……………………………………（76）

　　第四节　劳资关系政府干预的数理分析 ……………（82）

第五章　中国传统劳资关系的契约理论阐释 ……………（91）

　　第一节　中国传统劳资关系及其潜在失衡风险 ……（91）

　　第二节　中国劳资关系失衡的原因：基于契约视角 …（103）

　　第三节　中国传统劳资关系失衡风险的计量检验 …（118）

第六章　劳资关系政府干预的国际经验借鉴 ……………（126）

　　第一节　美国政府干预劳资关系的政策与措施 ……（126）

　　第二节　德国政府干预劳资关系的政策与措施 ……（134）

　　第三节　日本政府干预劳资关系的政策与措施 ……（141）

　　第四节　西方国家劳资关系政府干预过程对我国的启示 …（148）

第七章　中国劳资关系政府干预的政策框架体系 ………（153）

　　第一节　增强劳方博弈力量 …………………………（153）

　　第二节　保证劳方基本权益的实现 …………………（160）

　　第三节　完善劳动争议处理制度 ……………………（165）

第八章　人工智能时代中国劳资关系转变 ………………（169）

　　第一节　人工智能时代悄然来临 ……………………（169）

　　第二节　人工智能技术应用及其对中国就业市场的影响 …（179）

　　第三节　人工智能技术应用导致劳资关系转变 ……（192）

第九章　人工智能时代中国劳资关系的政府干预 ………（202）

　　第一节　人工智能时代劳资关系政府干预的必要性 …（202）

　　第二节　人工智能时代中国劳资关系政府干预的

　　　　　　基本思路 ……………………………………（208）

第十章　人工智能时代中国劳资关系政府干预的调整方向 …（212）

　　第一节　以提升人力资本促进劳方博弈力量增加 …（212）

第二节　多管齐下缓解就业压力 …………………………（218）
　　第三节　通过制度改革增强劳动者抵御风险能力 …………（224）
主要参考文献 ……………………………………………………（228）
致　　谢 …………………………………………………………（242）

图表目录

图目录

图1-1 本书框架结构图 ……………………………………（12）
图4-1 买方独家垄断市场上企业利润最大化的雇用量和
　　　工资水平 ………………………………………………（88）
图5-1 1996—2012年劳动争议案件受理数量趋势图 ………（98）
图5-2 2001—2012年各年劳资争议调解数趋势图 …………（99）
图5-3 2001—2012年劳资争议调解占结案百分比
　　　趋势图 …………………………………………………（99）
图5-4 1996—2012年劳动者申述案件情况图 ………………（100）
图5-5 1996—2012年劳动者申诉与用人单位申诉
　　　占比情况 ………………………………………………（100）
图5-6 1996—2012年劳资双方胜诉情况图 …………………（101）
图5-7 1996—2012年集体争议案件数趋势图 ………………（102）
图5-8 1996—2012年集体争议涉案人数趋势图 ……………（102）
图5-9 1994—2012年全国城镇职工参保情况趋势图 ………（113）

图 8-1　人工智能技术的应用通过生产力影响生产关系的基本逻辑 …………………………………………（180）

图 8-2　"机器换人"现象所带来的劳动力需求的二元变化 …………………………………………………（184）

图 8-3　"机器换人"发生之初劳动力市场运行情况 ………（186）

图 8-4　人工智能劳动力市场：蛛网模型 ……………………（187）

图 8-5　"机器换人"之后人力资本投资作用所带来的劳动力市场变化情况 …………………………………………（188）

表目录

表 5-1　1978—2013 年职工工资总额占 GDP 比重 …………（ 93 ）

表 5-2　1990—2012 年我国国内生产总值收入法构成 ………（ 94 ）

表 5-3　2003—2013 年规模以上工业企业利润增长情况 …………………………………………………（ 96 ）

表 5-4　2001—2013 年劳动争议案件按原因分受理情况表 …………………………………………………（120）

表 5-5　各变量主要统计性质 …………………………………（121）

表 5-6　劳动争议案件影响因素的面板数据模型回归结果（固定效应）…………………………………………（122）

表 8-1　人工智能曲折发展的历史过程梳理 …………………（172）

表 8-2　人工智能应用领域概况梳理 …………………………（179）

表 8-3　中国 2010—2019 年城镇登记失业人数与失业率情况 ……………………………………………（190）

表 8-4　2010—2019 年中国劳动力人口就业与失业情况统计 ……………………………………………（199）

表 9-1 2011—2018 年中国人口抽样调查中受教育情况简表 …………… (203)
表 10-1 2019 年普通高校新增备案本科专业名单 …………… (213)
表 10-2 2010—2018 年失业保险基金收支情况 …………… (215)
表 10-3 2011—2018 年来中国对世界劳务合作派出人数情况统计 …………… (222)

第一章 绪论

第一节 研究背景

一 中国传统的劳资关系失衡

从契约角度来讲,劳资关系指的是在市场经济条件与资本雇佣劳动的生产方式下产生的,由劳动力所有者与资本所有者为了各自利益需要就劳动力使用权与劳动条件的实现达成交易契约,并在契约的签订、履行与终止过程中发生的冲突与合作关系。劳方在契约规定下能够与资方平等地分享经济利益,参与决定同劳动者切身利益相关的劳动条件实现问题,使劳方权益获得充分的保障,劳资双方团结合作并实现共赢,这应该是我国建设和谐社会的应有之意。然而,我国面临的实际情况却是,劳资关系处于失衡的状态中,劳方利益受损普遍存在,劳资冲突显性化发展,劳资关系的政府干预成为必然。

自20世纪90年代中期以来,我国劳资冲突不断显性化并呈现逐渐加剧之势,劳资矛盾越来越成为影响社会稳定的重要因素之一。从1996—2015年我国劳动争议案件的发生情况来看,我国劳动争议案件数逐年上升，1999年超过10万件，2003年突破20万件，2005年达到30万件，2008年时上升至顶峰达到近70万件之多，短短17年，我国劳动争议案件数由接近5万件急剧增长到近70万件①，增长了近14倍，这正是劳资矛盾不断显性化的必然结果。与此同时，我国劳动者组织的集体性产业行动也不断出现，并且在覆盖面上逐步加宽。从国内学者的调查资料中可以看到，我国集体性停工事件发生的区域涉及全国各地，发生停工的企业涉及外商投资、合资及港澳台企业、私营企业等不同类型，发生停工事件的行业覆盖了工业企业、加工制造业、建筑业、服务业与交通运输业等各行各业。总之，我国劳资关系运行中，劳资矛盾不断显性化，劳资冲突规模不断扩大，集体性事件不容忽视，我国劳资关系失衡格局已经形成。

二　人工智能时代加剧了劳资关系失衡

2013—2015年，我国南方一些制造企业为了应对"用工荒"问题大规模应用人工智能机器人参与物质生产过程，这虽在一定程度上促进了经济的发展，但却也带来影响劳动力就业的大问题，尤其是对于低技能劳动力而言，其面临着被"机器人劳动力"替换从而沦为"停滞过剩人口"的风险。这种状态给本就具有失衡风险的劳资关系带来了新的挑战，中国传统劳资关系政府干预中已经形成的政策框架体系也将面临新的调整任务。

劳资关系失衡会给经济发展与社会的和谐稳定带来不利的影响。首先，劳资双方利益分配失衡、劳动报酬处于较低水平，可能会加剧扩大再生产与有效需求不足之间的矛盾，也可能造成整个社会的人力资本积累不足，使国民经济缺乏长期增长的动力；其次，劳资矛盾显

---

① 数据来源于1997—2016年历年《中国劳动统计年鉴》。

现、劳资冲突加剧、集体性停工事件的发生都会在不同程度上影响劳动过程的顺利进行，甚至使劳动过程陷入瘫痪，不仅会损害企业与劳动者的经济利益，而且会给社会带来一定损失，影响经济增长速度，降低经济发展水平；再次，劳资关系失衡还会影响社会的和谐与稳定。劳动者群体是市场经济社会最主要的构成部分，这个群体的安定与否，直接关系到社会的安定与否，而劳资关系的安定和谐则是社会安定和谐的基础，因为劳资争议和集体行动所影响的不仅是个别的企业和单位，还有社会经济的正常运行，以及以劳动者群体为主的社会心理状况。

三 已有研究具有可拓展空间

由于劳资关系失衡严重制约着中国经济的发展与社会的稳定和谐，因而对中国劳资关系及其调整问题的研究越来越受到社会各界，尤其是学术界的重视。国内学术界从法学、经济学、社会学等多学科角度对劳资关系及其调整问题展开了大量研究，产生了丰富的成果。但是，在对劳资关系政府干预问题的分析与从契约视角对劳资关系问题所进行分析方面，已有研究还存在一些不足。

首先，现有研究没有形成中国化、系统化的劳资关系政府干预理论体系。国内关于劳资关系政府干预的研究主要体现在政府是否应该对劳资关系进行干预、政府在劳资关系调整中扮演的角色以及政府干预劳资关系的对策等三个方面，从这三个方面的研究内容可以看出，国内对这个问题的研究主要是从实践角度给出的具体建议或应然性分析，所用理论大多是西方成熟的劳资关系理论，尚未形成系统化的中国劳资关系政府干预理论体系。

其次，国内基于契约视角对劳资关系及其调整问题所进行的研究还处于一种萌芽状态。已有的少数成果或者只是从劳资契约中的某一个层面(如国家作为契约的第三方强制实施者方面)来研究某个具体领域的劳资纠纷(如建筑工地农民工与雇主之间的工资纠纷)问题,或者只是对不完全劳资契约的属性及其对劳资收益以及企业产权与治理机制的影响等方面进行探讨,尚缺乏对不完全劳资契约与劳资关系失衡之关联的深入分析。而从实践上来看,中国劳动争议案件的发生在很大程度上与劳资契约的履行受阻有关。因此,我们有必要从契约视角出发探讨劳资关系失衡的成因并提出化解劳资矛盾的有效途径。

再次,结合人工智能时代的特点来研究中国劳资关系及其调整的文献还比较匮乏。人工智能时代的到来意味着新型科技的引用,而每次技术变革的力量都会通过对生产力与生产方式的影响作用于生产关系。劳资关系作为生产关系中的重要组成部分必然受到相应影响。因此,结合人工智能时代特点来研究中国劳资关系具有必要性与实践意义。国内已有研究虽然注意到了这个问题,但是鲜有文章结合中国劳资关系政府干预框架来研究人工智能时代下劳资关系政府干预的转型。这就为后续研究留下了空间。

第二节 研究意义

构建和谐社会、实现经济与社会的和谐发展是我国政府的执政目标和基本理念。然而劳资关系失衡所引发的社会矛盾日益突出,甚至带来严重的群体性安全事件等,制约着中国经济社会和谐发展目标的实现。因此,如何协调劳资关系、化解劳资矛盾、减少因劳资关系失衡所带来的社会成本等问题,都急需予以理论说明。本书从不完全契约视角来研究中国劳资关系的政府干预问题是以构建和谐社会关系为目标的理论探讨,同时结合人工智能时代特点来分析中国劳资关系政府干预的调整,更加符合时代赋予的历史使命,具有一定的理论与现实意义。

一 研究的理论意义

从理论意义上来讲,本书在一定程度上拓展了已有成果的研究空间。

首先,我国现有研究成果存在简单套用西方劳资关系理论与框架的现象,因而难以对劳资关系的政府干预提供更为充分的理论依据与政策建议。本书以马克思主义政治经济学为理论指导,综合运用劳动经济学、新制度经济学、计量经济学,特别是不完全契约理论,深入论证了劳资关系政府干预的客观必然性,并在理论分析的基础上提出了中国劳资关系政府干预的基本思路、重点及对策建议。

其次,我国现有研究存在着理论研究落后于实践发展的客观缺陷,因而难以对劳资关系发展中遇到的难题提供及时有效的理论指导。当前,我国劳资关系运行中已经全面实行了劳动合同制度,契约治理在劳资关系调整中发挥着越来越重要的作用,因此,本书从契约视角出发研究劳资关系及其调整问题可以弥补理论研究落后于实践发展的缺陷。

再次,我国现有研究对劳资关系政府干预的分析主要体现在政府是否应该介入劳资关系调整过程、政府在劳资关系运行中的角色定位、政府干预劳资关系的对策与机制等问题上面。在这其中,应然性分析较多,系统化的理论分析却较少。在中国转型时期,市场化改革仍在进行之中,市场机制还没有完全成为主导经济发展的力量,中国目前的经济运行仍体现出政府主导的特点,因此,政府如何对劳资关系进行干预是稳定社会和发展经济的重要问题之一,对这一问题的分析不应停留于现状,而更应做深入与系统的探讨。本书从不完全契约视角研究中国劳资关系的政府干预问题就是想从构建系统化理论的角度来解释中国劳资关系失衡的状况并为劳资关系的政府干预提供理论基础。

最后，我国自2013年开始逐渐步入人工智能时代，尤其是伴随2015年"机器换人"现象的出现，劳资关系问题逐步呈现出了不同于以往的不确定性与复杂性特点，国内目前鲜有文献结合人工智能技术来研究中国劳资关系的政府干预，本书开此理论研究之先河，并力求在以后的研究中进一步补充实践之验证资料，以期为中国政府合理应对劳动者就业压力、促进人工智能技术平稳落地提供理论参考。

二 研究的现实意义

从现实意义上来看，本书可为化解劳资矛盾、协调劳资关系提供实践上的指导。

首先，本书以中国劳资关系的政府干预为分析重点，能够为我国劳资矛盾的化解提供现实性指导。中国当前劳资关系运行仍然以个别劳资关系为主，劳方在劳资契约中处于弱势与从属的地位，劳方权益受损，如果依靠市场机制的自发调节，劳资关系失衡状况不会得到有效遏制，政府介入对劳资关系进行干预是中国劳资关系调整中的必经阶段。

其次，本书的分析可以为我国政府在劳资关系调整上的政策改进指明方向。从实践上来看，我国当前劳资关系调整中，政府干预发挥着主导性的作用，但是调整效果却不甚理想。本书基于契约视角提出，导致这一结果的原因在于我国政府干预劳资关系的措施主要放在了劳资契约的事前保护与事后干预上面，而忽略了对劳资契约形成过程的干预与调节，这就使得地方政府在制度执行方面的行为偏差削弱了劳资关系调整制度应有的作用，甚至造成对劳方的二次伤害。为此，政府需要转变思路,从增强劳方博弈力量、保证劳方基本权益实现以及公平合理地解决劳动争议等方面对劳资关系进行协调,这就为未来劳资关系的政府干预指明了改进的方向。

再次,本书的分析结合了人工智能时代的特点,研究人工智能作为一种技术变革力量给劳动者就业带来冲击进而对中国劳资关系产生的影响。这为当前我国劳资关系的调整提供了更加切实可行的研究方向,同时也为中国劳资关系政府干预的转变提供了可行的思路。

第三节 研究方法

一 逻辑演绎分析法

逻辑演绎法是指运用一般原理来分析和说明特殊(或个别)对象(或现象)的思维方法。本书首先分析了劳资契约的不完全性与从属性特征,然后将二者结合起来分析得出"不完全劳资契约作用的结果是劳资关系失衡"的结论,随后,在对中国劳资关系失衡的成因进行契约理论阐释时运用了这一结论,并将中国劳资关系失衡的成因分解为劳资契约签约环节的"资方强权"、履约环节的"资方侵权"与政府干预环节的"制度失灵"三个方面,此为逻辑演绎分析方法。

二 数理分析法

数理分析法是指在经济分析过程中,运用数学符号和数字算式的推导来研究和表示经济过程和现象的分析方法。本书在对劳资关系政府干预的思路——保证劳方基本权益的实现与增强劳方博弈力量两个方面进行分析时,使用了数理分析方法,建立了劳方契约收益模型与集体谈判的重要作用模型,从而通过数学算式推导的形式证明了政府干预劳资关系的上述思路的正确性。

三 计量分析法

计量分析法是根据经济理论、可利用的资料和现有的经济计量技术，确定经济变量之间关系的数学形式，估计模型中的各个参数，并把估计结果用于经济结构分析、经济理论验证、经济预测和政策评价的一种研究方法。本书在对中国劳资关系失衡的成因进行检验时，运用契约理论，选取了工会覆盖率、实际工资增长率、城镇职工基本养老保险覆盖率、城镇职工基本医疗保险覆盖率、城镇职工基本失业保险覆盖率、《最低工资规定》实施虚拟变量、《劳动合同法》实施虚拟变量共7个经济变量，建立了中国劳资关系失衡的计量经济模型，采用2001—2013年中国各省市的面板数据，通过回归分析说明了上述7个变量对于劳动争议案件的显著性影响，从而对中国劳资关系失衡的契约理论阐释进行了实践上的检验。

四 国际比较分析法

国际比较分析法是通过对典型国家劳资关系政府干预情况的比较，使我国政府获得对劳资关系进行干预的经验的一种研究方法。如何对劳资关系进行政府干预是西方市场经济国家已经实践了并还在进行研究的一个重要课题，本书选取了美国、德国与日本作为典型国家，对这些国家的劳资关系政府干预措施进行了比较分析，从而为我国劳资关系的政府干预提供经验借鉴。

第四节 基本结构与主要内容

本书第一章"绪论"主要阐述了本书进行研究的背景、研究意义及方法、著作基本结构与主要内容以及可能的创新之处与不足等方面，除此之外，正文部分分十章共四大部分进行阐述，其基本的结构与内容安排如下：

第一部分是理论分析，包括第二、三、四章内容，这是本书研究的重点。

第二章"劳资关系及其政府干预的国内外文献综述"，主要对国内外学术界关于劳资关系及其调整问题的研究成果进行了归纳与梳理，并在此基础上对已有研究成果进行综合述评。与国内研究相比，国外学术界已经形成了较为成熟的劳资关系理论，其中，亚当·斯密的分工理论与劳动价值论构成了劳资关系研究的理论渊源，在此基础上逐渐形成了"马克思主义的阶级斗争观""多元论"与"一元论"三种观点，以这些理论为基础国内外学者分别对劳资关系政府干预以及不完全劳资契约问题展开了研究。但无论是国外还是国内研究都没有从契约视角对劳资关系的政府干预问题进行系统分析，这就为本书提供了足够的研究空间。

第三章"劳资契约不完全性的理论分析"，首先从对契约的理论解读出发，分析了契约经济理论由新古典契约发展到不完全契约的演变路径，并在此基础上对完全契约与不完全契约概念进行了系统梳理与补充，分别给出了完全契约与不完全契约的含义及其成立条件，在本质上对完全契约与不完全契约的区别进行了剖析；其次探讨了劳资契约及其不完全性，指出劳资契约由于交易客体的特殊性、契约交易内容的复杂性、团队生产活动的特点、劳资双方严重的信息不对称性等方面原因具有较非劳资契约更加突出的不完全性；最后分析了劳资契约所具有的"隐性契约"特点，并从契约执行角度探讨了劳资契约不完全所带来的后果及影响。

第四章"不完全契约条件下劳资关系的政府干预"，首先分析了不完全契约条件下劳资关系政府干预的必要性，指出劳资契约的不完全性与劳方从属于资方的博弈力量不对等性共同作用下，劳资关系出现失衡从而对经济发展与社会和谐产生不利影响，因此，政府有必要对劳资关系进行干预；其次分析了政府干预劳资关系的基本思路，认为在劳资契约不完全的框架下，政府应从增强劳方博弈力量、保证劳方基本权益实现与公平合理地解决劳动争议三个方面实施对劳资关系的干预；然后对政府干预劳资关系的职能进行了界定，指出政府可以从治理失业的劳动力市场政策、建立并执行劳工标准与劳动监察制度、促进工会调节作用的发挥与构建劳资集体谈判制度、构建劳动争议处理制度等方面发挥好干预劳资关系的职能；最后通过劳动者的契约收益模型与集体谈判的重要作用模型对劳资关系政府干预进行了数理分析。

第二部分是对中国传统劳资关系及其政府干预框架的分析，体现在书中的第五、六、七章。

第五章"中国传统劳资关系的契约理论阐释"，首先从劳动者工资收入分配失衡状况和劳资矛盾与冲突不断显现并加剧两个方面对中国劳资关系失衡的表现进行了分析，然后基于不完全契约视角，从劳资契约的签约、履约以及政府干预三个环节对劳资关系失衡的成因进行了阐释，最后通过构建计量经济学模型对中国劳资关系失衡的成因进行了验证。

第六章"劳资关系政府干预的国际经验借鉴"，首先选取了美国、德国与日本作为典型国家，对这三个国家劳资关系的政府干预措施进行了比较分析，然后提出了当代西方发达国家政府干预劳资关系的成功经验对我国的重要启示，即政府要从利益平衡角度出发做好调解者的角色、从赋予劳动者"劳权"角度出发增强劳方谈判力量、在劳资关系调整中综合使用各种手段、尽量采用调解方式解决劳动争议以及劳动争议多样化处理等。

第一章 绪论

第七章"中国劳资关系政府干预的政策框架体系",主要是根据不完全契约条件下政府干预劳资关系的基本思路,并借鉴西方发达国家的成功经验,提出我国政府今后在干预劳资关系问题上应该采取的政策措施。主要包括:通过加强工会组织建设、完善集体协商与集体合同制度、促进就业与改善劳动力市场供求关系等措施来增强劳方博弈力量;通过推进劳动基准制度建设与社会保险福利制度改革、改进监察体制并加强劳动执法等办法来保证劳方基本权益的实现;通过完善劳动争议调解、仲裁与诉讼制度等方面来促进劳动争议处理制度的完善。

第三部分是转型分析,具体阐述了人工智能时代背景下中国劳资关系面临的转变与劳资关系政府干预需要做的调整。本部分内容体现在书中的第八、九、十章。

第八章"人工智能时代中国劳资关系转变",首先概括了人工智能的内涵与外延,然后抓住人工智能作为技术进步的一种变革力量的特点,分析其对劳动力市场以及就业所产生的影响,进而阐述人工智能时代下劳资关系的转变,得出传统固定劳资关系逐渐向新型不确定性劳资关系转变的结论。

第九章"人工智能时代中国劳资关系的政府干预",主要从理论层面介绍了中国政府在人工智能技术应用过程中要对劳资关系进行干预的必要性,随后阐述了结合人工智能时代特点,中国劳资关系政府干预的基本思路。

第十章"人工智能时代中国劳资关系政府干预的调整方向",主要从三个方面阐述人工智能时代中国劳资关系政府干预的调整方向:首先,要通过逐步建立高等教育中的人工智能专业培养体系、构建公益性培训与再就业服务平台、规范人工智能技术专业化培训机构等方面展开人力资本投资,促进劳方博弈力量的增强;其次,要通过发展新兴产业业态、鼓励创新创业、促进国际化劳务输出等方式多管齐下缓解就业压力；再次，要通过社会保障制度改革与法律制度调整来增强劳动者抵御社会风险的能力。

上述框架结构可用图1-1加以表示。

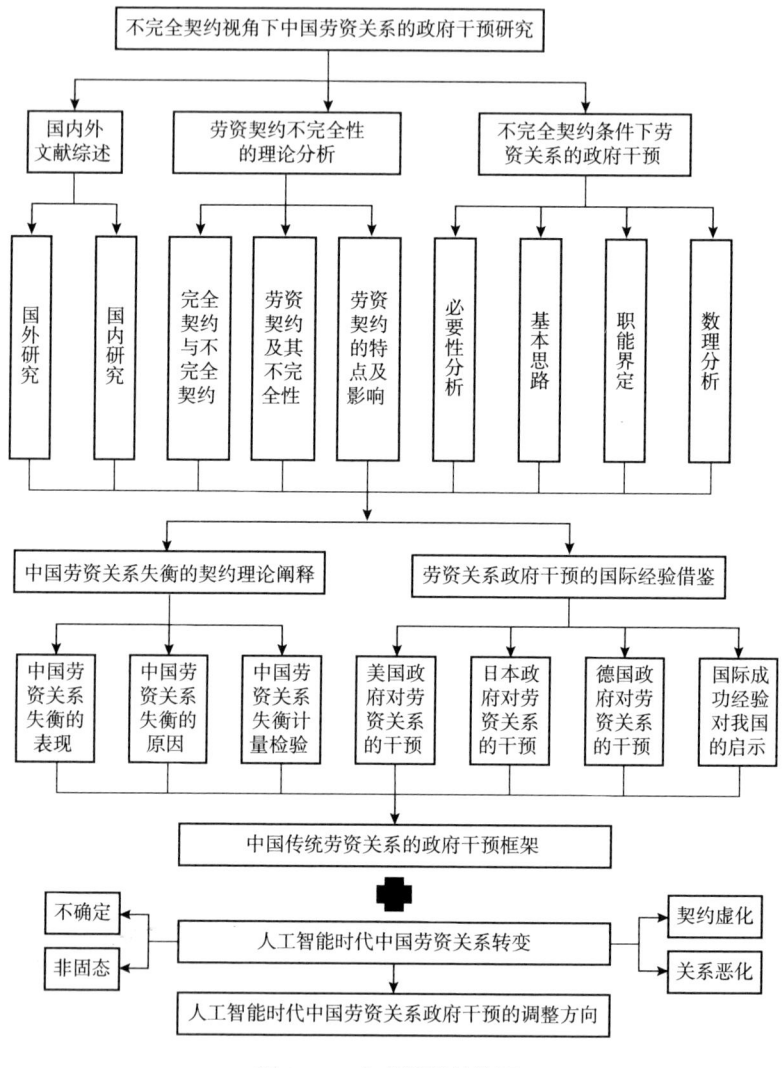

图1-1　本书框架结构图

第五节　创新与不足

一　可能的创新

国内外学者对于劳资关系及其调整问题已经展开了大量的研究，产生了丰硕的成果，本书的可能创新之处有如下三点：

第一，本书将新制度经济学中的不完全契约理论与马克思主义经济学理论所揭示的劳资地位不对等性特点结合在一起进行分析，为劳资关系的政府干预问题提供了更为深入的理论解释，这是以往文献中没有研究过的新内容。国内外学术界基于劳资地位的不对等性理论对于劳资关系政府干预进行研究的成果较多，但大多都没能与契约视角结合起来，尤其是没能与不完全劳资契约理论相结合进行分析。本书深入探讨了劳资契约的不完全性，并将其与劳资地位不对等性所带来的劳资契约的从属性相结合，揭示出了劳资关系失衡的实质，从而为劳资关系的政府干预过程提供理论基础。

第二，本书从不完全劳资契约视角对中国劳资关系失衡的成因进行了理论解释。国内现有研究主要是从外部环境因素与企业组织内部因素两个方面来阐述劳资冲突形成的原因，而本书则从不完全契约视角来阐述中国劳资关系失衡的成因，并将其具体化为劳资契约的签约、履约与政府干预三个环节。

第三，本书研究并比较了不同国家劳资关系政府干预的措施。已有研究中虽然有对西方典型国家劳资关系管理及其实践的比较分析，但在劳资关系的政府干预问题上，却几乎没有类似的比较分析方法。本书选取了美国、德国与日本作为典型国家，对这三个国家劳资关系的政府干预措施进行了总结与归纳，并通过比较分析给出了我国劳资关系政府干预过程中可以借鉴的经验。

第四，本书结合了人工智能时代特点研究中国劳资关系的转型，这是在以往分析中很少涉及的。人工智能技术应用过程中，人们更多关注的是其对于劳动力就业所带来的影响，因而对于劳资关系恶化具有天然的影响作用。实际上，任何一次技术变革力量引入的过程中，都既有积极一面又有消极一面，政府需要做的是最大限度地去降低消极影响，增强积极影响，从而促进技术变革平稳过渡。本书秉承这一观点展开研究，力求为中国政府面临人工智能对劳资关系的冲击问题提供独到的见解。

二 研究的不足

本书力求从理论与实践两个方面对劳资关系调整问题进行深入分析，但仍然存在如下一些难以克服的缺陷，需要日后继续努力钻研。

第一，本书在研究的过程中缺少实际调研的一手数据与资料。劳资关系问题涉及劳资双方主观上的评价与效用感受，单凭媒体上的报道或者统计年鉴上的官方数据很难全面地把握劳资关系运行的实际状况，因此，对劳资关系现状进行问卷调查，获得一手数据，建立企业劳资关系评价指标体系，并做出更为精确的分析是更好地理解中国劳资关系问题的办法。然而，本书在实际操作中却由于时间以及资源的限制，难以完成这样的任务。

第二，本书作为一种制度分析，在非正式制度的研究方面存在不足。制度是包括正式制度、非正式制度以及实施机制在内的一系列行为规则，契约是规定人类交易活动的一种重要的制度安排。由于笔者专业背景的限制，本书作为一种制度分析在对劳资契约的政府干预进行研究时更多的是从正式制度（主要是法律制度）方面进行的阐述，缺乏对于非正式制度（例如心理、文化、道德、传统、惯例等）的关注。然而人类历史上任何一次制度变迁无不是在非正式制度的推动下实现最后跨越的。所以本书对非正式制度的研究不足是笔者今后将要努力弥补的方向之一。

第二章 劳资关系及其政府干预的国内外文献综述

第一节 国外关于劳资关系及其政府干预的研究

劳资关系及其调整问题是资本主义社会的核心问题。西方发达的资本主义国家经历了资本的原始积累、自由资本主义、垄断资本主义和国家垄断资本主义四个时期,每个时期都伴随着劳资关系的变化及其调整。西方学者对此展开了大量研究,产生了丰硕的成果。

一 劳资关系研究的理论渊源

国外最早对劳资关系问题展开研究的是经济学的创始者——亚当·斯密。他于1776年出版了以整个经济世界为研究对象的重要著作《国民财富的性质和原因的研究》(后来又被称为《国富论》),全书的主要内容有:"看不见的手"原理、分工理论、劳动价值理论、反对殖民地政策、主张"自由放任"、政府的主要职责以及教育的重要性共七个方面。斯密在论述分工理论与劳动价值理论时认为,劳动分工是促使劳动生产率改进的关键,因而可以极大地促进财富增长与经济发展。

分工一旦确定，每个人就靠交换来生活，而劳动是交换价值的唯一和真实的尺度。因此，任何商品（或称为劳动产品）的价值都可以看成是劳动的价值。在土地私有和资本积累以前，全部劳动产品都属于劳动者。然而，在土地私有和资本积累出现以后，情况就大不一样了，全部劳动产品被划分为三个组成部分：地租、工资与利润，相应地出现了三个不同阶层：靠地租生活的地主、靠工资生活的工人，以及靠利润生活的雇主。劳资关系便在后两个阶层之间展开，这两个阶层会通过签订规定劳动工资等内容的合同而走到一起，但双方的利益却是完全不同的，工人渴望得到的工资越多越好，而雇主则希望支付给工人的工资越少越好，前者倾向于联合起来以期提高劳动工资，而后者倾向于联合起来共同降低劳动工资。工人们的联合总是表现激烈而暴力，甚至闹得满城风雨，原因是他们的工资已经非常之低，如果不叫嚷出来，问题就难以得到迅速解决。工人们是绝望的，他们要么饿死，要么威胁雇主立即接受他们的要求。然而，在工人们联合的同时，雇主们也并非是孤立的，而是以一种默契的方式悄无声息地联合在一起从而不声不响地采取行动，达成把劳动工资降低的协议。于是，工人们的喧嚣联合很少能够得到什么好处，原因有三点：地方执法机构干预、雇主们异乎寻常的镇定应对以及大多数工人为了眼前的生存而不得不屈服，最后，组织这些联合的工人领袖以遭受惩罚或毁灭而告终。由此可见，在劳资关系中，雇主们通常处于优势地位，劳动所得被雇主更多地占有，"负担社会最艰难劳动的人，所得的利益反而最少"①。然而，工人工资的被削弱始终有一定的限度，即使是最低廉的那种劳动的普通工资，也不可能长期降到这个最低限度以下，这便是：一个人的工资至少要达到足以维持他的生活的水平。因此，尽管劳资之间

---

① ［英］坎南编：《亚当·斯密关于法律、警察、岁入及军备的演讲》，陈福生、杨振骅译，商务印书馆1962年版，第179页。

的冲突总是存在,但劳资合作也是必然存在的,因为如果不合作,工人们连最起码的生活都维持不了①。

综上,亚当·斯密通过对分工与劳动价值论的阐述揭示出了工人与雇主之间的冲突与合作关系,他虽然没有说明资本家剥削工人的实质,但是在思想上构成了后来的马克思主义劳动价值学说的基础,因此可以看作是劳资关系理论的渊源。其后的劳资关系理论都是在斯密理论的基础上演化并发展而来的。

二 劳资关系及其调整研究的三种观点

随着资本主义的向前发展,继亚当·斯密之后,众多学者对劳资关系问题展开了探讨,研究成果涉及经济学、社会学、法学、管理学等诸多学科领域,研究视角也随着社会环境的变换呈现出不同的特点,根据资本主义发展的时间脉络,大体上可以将其归纳为三种主要观点,即"阶级斗争观"(或称为马克思主义观)、"多元观"与"一元观"②。这三种观点虽有明显差异甚至强烈的分歧,但都从不同角度展现了对劳资关系的理解与分析。当代学者们对劳资关系问题的研究正是在这三种观点的影响下逐步演化而来的。

(一) 劳资关系及其调整的"阶级斗争观"

"阶级斗争观"产生于 19 世纪中期的自由资本主义阶段,该观点认为劳资关系是劳动者阶级与资本家阶级之间的剥削与被剥削的关系,劳资关系自产生之日起就充满着矛盾、冲突、不平等与斗争,其主要代表人物是鸿篇巨著《资本论》(1867)的作者卡尔·马克思。

---

① [英] 亚当·斯密:《国民财富的性质和原因的研究》(上卷),郭大力、王亚楠译,商务印书馆 1974 年版,第 60—61 页。
② 崔勋、吴海艳、李耀锋:《从近代西方劳资关系研究视角的变迁看劳资冲突走向》,《人力资源开发》2010 年第 5 期。

继亚当·斯密之后，卡尔·马克思以劳动力成为商品为逻辑分析的起点，在对商品、货币、价值规律进行科学论证的基础上，深入而彻底地分析了资本主义生产方式下的劳资关系问题。他搜集了大量的历史资料，对充斥着血与火的资本原始积累时期进行了考察，解剖了资本主义生产方式从建立到发展的全过程，认为劳资关系是丧失生产和生活资料的劳动者阶级（即无产阶级）与拥有生产与生活资料的有产者阶级（即资产阶级）之间的关系。这一关系中充满着剥削与被剥削，雇佣劳动者创造的剩余价值被资本家无偿占有，在剩余价值生产中，资本有机构成不断提高，资本所需的劳动力不断减少，劳动力市场上劳动者越来越处于不利地位，财富不断在资产阶级一方积累，而无产阶级一方却不断积累着贫穷。因此，劳资关系又是一种横亘在两大阶级之间的对立关系。马克思认为，在这种对立关系中，资产阶级同时也是统治阶级而无产阶级是被统治阶级，劳资之间存在着不可调和的阶级矛盾。所以，在他看来，劳资关系的调整主要是指如何使劳动者摆脱资本家的剥削或者使资本家的剥削程度有所减弱。马克思指出，一方面，劳动者若想摆脱资本家的盘剥就必须团结起来进行暴力革命，推翻资产阶级政权，彻底改变被剥削被压迫的局面；另一方面，在资本主义条件下，劳动者们为了能够形成合力，必然会成立工会组织，使工人阶级联合起来举行罢工、要求集体谈判，从而与资本家对抗，消灭剥削性质的雇佣劳动制度。

总之，"阶级斗争观"认为劳资关系是建立在生产资料私人占有制与雇佣劳动制度基础上的具有阶级斗争性质的对抗关系，它体现为资产阶级与无产阶级之间的剥削与被剥削的关系，劳资冲突表现为两大阶级之间不可调和的矛盾。因此，只要存在雇佣劳动与生产资料的私人占有制，就必然存在劳资冲突。持"阶级斗争观"的学者虽然也承认工会组织与集体谈判制度在工人阶级反抗资产阶级斗争中所起到的重要作用，但他们同时也认为这种作用是具有局限性的。由于资本主义社会中的社会与政治制度受到资产阶级的固有影响，雇主关闭工厂、撤回资本的潜在威胁关系到整个社会也包括劳动者的命运，因此，仅仅凭靠工会的力量是不可能实现劳资力量的平衡的。集体谈判在本质上说是劳资博弈的过程，其结果取决于劳资力量的对比，因而其缓和冲突的作用也只是短暂和有限的。

（二）劳资关系及其调整的"多元观"

"多元观"产生于19世纪中后期到20世纪初自由资本主义向垄断资本主义过渡的时期，它将劳资关系视为是劳资组织或劳资系统下多方利益主体进行博弈的结果。利益主体是多元的，各方主体都有自己的目标追求且都不能占据主导地位。因此，劳资均衡取决于各方的较量，民主制度成为受推崇的较量规则。这一观点的代表人物主要有悉德尼·韦伯同其夫人比阿特丽丝·韦伯（Sidney and Beatrice Webb）、埃米尔·迪尔凯姆（涂尔干）（Emile Durkheim）、康芒斯（John Rogers Commons）以及邓洛普（John Thomas Dunlop）等人。

韦伯夫妇在其代表性著作《英国劳工运动史》（1894）和《产业民主》（1897）中，首先诠释了产业民主思想，开启了社会学领域研究劳资关系问题的先河。他们认为经济的和社会的行为结果要受到习俗、观念、主观感受以及理性计算四种因素的影响，冲突产生的原因并不仅仅在于经济因素，还可能是社会的、道德的、物质的、政治的因素使然，资产阶级、工人阶级内部以及两个阶级之间存在各式各样的不同群体，他们由于个人利益的不同会发生各种各样的冲突，因此劳资冲突存在多种形式，其化解并非只能通过阶级斗争，还可以依托更温和的方式即产业民主[①]。产业民主可以分为微观与宏观两个层次，微观

[①] S. Webb & B. Webb, *Industrial Democracy*, London: Longman, 1897. 转引自陈恕祥、杨培雷《当代西方发达国家劳资关系研究》，武汉大学出版社1993年版，第173页。

产业民主指的是企业内部的民主,即劳动者参与到企业日常管理活动中去,而宏观产业民主指的是国家层次的民主,即劳动者通过工人协会等组织参与国家整体经济政策的制定。以此为基础,韦伯夫妇主张雇主与雇员通过集体的力量进行权力的交涉,从而达到均衡的目的。与韦伯夫妇同一时期,埃米尔·迪尔凯姆(Emile Durkheim)也对劳资关系问题展开了深入研究,他在其代表性著作《社会分工论》(1893)中提出了工业化过渡理论,认为劳资冲突是阶级社会由"前工业社会"向"工业社会"过渡的过程中由于被迫进行劳动分工和机械化运作从而使劳资之间的团结不断瓦解的一种"病态",它不是资本主义制度本身的问题,而是工业化进程的过渡期现象。这种"病态"情形的存在,是由于社会被个人或群体的自私利益威胁时,职业行会没有履行提供道德秩序的特有功能,没有为个人提供社会认同的秩序来源和道德准则基础。而一旦分工的不平等减少、职业行会的维系作用发挥,个人之间的相互认同感增加,人类社会就会迎来有机团结的新时期,劳资冲突也会自然消解[1]。20世纪初期,制度经济学派的主要代表人物康芒斯提出了劳资关系的集体行动理论,他在其代表性著作《集体行动的经济学》(1925)中提出劳资冲突与劳资矛盾的化解需要上升到国家治理的高度,通过法律制度来进行规范。制度就是"集体行动控制个体行动"[2]的规则与秩序,其中法律制度占据主导地位。他指出,不同个体的利益取向各不相同,在过去的世纪中占据经济思想主导地位的个体主义取向已经过时,20世纪是集体主义思潮的时代。因此,康芒斯主张通过国家干预和法律制度来调节劳资之间的矛盾。

劳资关系"多元观"中还包含一种重要的理论,即产业关系系统

---

[1] [法]埃米尔·迪尔凯姆:《社会分工论》,生活·读书·新知三联书店2000年版,第30—99页。

[2] John R., Commons. *The Economics of Collective Action*, University of Wisconsin Press, 1990, p. 326.

理论，该理论是由邓洛普于 1958 年首先提出的，其核心观点主要体现在他的经典著作《劳动关系系统》（1958）中。后来又经过桑德沃（Marcus. H. Sandver）的继承与发展，以及寇肯、卡兹和麦克西（Kochan，Katz & McKersie）等人的深究与细化，构成了完整的产业关系系统理论框架，至今仍有深远影响。邓洛普在《产业关系系统》（1958）一书中指出，劳资关系可以被视为是社会大系统中的一个重要的子系统，它是一个将劳资冲突转化为规则的系统过程，从投入—产出角度来看，投入部分主要包括参与主体、外在环境和意识形态三个方面，产出部分是指形成的规则，而中间的转换方式则主要包括集体谈判、集体协商以及仲裁等[①]。因此，可以认为邓洛普模型下的劳资关系系统是由四个基本要素组成的，它们分别是：包括企业管理者及其代表、劳动者及其组织以及政府在内的三方行为参与者；贯穿于整个系统中的价值观念；包括技术条件、预算约束以及权力分配在内的环境因素；劳动领域的各种规则、程序与制度因素。

在推动劳资关系系统演变的过程中，工会活动和劳资集体谈判过程起着重要的作用。在邓洛普之后，寇肯、卡兹和麦克西等人将劳资关系系统模型细化到了企业层级，他们在其创新性著作《美国产业关系的转型》（1986）中提出了"战略选择模型"，认为劳动关系的转型要受到外部环境、企业层面产业关系的制度架构以及绩效产出三个部分的影响，其中起关键作用的当属企业层面产业关系的制度架构，而对这部分的具体研究就将劳动关系放在了战略、功能和工作场所三个层面上。战略层面的劳动关系是指对集体谈判与员工参与管理产生深远影响的战略与结构关系；功能层面的劳动关系是按照传统的方式展开的，主要涉及的是集体谈判的内容；工作场所层面的劳动关系是最

---

① John T. Dunlop, *Industrial relations system* (*1958*), Harvard Business School Press, 1993, p. 48.

底层的劳动关系，涉及工人及其主管人员在劳动合同框架内的互动以及产生的相关问题。他们认为，在产业关系系统中，如果资方能够主动提出满足劳动者或其团体的要求，采用民主形式共同沟通与协商劳资之间利益问题，那么工会组织就不会有大的发展，工人运动也会相应地缓和下来[1]。几乎与此同时，美国学者桑德沃出版了《劳动关系：过程与结果》（1987）一书，从多学科角度构建了一个多因素的劳资关系系统模型。他认为导致劳资关系发生变化和决定劳资关系特征的基本因素主要包括：外部环境、工作场所和个人因素[2]。其中，外部环境因素主要包括经济、技术、思想、政治和法律环境等；工作场所因素主要包括管理、技术、所有制、企业思想、预算和市场力量等；个人因素主要包括经济需求、社会化交往和权力需求、安全和保障需求、价值观与信仰需求、公平与平等需求等[3]。从这个角度来看，桑德沃模型是对邓洛普模型的补充、完善与发展。

总之，劳资关系的"多元观"强调劳资组织内部成员利益的多样化与差异化，劳资关系既有冲突又有合作，任何一方成员都不能占据主导地位，劳资关系的平衡靠的是组织内成员的力量对比与持续不断的博弈较量，最终在某一点上达到均衡。在"多元观"下，劳资关系是雇佣劳动制度下所固有的关系，它可以通过政府的积极干预以及制度、规则等进行规范。工会是代表雇员利益的合法组织，能够发挥平衡劳资双方力量的重要作用，集体谈判和劳动立法是协调劳资矛盾的有效方式，在必要的情况下，包括政府在内的三方协商也是化解劳资冲突的重要机制。

---

[1] Thomas A. Kochan, Harry C. Katz and Robert B. Mckersie, *The Transformation of American Industrial Relations* (1986), ILR Press, 1994, p. 14.

[2] Marcus H. Sandver, *Labor Relations: Process and Outcomes*, Boston: little, Brown and Company, 1987, pp. 26 – 34.

[3] 潘泰萍：《新世纪中国劳动关系调整模式的转型研究》，博士学位论文，首都经济贸易大学，2012年。

(三) 劳资关系及其调整的"一元观"

"一元观"的劳资关系理论产生于19世纪末20世纪初即资本主义向垄断过渡的阶段，伴随着企业管理理论对劳资关系问题的研究应运而生。但直到20世纪80年代才逐步受到学者们的青睐。当时正值资本主义发展进入了世界经济一体化的时代，在知识经济的推动下，企业管理领域出现了人性化管理的趋势，到了20世纪90年代，西方主要发达市场经济国家开始经历一场雇佣关系变革，即以合作为导向的人力资源管理实践正越来越多地取代以冲突为导向的劳资关系管理[1]。关于企业内部文化氛围、组织价值观、有效沟通与团队建设方面的研究最终导致了劳资关系理论"一元观"的形成。这种观点的主要代表人物有查尔斯·巴贝奇（Charles Babbage）、弗雷德里克·泰罗（Frederick Taylor）、乔治·E. 梅奥（George E. Mayo）和约翰·W. 巴德（John W. Bader）等。

查尔斯·巴贝奇（Charles Babbage, 1832）对劳资关系的考察主要是基于经验主义，他分析了工厂兴衰、劳动者所获得的工资以及资本所有者所得的利润等相关事实，得出结论"支付报酬的方式能够安排得使每个被雇佣的人都会从整个工厂的成功中得到好处，以及每一个人的收益都会因工厂本身获得利润的增加而增加"，他认为劳资双方通力合作共同促进工厂的兴旺发达可以使双方都受益，因而劳资双方的利益是一致的，从而提出了"利润分享计划"作为协调劳资关系的主要方式[2]。巴贝奇的观点虽然强调劳资利益共赢，但并没有否认劳资冲突的存在。在劳资冲突问题上，弗雷德里克·泰罗有自己的独特认识，

---

[1] Law Philip, Thomhill and Saunders Mark, *Employee Relations Understanding the Employee Relationship*, Pearson Education Limited, 2003, p. 110.

[2] [美] 丹尼尔·A. 雷恩：《管理思想的演变》，孙耀君等译，中国社会科学出版社1986年版，第80页。

他在《科学管理原理》（1911）中通过对车间实际情况的考察，提出有效的车间管理能够促进劳动生产率提高的理论。在他看来，产生劳资冲突的主要原因在于工作场所不当的组织方式和生产分配手段。而生产与分配受到不以人的意志为转移的自然规律的支配。因此，劳资双方的注意力应该从盈余的分配转移到决定生产与分配的"自然规律"上来。发现这些规律并加以利用，通过合理途径选拔、提升、奖赏和培训工人能够激发工人干劲，提升总体工人的劳动生产率，最终收获更大的盈余，促进劳资和谐共赢。乔治·E.梅奥后来又在《工业文明中人的问题》（1933）中提出提高工人劳动生产率的途径除了经济动机以外还包括更广泛的内容，比如工人士气等，因此应该通过多样化的冲突协调对策来缓解紧张的劳资关系。后来的许多学者以此为基础提出了目标管理、员工参与管理、浮动工资制度等对策来提高工人的主动性、积极性和创造性。从某种意义上来讲，上述学者的"一元观"理论大多是从企业或者车间管理的角度认识的劳资关系，到了约翰·W.巴德时期，在劳资关系研究领域出现了用人力资源管理取代劳资关系管理的倾向，很多学者还主张用雇佣关系来代替劳资关系的术语。巴德教授在其代表性著作《人性化的雇佣关系——效率、公平与发言权之间的平衡》（1937）一书中对劳资关系的分析就是从追问雇佣关系的目标入手的。他认为雇佣关系的核心目标有三，即效率、公平与发言权，之所以把发言权放在了与公平、效率同等重要的地位上，是因为在巴德眼中，人性尊严与民主参与在决定劳资关系性质上起着重要作用，工人的心声更值得聆听。劳资关系的研究与实践正是要在这三者之间达到一种均衡[①]。

总之，劳资关系的"一元观"强调的是劳资双方利益的一致性，

[①] [美]约翰·W.巴德：《人性化的雇佣关系——效率、公平与发言权之间的平衡》，解格先、马振英译，北京大学出版社2007年版，第273页。

二者具有共同的目标和愿景,劳资冲突的产生是偶然的和暂时的现象,也是不正常的,主要源自于沟通不畅与管理不善。因此,"一元观"更注重从加强组织内部管理、建立良好沟通渠道等方面来对劳资冲突进行控制,而对工会、集体谈判、三方协商等机制持排斥的态度。

三 国外关于劳资关系政府干预的研究

(一)劳资关系政府干预观点的提出

早在自由资本主义时期,西方学术界在劳资关系问题上是不主张进行政府干预的,当时的学者们认为:劳动力作为一种经济商品,它总是能够在自由劳动力市场的作用下得到适当调控,而政府的责任应该是促进和保护市场运行的自由、个人签订契约的自由以及雇主按照他们认为适当的方式来分配资源的自由,总之,在劳资关系问题上,政府不宜进行干涉。这可以称之为是劳资关系理论的古典观点。而随着理论的向前发展,一些在劳资关系及其调整问题上秉持"多元论"观点的学者们开始认为:政府干预在劳资关系调整中占有重要地位,从而形成了对于劳资关系古典观点的挑战。而最先对劳资关系政府干预问题展开大量研究和倡导的是"多元论"的主要代表人物约翰·康芒斯(John Rogers Commons),他同时也是制度经济学派的代表性人物,他使用制度分析方法描述社会经济现象及其发展趋势,宣扬社会改良运动的益处,在劳资关系调整问题上极力主张包括国家干预在内的"集体行动",强调政府在调解劳资冲突和管理经济中的重要作用。在康芒斯之后,劳资关系政府干预的观点逐步受到学者们与西方政界的重视。

(二)政府在劳资关系调整中的角色

西方学者对于政府在劳资关系调整中的角色进行了定位,主要观点是政府应作为第三方力量介入劳资关系调整中,秉持公平公正原则,为劳资双方的经济活动设立规则并提供各种所需服务。对此,英国利物浦大学教授罗恩·比恩(Ron Bean)在《比较产业关系》(1985)一书中指出,政府在劳动关系中主要扮演五种角色:(1)政府要扮演第三方管理者角色,为劳资双方提供互动架构与一般性规范;(2)政府要扮演法律制定者的角色,通过立法来规定工资和工时、安全和卫生的最低标准;(3)如果出现劳动争议,政府需要扮演的角色则是第三方调解和仲裁者,为劳动争议的处理提供调解和仲裁服务;(4)政府要扮演公共部门的雇主角色,管理公共部门中各个岗位上的工作人员;(5)政府还要扮演一个国家国民收入调节者角色,使这个国家的公民均能够享受到经济增长的福利[1]。萨拉蒙(Salamon)认为,政府作为劳动关系系统中的第三方力量,主要是通过集体立法建立法律环境,从而形成对公平和平等、权利和权威进行主观价值判断的规范框架,并在政治管理过程中形成推动劳动关系运行的正式和非正式规则,因此,政府在劳动关系系统中担当的角色主要有四种,即市场规制者、雇主、立法者和协调者[2]。巴恩米勒(Barnmiler)认为,政府在劳资关系调整问题上担当的角色应该是间接干预者,采取制度竞争规则的形式,并以此作为最后调控手段,授权法院确保这些规则得以遵守,即采取间接的干预手段限制劳资冲突的不利后果。国家对工会和企业主联合会之间协商谈判的自由不得直接干预,也不能通过建立和实行某种强制性措施来调解[3]。

(三)政府在劳资关系调整中的作用

关于政府在劳资关系调整中的作用问题,西方学者主要从制定各

---

[1] Ron Bean, *Coparaive Industrial Relations: Anintroduction to Cross-national Perspectives*, 2nd, London: Routledge, 1994, pp. 102-103.

[2] Michael Salamon, *Industrial relations: Theory and practice*, Prentice Hall, 1998, pp. 78-79.

[3] [德]鲁道夫·特劳:《劳动关系比较研究》,中国社会科学出版社2010年版,第65页。参见李亮山《我国劳动关系政府规制研究》,博士学位论文,北京交通大学,2012年。

项制度、建立法律调整框架与干预劳资活动范围等方面进行阐述。例如，Michael Poole 从三个方面提出了政府在劳资关系调整中所发挥的作用。第一，政府有权制定和修改劳动关系的各项制度，如政府起草并由议会通过的各项法律制度等，这些制度可以体现政府对于公平与公正、权力与权威、个人主义与集体主义的主观价值判断，并为劳动关系的最终形成奠定基本框架；第二，政府能够通过直接和间接的方式控制许多公共部门，如负责健康、教育、警察、监狱等服务的政府机构，负责通信、交通、电力等服务的公共事业单位，以及航空、汽车、钢铁、银行等关系国民经济命脉的国有企业等，政府对于这些部门的劳动关系所进行的干预不仅体现在控制这些部门的劳动就业人数上，而且体现在为私人部门劳动关系调整提供"范例"上面，因为它代表着政府在对待劳资关系问题上的偏好；第三，政府还能够通过处理不同经济与社会问题时所采取的方针、政策和行动影响劳动关系活动的范围，为雇主组织和工会之间的集体谈判创造有利的宏观政策环境[1]。Barbash 以美国为例，指出政府保护劳动的作用范围至少包括八大方面，分别体现在政府对劳动市场、劳动基准、劳资关系、工资物价稳定、社会福利、性别与少数族裔的就业公平、公共部门协商以及资讯编制与提供等问题的干预上面[2]。白井泰四郎认为，政府干预劳资关系的作用体现在创设市场的各种制度与实现法治社会两个方面，其中，最低工资法的确立、劳动保护立法制度、社会保障的实现等等，这些在企业层面不能解决的课题，都必须作为政府干预的内容而加以实现，政府在劳动关系调整中的政策、权力构造和意识形态是决定现代劳动

---

[1] Michael Poole, *Industrial Relations: Origins and Patterns of National Diversity*, London: Boston Routledge & Kegan Pal, 1986, p. 99.

[2] Barbashi Jack, *Collective Bargaining: Contemporary American Experience Readings in Labor Economics and Labor Relations*, Ed. Lloyd G. Reynolds. NJ: Prentice-hail, 1986.

关系特点和方向的重要因素①。

四 国外有关不完全劳资契约的研究

Coase 在《企业的性质》与《社会成本问题》等关于企业理论的经典文章中提出了企业的不完全合约问题，而 Simon 则最先提出了基于不完全契约模型的雇佣关系理论②。在 Simon 看来，雇佣关系就是一种长期合同，这份合同是在存在不确定性的情况下指定"接受集合"的合同，在缔约时，买者未来确切偏好何种服务的不确定性程度和卖者在"接受集合"范围内提供一项具体服务的无差异程度决定了合同的选择③。沿着 Simon 的思路，并且为了解决 Simon 理论中提出的几个困难问题，Klein, Crawford 和 Alchian、Williamson、Azariadis、Chari、Green and Kahn、Grossman and Hart、Hart 和 Moore 等人纷纷从不完全劳资契约产生的原因以及缔约人的机会主义行为可能导致的事前和事后无效率问题等方面对雇佣关系进行了解释。主要内容包括不完全劳资契约产生的原因、不完全劳资契约产生的"无效率"后果以及克服劳资契约的不完全性及其所带来的后果问题三个方面。

在不完全劳资契约产生的原因方面，学者们一致认为是信息的不完全、不对称经济运行的不确定性以及由此所带来的交易成本共同导致了劳资契约的不完全。主要代表人物包括 Klein, Crawford, Alchian 和 Williamson 等。Klein, Crawford 和 Alchian 认为由于信息的不完全，使得买者在投资阶段之前并不知道他需要哪种类型的服务，而且描述他在什么确定环境下需要某种具体服务是不可能的。这份合同可能仅仅规

---

① [日] 白井泰四郎：《劳动关系论》，日本劳动研究机构 1996 年版，第 93 页。
② [美] 博尔顿、[比] 德瓦特里庞：《合同理论》，费方域等译，格致出版社、上海人民出版社 2008 年版，第 30—37 页。
③ Simon, H. A., *A Formal Theory of the Employment Relationship*, Econometrica, 1951 (19): pp. 293–305.

定了在所有环境下所提供服务的特征，或者规定了卖者按预先定下的条款同意提供的服务菜单，而劳资契约恰是这样一种合同。在不确定性情况下，劳资双方签订一份类似于"服务菜单"的合同比签订一份规定状态依存服务计划的合同成本更低，这是不完全劳资契约形成的主要原因。Williamson 则认为劳资双方某种程度的有限理性或者交易费用是造成劳资契约不完全的原因[1]。由于有限理性的存在，劳资双方想要签订面面俱到的契约就是一种不切实际的幻想，因为这样做的成本非常高昂，以至于无法实现。面对复杂的不确定性的世界，劳资双方很难想得太远，不可能在签约时预测到所有可能出现的生产状态；即使预测到了，要用准确的语言描述劳资双方将会遇到的所有可能状态，以及在所有可能状态下所必须采取的行动及其相应的权利与责任也是很困难的；即使契约中已经描述和规定得很清楚了，但由于事后的信息不对称，当实际状态出现时，劳资双方也有可能为了什么是实际状态而争论不休。正因为人们不可避免地受到交易成本或有限理性的影响，劳资契约总是不完全的。

在劳资契约不完全所带来的后果方面，学者们着重分析了事前投资不足与事后机会主义行为两个方面所带来的事前与事后无效率问题。对前者做出分析的学者中，主要以 Klein, Crawford 和 Alchian 最具影响力，Klein, Crawford 和 Alchian 在接受了 Williamson 交易成本观点的基础上提出了"套牢"理论，他们认为假使雇主现在进行一项（不可观察的）投资，那么在将来他可以从雇员提供的服务中获得更多的收益。然而，当劳资双方谈判即期合同的条款时，这项投资是沉没的，结果就会使雇主产生被雇员"套牢"的风险，即雇主由于考虑到已经付出的沉没成本而更倾向于与雇员合作从而产生对雇员谈判

---

[1] Williamson, O. E., "Transaction-cost Economics: The Governance of Contractual Relations", *Journal of Law and Economics*, 1979（22）: pp. 233 - 261.

条件的妥协①。这种情况下，雇主有可能会被雇员"敲竹杠"因而面临较大的损失。为了避免这种损失的发生，雇主便会减少或者根本不会进行事前的关系性投资。对事后机会主义行为做出分析的学者中，以 Williamson 的见解最为典型。他认为，劳资契约的不完全性会不可避免地导致劳资双方在事后试图利己地解释这份劳动合同或者通过撕毁合同而获益，从而使劳资契约的执行存在潜在的无效率，因为劳资双方的事后机会主义行为都会给彼此带来成本损失。

在克服劳资契约的不完全性以及由契约不完全所带来的问题方面，学者们主要从信号甄别与发送模型、薪酬激励制度、剩余控制权配置等制度设计方面展开了研究。针对信息不对称性问题，Azariadis、Chari、Green and Kahn、Grossman and Hart 在对隐性劳动合同进行分析的过程中提出并应用了信号甄别模型的机制设计方法。这些学者认为，信号甄别是由不具有信息的一方提出合同草案以甄别具有信息一方的不同类型。对于雇佣关系而言，雇主方通常会在招聘条件中附加培训经历与受教育程度等方面要求，从而甄别出那些符合条件的求职者，这样便通过信号甄别设计而克服了雇员的事前机会主义行为问题，雇主通常会雇佣那些受过培训或具有较高学历的雇员②。同样是信息不对称问题，Spence 提出了用信号发送机制来对此加以克服。在这一突破性的分析中，Spence 阐述了教育如何成为衡量一个人的技能和生产能力水平高低的信号，分析的基本思路是：高能力的雇员对教育有较少的负效用，因此与低能力的雇员相比他们更愿意接受较多的教育。未来的雇主也明白这个道理，

---

① Klein, B., R. G. Crawford, and A. A. Alchian., "Vertical Integration, Appropriable Rents, and the Competitive Contract-Ing Process", *Journal of Law and Economics*, 1978 (21): pp. 297–326.

② [美] 博尔顿，[比] 德瓦特里庞：《合同理论》，费方域等译，格致出版社、上海人民出版社 2008 年版，第 46—47 页。

因此就愿意付给高学历雇员更多的工资，尽管教育本身并没有为雇主增加价值[1]。于是，高生产力者可以将教育水平作为信号向企业传递关于其生产力水平的信息，从而增强雇主对雇员这一"优点"的了解，以便其做出更好的雇佣决策。在克服事后机会主义行为问题方面，Shapiro and Stiglitz 提出了效率工资理论，即雇主可以通过承诺支付给雇员比市场出清工资更高的薪水的方式来减少雇员的机会主义行为，激励雇员更加真实地展示自己的劳动生产率水平[2]。针对道德风险的克服问题，Mirrlees，Holmstrom 在其提出的管理企业理论中认为雇主对付道德风险的办法包括让好的工作绩效与报酬挂钩和惩罚绩效差的雇员等，前者包括奖金、计件工资、效率工资和股票期权等公司激励方案设计，而后者则主要包括临时解雇绩效差的雇员或扣除雇员的奖金等[3]。针对劳资契约不完全性可能会带来的事前投资不足问题，Grossman 和 Hart 与 Hart 和 Moore 认为将剩余控制权配置给实物资产所有者是最有效的机制，因为所有者拥有资产的"剩余控制权"，他就可以按照自己的意愿处理资产，他便有可能收回投资所带来的收益[4]，而如果一种雇佣合同给予了雇主大量的自主权，如果它能够减少事后讨价还价的范围或者容许雇主获得事前投资创造的租金，那么它就可以克服事前投资不足的问题，因而这种雇佣合同就是有价值的和有效率的。

---

[1] Spence, A. M., "Job Market Signaling", *Quarterly Journal of Economics*. 1973 (87): pp. 355 – 374.

[2] Shapiro, C., and J. E. Stiglitz., "Equilibrium Unemployment as a Worker Discipline Device", *American Economic Review*, 1984 (74): pp. 433 – 444.

[3] Mirrlees, J. A., "The Optimal Structure of Incentives and Authority Within an Organization", *Bell Journal of Economics*, 1976 (7): pp. 105 – 131. Holmstrom, B., "Moral Hazard and Observability", *Bell Journal of Economics*, 1979 (10): pp. 74 – 91.

[4] Grossman, S. J., and O. D. Hart., "The Costs and Benefits of Ownership: A Theory of Vertical and Lateral Integration", *Journal of Political Economy*. 1986 (94): pp. 691 – 719. Hart, O., and J. Moore, "Property Rights and the Nature of the Firm", *Journal of Political Economy*, 2000 (98): pp. 111 – 115.

五 国外研究述评

西方发达工业化国家已经有了很长一段时间的市场经济发展历史，学者们对劳资关系及其调整问题的研究也已经经历了一个多世纪，目前已经形成了较为成熟的劳资关系理论体系。但通过对已有文献的阅读，本书发现，在劳资关系调整问题上，西方学术界还存在一些可以提升的空间。

首先，西方学者对于劳资关系政府干预问题所进行的研究目前还停留在对政府角色与作用等方面的定位上，至今没有形成系统化的理论体系，这种状况或许与国外成熟市场经济国家的劳动关系运行多以劳资双方——雇主与工会的集体谈判形式来推进有关。然而，在西方历史上，政府对劳资关系的干预确实发挥了非常重要的作用，西方国家从自由资本主义过渡到垄断资本主义直至国家垄断资本主义的过程中，政府对待劳资关系的态度经历了由"自由放任"到"积极干预"的转变，虽然目前西方国家在劳资关系调整上实行的主要是劳资双方自主协调与谈判的机制，但这一机制的形成与政府的积极干预政策是密不可分的，例如，劳资集体谈判机制的运行是以劳动者群体"劳动三权"的实现为基础的，而只有政府才能使"劳动三权"得到切实的保障。所以，从理论上对劳资关系的政府干预进行阐释有着极大的必要性。

其次，西方学者基于不完全契约视角对劳资关系的研究还不够深入。已有文献虽然都在不同程度上默认了劳资契约的不完全性会对劳资关系运行产生影响，但对于具体的影响机理与处理机制问题却没有提及。事实上，在任何一个实行市场经济的国家中，劳资关系都必须通过劳资双方就劳动力的使用权以及劳动条件的实现等问题达成契约从而表现出来，各国劳资契约的完备程度都会对劳资关系运行状态产生非常重要的影响，一般而言，劳资契约越完备，劳资双方就越能够和谐相处。然而，现实情况却是劳资契约是一种典型的不完全契约，这就为劳资冲突的普遍存在提供了一个基本分析视角。那么不完全契约条件是如何导致劳资冲突与矛盾普遍存在的？不完全契约条件下劳资关系政府干预的必要性何在？不完全契约条件下化解劳资冲突与矛盾的途径有哪些？这些问题便成为各国在对劳资关系进行调整时需要考虑的重点问题。但是，国外经济学领域现有的从不完全契约视角研究劳资关系问题的文献却将研究重点放在了对于不完全劳资契约的分析上，主要体现在三个方面：（1）从信息不完全、不对称与经济运行的不确定性以及由此导致的人的有限理性与交易成本等角度来分析劳资契约存在极大不完全性的原因；（2）从道德风险、机会主义行为以及事前投资不足等方面来分析劳资契约不完全性可能会带来的不良后果；（3）从机制设计角度来分析克服劳资契约的不完全性以及由此带来的不良后果的方法。所有这些方面有一个共同点，那便是都将研究的最终着眼点放在了最优劳资合同的确定方面，而不是对劳资关系失衡的成因及其调整制度的考察。

综上可以看出，国外现有的对劳资关系及其调整问题所进行的研究中几乎还没有从不完全契约视角来分析劳资关系政府干预的基本理论，这不能不说是理论研究中的一种不足。

第二节 国内关于劳资关系及其政府干预的研究

新中国建立之后，老一辈学者对于劳资关系的研究主要表现为对劳动问题的制度分析方面。他们从计划经济体制背景出发，考察了人民"当家做主"的国有企业与工人之间的一致利益关系。20世纪90年代中期开始，随着经济不断向前发展，劳资冲突逐步显性化，关于劳资关系及其调整的研究才进入了国内诸多学者的视野。一时间在各大期刊、网站以及书籍著作中可以很容易找到"劳资关系""劳动关系""劳工标准""劳动问题""劳权"等相关字眼。纵观为数众多的研究成果，可以看出，国内学者对于劳资关系及其调整的研究主要体现在关于劳资关系的性质和发展趋势的研究、有关劳资冲突产生原因的研究、关于劳资关系政府干预的研究等若干方面，而从不完全契约视角对劳资关系及其调整问题的探讨虽有涉及但并不深入。

一 有关劳资关系的性质和发展趋势的研究

关于劳资关系的性质，国内大多学者一致认为我国劳资关系已经完成了市场化的转型，但仍处于不规范的状态，并且存在着资本家控制的特点。常凯针对转型期的特点，从中国经济市场化与世界经济全球化的条件出发，提出中国劳动关系已经转化成为市场化劳动关系的论断。但是市场化劳动关系还处于一种不规范状态，其特点是由同志式合作关系向利益分化式雇佣关系的转变[1]。此外，他进一步指出：中国不同类型企业之间的劳动关系越来越具有趋同化的特点，这种趋同化主要是指"性质"方面，即不同类型企业在劳动关系构成、劳动标准、劳动争议等方面越来越面临着一些共同的问题。劳动关系性质的趋同化是由统一的经济环境与社会背景决定的，但各类型企业的差别与特点仍然存在，因此对于劳动关系的研究和具体处理仍然需要区别对待。不过，这已经是同一性下的差异性[2]。郭悦针对民营企业的劳动关系展开研究，认为市场化的劳动关系在很大程度上属于原始积累市场经济劳动关系，体现出极大雇佣性特点，并充斥着资本对劳动的典

---

[1] 常凯主编：《劳动关系·劳动者·劳权——当代中国的劳动问题》，中国劳动出版社1995年版，第46页。
[2] 常凯主编：《中国劳动关系报告——当代中国劳动关系的特点和趋向》，中国劳动社会保障出版社2009年版，第30页。

型控制和压榨①。与此观点类似，黄孟复等人也认为大部分私营企业的劳动关系运行存在着资本家控制与管理的模式，主要原因在于中国绝大多数私营企业仍未实行产权与经营权分离，家族管理仍然是基本管理方式②。

虽然学者们认为劳资关系性质具有"资本家控制"的消极一面，但对于中国劳资关系未来发展趋势问题，大家仍然保有一种乐观的态度，即都认为中国劳资关系会不断走向和谐发展之路。冯同庆主要关注工业化过程下的劳动关系，他认为工业过程中虽然中国局部地区与局部行业出现了激烈的劳资对抗，但这并未形成波及全局之势，今日中国之劳资关系虽不稳定，但劳动与资本仍然在追求着更多的合作而不是更多的冲突③。这就为工业化之后的和谐劳资关系的建立奠定了现实基础。全总课题组针对劳动关系的性质提出"新型劳动关系"的概念，其实质是对和谐劳动关系构建的目标诠释，旨在双方主体根本利益一致的基础上，承认并尊重冲突与矛盾，追求合作与共赢。全总认为这一"新型劳动关系"具有中国特色，是适应中国社会主义初级阶段基本国情要求的劳动关系发展趋势，具有利益的一致性与合作性特征④。乔健在全总课题组提出"和谐劳动关系"目标的基础上，给出了具体做法方面的问题与方向，他认为，在构建和谐劳动关系的道路上，中国由于缺少能够真正代表工人利益的组织因而尚未形成劳资双方自主协调劳动关系的格局，故需强化政府对劳动关系的积极干预，在宏观层面上构建规范劳资双方主体权利与义务关系的法律

---

① 郭悦等：《转型时期中国劳动关系问题研究》，http://www.dajunzk.com/laodong-guanxi.html，访问时间：2020年6月20日。
② 常凯主编：《中国劳动关系报告——当代中国劳动关系的特点和趋向》，中国劳动社会保障出版社2009年版，第25页。
③ 冯同庆：《中国的劳工调查与研究》，《工会理论与实践》2004年第5期。
④ 全总课题组：《中国特色社会主义新型劳动关系研究》，《工运研究》2005年第24期。

法规体系，谋求公平和正义的实现。茅于轼对中国劳动关系的现状与未来发展趋势也提出了自己的看法，他认为从国际上看，各国的劳动关系模式都表现出个性化的发展特征，即使在一个国家，劳资关系模式也是多样化的，每个企业、行业也表现出个性化的发展特点。我国未来的劳动关系发展模式将会是斗争让位于协商和双赢，劳资关系会有斗争，但这种斗争是微观层面的、暂时的，劳资利益合作才是长期性的[①]。

二　有关劳资冲突产生原因的研究

国内学者对劳资冲突产生原因的分析成果众多、视角各异，但总体上可以分为外部环境原因与企业组织内部原因两个方面。在外部环境原因方面，学者们主要从经济、法律、劳动力市场、转型期特点、社会、文化等角度展开对劳资冲突产生原因的分析。例如，李敏从资源禀赋、劳动力市场、劳动力素质以及法律制度构建等多个方面分析我国劳资冲突产生的原因，认为"资本的相对稀缺性、劳动力市场的纯粹买方垄断性质、雇工整体素质的低下、劳动法规不完善以及市场发育不良"等因素共同造成了我国私营企业劳资地位的不对等，因而使资方侵害劳方利益拥有较为宽松的外部环境，劳资冲突在所难免[②]。李亚雄从"失范"的理论视角对转型期中国劳资冲突产生的原因进行了解释，他认为经济体制的转轨、所有制结构的变化以及企业制度的改变都使中国劳资关系发生了巨大的改变，而针对劳资关系问题的规范制度却没有赶上这一步伐，既有的规范难以适应劳资关系的转型特点，旧有制度和办法不能有效地调节与规范劳资关系，从而使

[①] 茅于轼：《茅于轼谈劳动关系》，《中国工人》2014 年第 6 期。
[②] 李敏：《我国私营企业劳资地位不对称的经济分析》，《青海大学学报（自然科学版）》2000 年第 1 期。

劳资冲突不断表现出来[①]。李强认为，中国现阶段普遍存在着贫富差距悬殊现象，社会分层严重，劳资双方分属于不同社会阶层，因而造成结构紧张与公正失衡，这是导致我国劳资冲突频发的主要原因[②]。

在企业组织内部原因方面，学者们主要是从企业管理模式、企业文化、企业主侵犯劳方权益等角度展开对劳资冲突产生原因的分析。例如，晁罡和曹能业从我国私营企业的家族文化根源出发，研究我国私营企业的家族式管理模式，分析了家族企业的特征，并提出了家族式管理给劳资关系所带来的负面影响，他们认为家族制企业所采取的家长式或比较粗暴的管理方法是导致劳资冲突产生的重要原因[③]。贺艳秋从道德角度分析了劳资冲突显性化的成因，她认为在我国私营企业中，资方侵犯劳方权益的现象普遍存在，从道德角度来讲，这主要源于私人企业缺乏完善系统的伦理道德文化、员工们没有可以共同遵守的道德准绳、整个社会对于道德规范的认识尚处于浅显与酝酿阶段，在这种情况下，企业对劳资关系的管理更偏爱经济与法律手段，缺少人情味[④]。孟令军从企业文化视角出发来解释劳资冲突存在的成因问题，他认为目前中国企业文化的建设主要是由作为劳资关系主体一方的资方或其代表者来搞，无疑会具有偏向资方的倾向，从而把企业文化搞成了有利于资方的"劳资文化"，不能完全达成劳资双方共识，因而是不健全的，劳资关系在单一性的"劳资文化"影响下必然体现出

---

① 李亚雄、失范：《对当前劳资冲突问题的一种解释》，《社会主义研究》2006年第1期。
② 李强：《社会分层与贫富差距》，鹭江出版社2000年版，第35—67页。
③ 晁罡、曹能业：《论中国私营企业家族管理模式对劳资关系的影响》，《华南理工大学学报》（社会科学版）2002年。
④ 贺艳秋：《论道德调整私人企业劳资关系的必然性》，《四川师范学院学报》（哲学社会科学版）2003年第2期。

劳方的反抗并会进一步演化为劳资冲突①。游正林从企业组织公正的角度来解释劳资冲突产生的原因，他认为企业组织层次上的劳资冲突源自于雇员在雇主的管理行为中所体会到的不公正感。通常情况下，雇员会形成一种"雇主应该给予什么"的心理契约，当这种心理契约在实践中没有得到雇主的履行时，雇员便会产生不公正感，雇员"不平则鸣"的反应就会引发各种各样的劳资冲突②。邵晓寅认为"劳资双方在私营企业内部地位的差异、私营企业外部的社会经济环境、法律与执法环境等因素共同导致了私营企业内部劳资双方力量的不对等"③，私营企业的工人处于相对的弱势地位，因而其合法权益常常受到资方的侵害，劳资冲突频频发生。戴建中认为"工资低、劳动时间过长、拖欠工资是导致劳资冲突的主要原因。而雇工人身和人格被伤害的现象，如遭体罚、被打、被辱骂、被限制人身自由（例如，业余时间不准离开宿舍区、进厂时扣押身份证、下班时搜身等），也是引起劳资冲突的导火线，但更多还是有关物质利益分配不公方面引起的"④。

此外，还有部分学者将外部环境因素与企业组织内部因素结合在一起进行分析，从综合性视角解释劳资冲突产生的原因。例如，王乐对我国非公企业劳资矛盾多发的现实情况进行分析时指出，劳资关系双方的利益差异是劳资矛盾多发的直接原因、社会主义的现实国情是劳资矛盾多发的特殊原因、现代化社会中的个性化及个体特征凸显是劳资矛盾多发的内在原因⑤。

---

① 孟令军：《劳资文化与企业文化》，《工会理论与实践》2002年第16期。
② 游正林：《不平则鸣：关于劳资冲突分析的文献综述》，《学海》2005年第4期。
③ 邵晓寅：《私营企业劳资冲突的现状和对策》，《晋阳学刊》2003年第3版。
④ 戴建中：《我国私营企业劳资关系研究》，《北京社会科学》2001年第1期。
⑤ 王乐：《当今社会劳资矛盾多发的原因分析》，《理论观察》2014年第1期。

三 国内关于劳资关系政府干预的研究

与西方成熟的市场经济国家相比，我国劳资关系仍然以单个劳动者与雇主进行博弈的个别劳资关系为主，劳动者处于弱势地位，劳方利益受损，政府干预在劳资关系调整中发挥主导性作用，因此，国内学术界对劳资关系的政府干预问题展开了大量的研究，研究内容主要体现在政府是否应该对劳资关系进行干预、政府在劳资关系调整中的角色、政府干预劳资关系的对策三个方面。

第一，对于政府是否应该介入劳资关系运行，国内学术界形成了三种观点。第一种观点认为，政府应该广泛地介入劳资关系调整体系中，加强对劳资关系的直接干预，国内大多数学者都持这一观点。例如，蔡昉在对中国的"刘易斯转折点"问题进行分析时指出：改革开放后的今日中国面临着劳动力无限供给性质逐渐改变的转折点，在这个发展阶段上，政府应该积极地通过立法和各种规制来保护普通劳动者的利益和权益[1]。第二种观点认为，政府对市场机制下的劳资关系不宜多加干涉，应主要依靠市场的基础性作用，通过政策引导与法律规范，从完善劳动力市场建设与劳动争议处理制度等方面促进劳资关系的改善。例如，周新军指出：对非公有制经济的劳资关系问题，政府不宜施加行政干涉，应通过政策与法律等方面约束劳资行为，同时还要注重社会保障制度的完善[2]。第三种观点偏向于"中庸之道"，即主张政府在劳资关系调整中应采取适度干预的方式，不宜过多干涉也不宜放任自流。例如，王一江认为，政府对劳动关系的干预在时间上可分为事前干预和事后干预两种，事前干预的典型例子是对劳动者安全

---

[1] 蔡昉、刘易斯:《转折点：中国经济发展新阶段》，社会科学文献出版社 2008 年版，第 35 页。
[2] 周新军:《劳动关系与劳资关系：两种体制下的经济关系——中国转型期的经济关系研究》，《现代财经》2001 年第 12 期。

和健康问题的干预，而事后干预的典型例子是政府有责任维护劳动合同的严肃性。他非常强调政府干预"度"的问题，他指出劳动法规的介入不能"过度"与"随意"，并且还强调"政府的过度干预会损害劳动者长远的根本利益"①。与王一江的观点相同，李杏果也提出政府对劳资关系的干预要适度，以避免从政府介入不足的一个极端走向政府干预过度的另一个极端，这是因为"政府失灵"普遍存在，这也就意味着政府干预并非解决劳资冲突的灵丹妙药②。

第二，对于政府在劳资关系调整中的角色定位问题，大多数学者认为政府应该承担多种角色并发挥不同的功能。赵祖平认为：对劳动关系领域中政府角色的定位受到政府本质、经济体制与政府职能等多种因素的影响，政府应该担当的角色是劳动力市场的构建者、公共服务的提供者与劳动争议的调停者③。李亚娟和杨云霞将政府在劳动关系中的角色概括为"5器"，即"劳动者权利表达的扬声器""劳动关系的稳定器""劳资双方利益的平衡器""权利意识的宣传器"与"劳动争议的调和器"④。程延园在其著作《劳动关系学》中提出政府在劳资关系调整中的角色定位应遵循"5P"理论，即政府应充当"劳工基本权利的保护者或规制者""集体谈判与劳工参与的促进者""劳动争议的调停者""就业保障与人力资源的规划者""公共部门的雇佣者"五种角色⑤。李炳安和向淑青等人将转型期政府在劳资关系中所扮演的角

---

① 王一江：《政府干预与劳动者利益比较》，中信出版社2004年版，第74页。
② 李杏果：《论市场经济条件下政府介入劳动关系的界限》，《人文杂志》2010年第6期。
③ 赵祖平：《错位、缺位：劳动关系重建中的政府》，《中国劳动关系学院学报》2007年第21期。
④ 李亚娟、杨云霞：《我国政府在劳动关系中的角色探析》，《社会主义研究》2009年第6期。
⑤ 程延园：《劳动关系学》，中国人民大学出版社2011年版，第11页。

色细化到了9种之多①。总之，绝大多数的学者都认为，政府在劳资关系调整中的作用是毋庸置疑的，它应该扮演好"劳资和谐倡导人"的角色，从政治、法律、经济、社会管理、公共服务等多方面积极促进劳资关系的和谐化发展。李杏果指出，研究劳动关系中政府的角色定位必须考虑政府介入的边界问题，劳动关系中诸问题的解决应以劳资双方自治为基础，辅以有限且有效的政府作用：一方面，要按照辅助性原则、契约优先原则和合法性原则，合理确定政府干预劳动关系的边界；另一方面，要推动政府职能转变，使政府的劳动关系干预从"划桨"走向"掌舵"，从直接干预走向搭建劳资自治平台的间接干预，以从根本上保障劳资和谐②。谭泓认真梳理了构建和谐劳动关系的政府角色定位，并对政府参与劳资关系调整职能履行的机制支撑与路径选择进行了较为系统的研究，他指出，政府应真正确立"改革成果共享、弱势群体保护"的包容性增长理念，从"强国家、弱社会"的"国家权力本位"向"劳动者权利本位"转变，从对劳资关系"自由放任"的局外人角色向"主动前瞻、适度干预"的主导性角色转变③。

第三，国内学者还对政府干预劳资关系的对策展开了研究，主要内容包括劳动关系的法律规制、工会的成立与建设、三方协商机制的构建与运行等方面。

在法律规制问题上，徐小洪认为，政府干预劳资关系应该从维护劳动者的合法权益入手，然而"维护劳动者合法权益"可分为两个命题，即对劳动者权利和劳动者利益的双重保护。现在，人们关注更多

---

① 李炳安、向淑青：《转型时期政府在劳资关系中的角色》，《中国党政干部论坛》2007年第6期。
② 李杏果：《论市场经济条件下政府介入劳动关系的界限》，《人文杂志》2010年第2期。
③ 谭泓：《构建和谐劳动关系的政府角色定位与职能履行问题研究》，《东岳论丛》2013年第3期。

的是劳动者的利益保护问题,政府往往通过直接干预的方式要求企业给予工人应得的利益。同时,对于劳动者的权利保护问题,政府还没有给予足够的重视,特别是对待工人的群体权利问题上,更是如此。所以,政府干预的当务之急是首先通过法律规制确定劳动者权利的主体地位,让他们自己行使权利去争取自己的利益。

在工会的成立与建设问题上,学者们一致认为,针对个别劳资关系中劳方处于弱势地位的情况,建立工会组织从而增强劳方的博弈力量是政府对劳资关系进行干预的主要对策之一。国内学者对这一对策的研究主要围绕工会的重要作用、中国工会存在的问题以及未来工会建设三个方面展开。在工会作用方面,学者们认为工会的重要作用无论在国外还是国内都是毋庸置疑的,对此,程恩富指出,西方工会在经济与社会发展方面作用强大,主要表现为:促进投资和技术进步、促进管理水平的提升、促进团队精神和企业文化的发展[1]。洪安琪从中国非公有制企业劳资矛盾突出的现实出发分析了工会的重要作用,他认为工会能够改变职工的弱势地位,有利于形成稳定的劳资关系[2]。许晓军从工会推动国民经济可持续发展的新视角强调了工会的重要作用,并认为切实强化以工会为主导的集体协商工资增长机制,对于国民经济的稳定增长、构建和谐的劳资关系意义重大[3]。吴亚平和郑桥从国际比较的视野将中国工会的特点概括为四点,即中国工会是合法的政治团体、中国工会坚持中国共产党的领导、中国工会统一接受中华全国总工会的领导、中国工会主张"双维护"。在中国工会存在的主要问题方面,我国学者主要从劳动争议发生率与工会组建率"双高"局面出

---

[1] 程恩富:《社会进步与工会的作用》,《学者论坛》2000 年第 2 期。
[2] 洪安琪:《改变职工弱势地位、建立协调稳定的劳资关系》,《工会理论与实践》2000 年第 8 期。
[3] 许晓军:《工会推动国民经济可持续发展的新视角》,《中国劳动关系学院学报》2006 年第 8 期。

发来说明中国工会工作不到位、未能发挥其应有作用的状况。夏小林对内资私营企业进行调查的报告显示：私营企业工会存在着工会组建快与缺乏独立性之间的矛盾，工会维权乏力①。吴亚平对工会维权不力问题做出了恳切的描述："目前，比较突出的问题是，有相当一部分职工尤其是进城务工人员还没有组织起来，工会维权还不到位，基层工会在协调劳动关系上插不上手，劳动争议和群体性事件时有发生，甚至出现工会主席代表企业一方出席劳动争议仲裁庭，与职工对簿公堂的现象。在地方等高层工会，调查研究少，参与力度不够，有工会行政化的倾向，工会群众化已经成为工会自身建设的当务之急。"② 出现这种状况的原因是多方面的，夏小林认为企业买方主导权干预工会组建以及政府的目标与行为偏差共同导致了工会的目标淡化与行为弱化，因而不能履行代表职工利益的职能。此外，冯钢还从再分配制度视角揭示工会"非独立性"的制度根源，认为我国计划经济体制时期的再分配制度缔造了传统的"以厂为家"的工会意识形态，致使改革开放后的企业工会沦为其所属企业或工厂的附庸③。在工会未来的建设与改革方面，大多数学者认为保证工会的独立性与自主性是当务之急。常凯指出要保护工人的权利，关键是要保障工会的自主性。目前，在已经建立工会的私营企业或外资企业中，相当一部分是由雇主控制或操纵工会，更有甚者，有的工会就是由雇主亲自或指派亲信建立的。对于这种情况，需要通过构建不当劳动行为立法，以法律救济等形式对其进行约束和纠正④。

在三方协商机制的构建与运行上，大多数学者持认同的态度。国

---

① 夏小林：《私营部门劳资关系及协调机制》，《管理世界》2004年第6期。
② 吴亚平、郑桥：《从国际比较的视野看中国工会的特点和发展趋势》，《中国劳动关系学院学报》2007年第10期。
③ 冯钢：《企业工会的"制度性弱势"及其形成背景》，《社会》2006年第3期。
④ 常凯：《WTO、劳工标准与劳工权益保障》，《中国社会科学》2002年第1期。

内学术界对此进行的研究主要体现在三方协商机制的可行性分析与三方协商机制在运行中遇到的难题等方面。在探讨"三方协商"机制的可行性问题时,唐均认为"三方机制"是解决农民工被拖欠工资问题的最优选择,因为如果采取行政主导的方式由政府自己当"运动员"那么"游戏规则"就变了,正确的选择是政府只要做好"裁判员"角色,真正的比赛交给劳资双方直接"对决"就好了,这就是联合国及其劳工组织所提倡的"三方机制"[1]。刘健西和邓翔在对我国转型经济条件下的劳资关系协调机制进行探讨时认为,劳资关系协调机制必须符合当前经济转型的特点,调动三方利益主体的积极性,建立并进一步完善三方协商机制[2]。在分析"三方协商"机制运行中所存在的问题时,常凯和李琪认为"三方协商机制"中的组织结构尚存在漏洞,主要是工会本身问题有待提高。在思想上,许多工会领导对三方协商机制还缺乏了解;在实际工作中,工会尚缺乏"三方机制"实施的长远规划;在个别符合条件的省市还缺少试点、对当前劳动问题缺乏深入分析、集体合同的质量基础尚未"打牢";工会自身的改革与建设仍在进行中[3]。程延园在对"东航返航事件"进行案例分析时指出"制度化的沟通协商机制是解决劳资博弈成本最低的基本渠道",但是目前我国的三方协商渠道尚存在问题,工会的独立性以及代表性是其关键。由于我国实行的是一元化的工会体制,工会既要代表管理者的利益又要代表劳动者的利益,代表性上存在模糊分界;此外,中央级别工会组织地位上升的同时却又伴随着企业一级工会组织地位的下降,这使得工会

---

[1] 唐均:《"三方机制":解决农民工工资问题的最佳选择》,《中国党政干部论坛》2004年第5期。
[2] 刘健西、邓翔:《转型经济下我国劳资关系协调机制探讨》,《天府新论》2014年第2期。
[3] 常凯、李琪:《论我国三方协商机制的组织结构及其职能》,《工会理论与实践》1998年第3期。

独立性不强,企业工会仍兼具工会与管理双重职能①。李涛认为我国"三方机制"有效性受到挑战的原因在于"三方主体"缺失,主要表现为政府、雇主及其组织、工人及其工会在不同程度上存在着组织机构不健全以及行为目标扭曲的问题②。刘湘国也强调"我国调整劳资关系的三方机制建立时间短,还存在协商主体代表性不足、角色定位不准和协商范围窄等问题,需要进一步完善才能发挥三方机制应有的作用"③。

近年来,随着"三方机制"实施失灵的加剧,有学者便从新的视角对劳资关系的政府干预机制进行了再探讨。其中比较有代表性的观点有"新合作主义""构建多维网络化劳资利益协调机制"与"建立健全内部劳动力市场机制"等。陈少晖通过对传统的以行政化手段为主导的劳资关系体制在当代社会的惯性作用以及中国私营企业"再生"阶段的不成熟性进行深入而具体的分析,认为现阶段中国私营企业的劳资关系模式更多地反映出"旧合作主义"劳资关系模式的特征,因此私营企业要调整好劳资关系应当分"两步走",近期步骤是建立和完善政府主导下的劳资关系协调机制,中长期目标则是构建新合作主义为基础的劳资关系自主协调机制④。王明亮从当今全球经济一体化以及信息科技高速发展的背景出发分析了当前我国劳资关系的新特点,并从"小康型"社会建设的目标出发分析了我国劳工权益诉求的变化,认为我国应充分调动社会各

---

① 程延园:《构建制度化的劳资利益沟通机制——对"东航返航事件"中劳资博弈非制度化的思考》,《中国人民大学学报》2008 年第 4 期。
② 李涛:《三方主体缺失与私营企业劳资关系协调机制的构建》,《浙江树人大学学报》2008 年第 8 期。
③ 刘湘国:《我国调整劳资关系的三方协商机制存在的问题及对策分》,《北京劳动保障职业学院学报》2012 年第 6 期。
④ 陈少晖:《新合作主义:中国私营企业劳资关系整合的目标模式》,《当代经济研究》2008 年第 1 期。

方相关主体的积极性，构建以劳资集体协商为核心的"多维网络化劳资利益协调机制"作为调整劳资关系的长效机制[①]。王力南对转轨期公有制与非公有制企业的劳动关系特点进行差别分析，认为非公有制企业劳动关系具有非平等性、不稳定性、契约不完全以及"三方机制"不健全等特征，因此应该建立一种内部劳动力市场机制，从而在企业与员工之间建立一种长期、合作、稳定、互信的关系[②]。

四　国内有关不完全劳资契约的研究

目前，国内从不完全契约视角对劳资关系及其调整问题进行研究的成果较少，并且在少有的研究中，学者也只是从劳资契约中的某一个层面来研究具体某个领域的劳资纠纷问题的。例如，杨瑞龙和卢周来从正式劳资契约的第三方实施与权力最优化的角度对农民工工资纠纷问题进行了解释，他们认为：农民工工资被拖欠的主要原因并非农民工与直接"关系"雇主之间的非正式口头契约无法有效实施，而恰是国家明文规定的、应该由国家作为第三方强制实施的正式契约无法有效实施。而国家作为强制实施的第三方，无法有效保护农民的合法权益，原因在于，一方面，国家拥有的部分绝对权力在追求租金最大化的动机下被滥用；另一方面，作为国家强制实施直接工具的司法体系的相对权力又被强势利益群体所削弱，无法有效发挥强制性作用。在他们看来，导致农民工工资纠纷的主要原因在于国家作为劳资契约的强制实施者在保护农民工合法权益方面的失效。因此，对农民工与雇主之间的矛盾进行调节的关键在于通过"第三方权力最优化"，重新

[①] 王明亮：《"小康型"社会多维网络化劳资利益协调机制研究》，《求索》2013年第6期。
[②] 王力南：《基于内部劳动力市场理论的中国企业劳动关系研究》，《财经理论研究》2014年第3期。

建立政府作为强制实施第三方在保护农民工权益中的权威①。

除此之外，国内基于不完全契约视角对劳资关系问题所进行的研究主要集中在对不完全劳资契约的研究上，具体体现在以下三个方面：

第一，对不完全劳资契约属性的认识与界定。例如，赵小仕对不完全劳动契约的属性进行了研究，他以劳动契约观从古典经济学到新古典经济学的演变为基础，分析了不完全劳动契约的经济学支撑，并借鉴现代企业理论对不完全劳动契约的属性进行分析，如"劳动契约交易的核心为专用性与专有性人力资本、劳动契约交易的期限更多表现为长期雇佣，同时，与其他交易契约相比，不完全劳动契约交易的障碍为非对称信息分布下双方主体的机会主义行为问题以及团队生产形式下的劳动成果计量难题等"。从而得出结论："劳动契约是一个企业中的核心契约，但由于其交易对象的特殊性，使得现实中的劳动契约具有不完全契约的特点。"②

第二，对不完全劳资契约影响劳资双方的契约收益与公司治理结构等的分析。李世英概括地介绍了古典与新古典经济学关于劳动契约与员工激励的观点，并从不完全劳动契约的视角论述了员工激励的成因和方式以及其与公司治理深化的关系。他认为"劳动契约的本质特征就在于劳动能力的买卖不能同其所有者本人相分离，所以不完全劳动契约天然的与激励问题和风险问题相联系。劳动契约的本质属性将决定员工激励的性质和结构，而员工激励的性质和结构将影响公司治理的深化和公司绩效"③。孙慧文从我国经济转型中劳动收入份额持续下降的"卡尔多非典型事实"出发，提出了"初次分配中契约剩余份

---

① 杨瑞龙、卢周来：《正式契约的第三方实施与权力最优化——对农民工工资纠纷的契约论解释》，《经济研究》2004年第5期。
② 赵小仕：《不完全劳动契约的属性研究》，《社会保障研究》2009年第2期。
③ 李世英：《不完全劳动契约、员工激励与公司治理深化》，《经济体制改革》2004年第4期。

额的多寡是影响劳动报酬水平的主要因素"的论断，并对不完全劳资契约剩余的公共性质进行了深入分析，他认为"不完全劳资契约框架内，契约剩余的分享主要取决于对剩余权利的占有，并最终取决于要素谈判能力的强弱"，"在既定的要素禀赋结构中，要素谈判能力的高低主要受制于一定的制度环境，它和一定的制度偏向成正比。因此，要提高劳动者的契约剩余份额就必须要增强劳动者的谈判能力，关键是要树立偏向劳动的价值取向并建立系列偏向劳动者的制度安排"①。

第三，对不完全劳资契约条件下剩余控制权与剩余索取权配置机制的研究。郑文智和孙慧文对不完全契约条件所导致的劳资契约剩余公共空间进行了深入分析，并将研究重点放在了契约剩余索取权与剩余控制权的分配方面，他们认为劳动争议（或者劳动报酬分配不公）的发生在本质上是"平等"与"隶属"关系的外在表现，劳动争议（或劳资双方对契约剩余份额的争夺）表现为劳动过程中对劳动剩余控制权的争夺，因此，在不完全契约条件下，对剩余控制权与剩余索取权的分配显得非常重要。而围绕这一"分配"所进行的机制安排则取决于劳资双方的谈判实力。考虑到劳动争议的发生对于整个社会的不利影响，应当设计有利于提升劳动者相对谈判实力的机制来实现社会和谐与经济的可持续发展②。

五 国内研究述评

通过上面的综述可以看出，我国学者对于劳资关系及其调整问题做了大量的研究，对于劳资关系的政府干预也给予了高度关注，形成

---

① 孙慧文：《不完全劳资契约框架下谈判能力配置对劳动者报酬的影响——兼论谈判能力的决定因素》，《中央财经大学学报》2013 年第 11 期。
② 郑文智：《不完全契约下的劳动剩余控制权安排研究》，《湖北经济学院学报》2010 年第 8 期。

了丰富的研究成果，为中国劳资关系调整政策以及劳动法律法规的出台提供了参考价值，但仔细研读仍然不免发现其中的一些不足：

第一，我国劳资关系研究成果中存在着简单套用西方劳资关系理论成果的现象，例如，在对劳资关系政府干预的对策进行分析时，我国学者借鉴西方劳资关系理论提出了促成劳资双方集体谈判的"三方协商"机制与工会调节制度的主张，但却忽略了"集体谈判"制度发挥作用的条件——"劳动三权"的实现，而"劳动三权"恰是西方国家政府对劳资关系进行调整的关键。由此可以看出，借鉴西方理论虽然是解释中国劳动关系问题的一种工具性视角，但由于中国国情具有完全不同于西方市场经济国家的特殊性，简单套用西方理论难以提供符合中国实际情况的合理解释。

第二，我国在劳资关系问题的研究上尚存在理论研究落后于实践发展的客观缺陷。主要表现为，我国目前已经实行了劳资关系调整的制度，如"三方协商"机制、劳动基准与劳动监察制度、劳动争议处理制度等，但学术界却还没有提出中国化的劳资关系理论体系。现有研究呈现出的特点是：对劳资冲突现象的描述与浅层的分析较多，对本质内涵与原因的揭示较少；对劳资关系调整政策建议阐释的文献居多，而能够系统地提出中国劳资关系理论的研究资料较少。

第三，国内关于劳动关系问题及其调整的研究主要集中在个别劳动关系或者企业人力资源管理方面，缺乏针对集体劳动争议、产业行动以及集体劳动关系的关注，而这些问题恰恰是实行市场经济国家所必须面对的棘手问题。没有对劳资关系集体行动的分析是不能对中国目前劳工政策做出合理评价与完善的。

针对上述几个方面的不足，从契约视角对劳资关系及其调整问题展开研究具有合理性。首先，劳资契约是劳资双方就劳动力使用权与劳动条件的实现等问题所达成的交易契约，这在任何私有制经济中都普遍适用，因而可以避免国内研究简单套用西方理论的风险；其次，当前我国的劳资关系运行中已经全面实行了劳动合同制度，契约规制在劳资关系调整中发挥着越来越重要的作用，这说明从契约视角研究劳资关系问题具有实践基础，因而可以克服理论研究落后于实践发展的缺陷；再次，经过后文的分析可以看出，不完全劳资契约条件下，个别劳资关系的运行结果必然是劳方利益的受损与劳资冲突的加剧，集体劳资关系的建立势在必行，这就决定了不完全劳资契约理论的分析离不开对于产业行动以及集体劳资关系的研究，因而避免了以往研究中缺乏对集体劳动争议、产业行动以及集体劳动关系等方面的关注所带来的不足。

然而，我国学术界基于契约视角对劳资关系及其调整问题所进行的研究尚处于一种萌芽的状态，已有的少数研究或者只是从劳资契约中的某一个层面（如国家作为契约的第三方强制实施者方面）来研究某个具体领域的劳资纠纷（如建筑工地农民工与雇主之间的工资纠纷）问题，或者只是对不完全劳资契约的属性及其对劳资收益以及企业产权与治理机制的影响等方面所进行的探讨。因此，从契约视角出发对劳资矛盾与冲突的成因进行解释，并为中国劳资关系调整指明方向，将会是中国学术界未来将要进行研究的课题之一。

另外，国内现有研究中还缺少对劳资关系政府干预问题的系统化理论化的阐释，而从不完全契约视角对该问题进行研究也是国内研究中比较薄弱的一环，这不得不说是以往研究中的另一个缺陷。因为对处于经济转型期的中国而言，政府在劳资关系调整中还将发挥主导性作用，劳资关系的政府干预问题急需理论上的指导。

第三章 劳资契约不完全性的理论分析

第一节 完全契约与不完全契约

契约泛指一切规定缔约人之间进行交易活动的权利、责任与义务的协议或许诺。它是一组基于缔约人各自的利益要求所达成的"承诺"集合,因此是以自愿、互惠为基本前提和原则的。任何交易(条件)都需要通过某种形式的契约来进行推进、规范、激励和治理,因此契约是规制交易活动的最重要的制度安排。然而,契约对于交易活动的这种重要性并非从一开始就受到了重视,而是随着契约经济学的兴起,才逐渐步入人们的研究视野的。从已有的契约理论研究成果上来看,经济学家们对于契约的认识经历了由新古典最优契约→信息不对称条件下的次优契约→不完全契约的演变路径[1],对于契约的分析也逐步实现了从完全契约到不完全契约的转变。

---

[1] 朱光华、曾小龙:《从新古典交易契约到不完全契约——现代契约理论发展述评》,《河北学刊》2000年第1期。

一　新古典契约到不完全契约的演变

人们对于契约的研究首先是从新古典契约开始的，新古典契约形成于新古典经济学的理论框架下，由于"阿罗—德布鲁范式"是分析市场交易体系的最基本模型，所以这一模型可以体现出新古典契约理论的基本内容。在"阿罗—德布鲁范式"所构建的市场交易体系中，信息是完全的、市场主体是拥有完全理性的、外生条件是给定的、市场是出清的，市场成为各种商品（资源）配置的中心，为数众多的经济人在市场中进行最优化的行为选择，在这个过程中，契约表现为一种纯粹的交易契约，交易双方达成的是一个不存在不确定性的简单交换合同，由于在市场上的资源配置达到了帕累托最优效率，此时的交易契约便构成帕累托意义上的最优契约。

然而，"阿罗—德布鲁范式"下的完全市场在现实经济世界中基本是不存在的，经济学家们开始逐渐放松该模型的假设前提，转而研究存在不确定性以及信息非对称条件下的不完全市场，由此形成了"委托—代理理论"，对契约的分析便由新古典交易契约演变为信息不对称条件下的契约。"委托—代理理论"的兴起源于一个与"阿罗—德布鲁范式"不同的特殊假设条件，即契约双方（委托人与代理人）在某一固定变量上存在着信息的非对称，委托人处于信息劣势，而代理人则拥有信息优势，这就使对代理人进行激励的问题变得重要起来。标准的"委托—代理理论"就是帮助委托人寻求在代理人的激励相容约束与个人理性约束的条件下能够实现期望效用最大化的契约。此时的契约与新古典交易契约相比，不是确定性情况下的最优契约，而是有约束条件的次优契约。但二者仍然存在着一个相同之处，即模型中交易双方所签订的契约都是缔约人的优化（最优或次优）选择，因而都是可完全执行的。

由新古典最优契约到非对称信息下次优契约的转变,代表了契约经济学分析上的一大进步,但是对于契约均可完全执行的论断仍然受到实践的挑战。在现实的经济世界中,很多契约不是缔约人的最优或次优选择,因而不能获得完全的执行。为此,经济学家们开始进一步放松经济分析的假设前提,转而研究"不完全契约"。关于"不完全契约理论",比较具有代表性的是哈特等人开创的"GHM 模型"与威廉姆森的"纵向一体化理论"。"GHM 模型"假设缔约人拥有完全理性和完全信息,但与"阿罗—德布鲁范式"和"委托—代理理论"不同的是,它还假设第三方(法庭)对于一些变量的真正价值不能进行"验证",也就是说,代表权威并最终能够保证契约履行的"法官"不能观察和评估一些相关变量[1],从而使得契约不可完全执行。针对这一问题,哈特提出的解决办法是通过产权配置为各方进行事前的最佳投资提供激励。与哈特的观点不同,威廉姆森从"有限理性"与"交易成本"角度分析了契约的不完全性,并提出通过企业签约代替市场签约的方式来解决契约不可完全执行的问题[2]。

综上所述,从新古典的交易最优契约到信息不对称条件下的次优契约,再到不完全契约代表了契约经济学的演变路径,不完全契约理论以其对经济现象的巨大解释力越来越受到经济学家们的关注。然而,当前学术界对于"不完全契约理论"还存在较大的争议,对于不完全契约产生的原因、不完全契约导致的结果,以及解决不完全契约执行问题的方法,都有着诸多不同观点,不完全契约理论尚未形成一个统一的研究框架。

---

[1] [法]埃里克·布鲁索、[法]让·米歇尔·格拉尚:《契约经济学:理论和应用》,王秋石等译,中国人民大学出版社 2010 年版,第 8 页。

[2] [美]奥利弗·E. 威廉姆森:《资本主义经济制度——论企业签约与市场签约》,段毅才等译,商务印书局 2011 年版,第 125—176 页。

二 完全契约

完全契约包括两种情形，一种是契约无缺口，即契约条款明确规定了所有或然状态下缔约各方的权、责、利关系，契约实现了全覆盖，第三方可以验证，因而可以得到完全的执行。新古典交易契约就属于这样一种契约。另外一种是契约虽然有缺口，但经过缔约人完美的机制设计仍然可以得到完全执行的契约。委托—代理理论下的契约就是第二种情形下的完全契约。而委托—代理理论之所以被学者们定义为完全契约理论，就是因为委托—代理理论强调通过机制设计来满足代理人的参与约束与激励相容约束，从而在保证代理人利益诉求的同时，实现委托人的利益最大化。

完全契约存在的条件在于完全信息与完全理性的假设。

首先，完全信息的假设是新古典经济学理论中"经济人"假设所必需的条件。在一般均衡理论中，完全信息指的是经济主体了解市场中所有相关变量的信息，即使是在不确定性情况下，经济主体也可以知道相关变量的概率分布。因此，市场是完全的，消费者完全了解任意时点上各种商品的价格、质量与数量方面的信息从而能够做出效用最大化的决策，生产者完全了解任意时点上各种产品的价格、产量及其所需的生产要素等方面的信息从而能够做出利润最大化的选择；在博弈论中，完全信息指的是每一个行为人都能够确切无误地掌握所有其他行为人的特征、策略集合以及支付函数等方面的信息。总之，完全信息就是指"经济人"拥有对于某种经济环境状态的全部知识，或者说"经济人"可以在不耗费任何资源（成本）的情况下获得任何他（她）所需要的各种信息。

其次，完全理性假设是主流经济学体系中一个非常重要的假设前提，也是"经济人"假设的一个重要基础。根据新古典经济学关于

"经济人"的假定,完全理性指的是"个体根据其所获得并掌握的各方面完全信息进行计算和分析,从而按最有利于自身利益的目标选择决策方案,以获得最大利润或效用(利润或效用最大化假定)"[①]。在具体分析中,经济学家们主要从"全知、全能和善举"以及"人类行为者的认知能力、自利心和预见的能力"[②]等诸多方面来考察和诠释完全理性的概念。据此,本书将完全理性概括为以下四个方面:(1)完全理性意味着,行为人拥有完全信息,并且经济环境中不存在不确定性,即使存在不确定性情况,行为人也可以知晓各种可能情况发生的概率以及行为人在不同状态下的偏好与选择;(2)完全理性的行为人具有完美的输入信息的能力,即行为人拥有完全的认知,对于经济环境中的信息,他(她)可以完全掌握并吸收;(3)完全理性的行为人具有完美的输出信息的能力,即行为人能够通过精密的计算与分析对信息进行处理并且能够以准确的语言将信息描述出来;(4)完全理性条件下不存在行为人的机会主义行为倾向,这是因为,任何机会主义行为在完全信息条件下都将被发现并会受到应有的惩罚,所以,诚实是完全理性假设下的必然结果。

在上述两个基本假设条件下,契约总是完全的。这是因为,一方面,在完全信息与完全理性情况下,缔约人能够准确地知道并表述交易对象的价格、质量等所有与交易活动相关的信息,对于双方的偏好、行动原则、成本与收益,他们都了如指掌,因而缔约双方能够签订面面俱到的契约,并使契约条款都可被第三方加以证实,此种情况下的契约必然是完备的,可以获得完全执行;另一方面,即使是在信息不完全从而导致契约有缺口的条件下,完全理性的缔约人也能够通过合

---

① 丘海雄、张应祥:《理性选择理论述评》,《中山大学学报(社科版)》1998 年第 1 期。
② [法]埃里克·布鲁索、[法]让·米歇尔·格拉尚:《契约经济学:理论和应用》,王秋石等译,中国人民大学出版社 2010 年版,第 43 页。

理的制度设计做出理性应对，从而使契约仍然能够得到完全执行。

三 不完全契约

完全契约是在完全信息与完全理性的条件下推论而来的一种"理想化""抽象化"的契约形式。但在现实的世界中，信息往往是不完全的，行为人是有限理性的，因而，契约总是不完全的。

不完全契约指的是存在缺口（漏洞）或者第三方不可验证条款从而不能得到完全执行的契约。它也包括两种情形，一种情形是契约有缺口因而不能得到完全执行；另外一种情形是契约没有缺口，但其中某些条款却不能被第三方所证实，从而无法完全执行。

不完全契约成立的条件是不完全信息与人的有限理性。

首先，不完全信息是现实经济生活中的常态。早在20世纪60年代，西方学者就对完全信息的假设条件进行了深入的考察，他们认为，经济生活中的信息并不总是完全的，例如，长时间内有关将来事态的信息是即期市场所不能提供的；在技术领域内，有关技术知识与应用的信息是要付出代价的因而并非所有人都能获得的；有关商品质量的信息在买者与卖者之间的分布是非对称的[1]……诸如此类的情况表明，经济主体并不能完全掌握市场中所有相关变量的信息，行为人也并非能够确切无误地了解所有其他行为人的特征、策略以及支付情况。总之，现实经济生活中的"经济人"不能拥有对于某种经济环境状态的全部知识，或者说"经济人"获得他（她）所需要的信息是要耗费资源和花费成本的，有时成本还相当高昂。

其次，现实经济生活中的人不是完全理性的，而是有限理性的。阿罗最早对人的有限理性概念进行了阐述，他认为"人的行为即是有

---

[1] 黄淳、何伟：《信息经济学》，经济科学出版社1998年版，第1—15页。

意识的理性选择，但这种理性又是有限的"①；随后，西蒙从"有限理性"与"满意准则"两个角度提出了对"经济人"假设的修正②；奈特与一些凯恩斯学派的经济学家们则从"不确定性"角度来认识人的有限理性③；国内学者也纷纷从人的感知能力、记忆能力与信息处理能力等方面的有限性上来对"有限理性"进行分析④。由此，本书将人的有限理性概括为以下四个方面：（1）人的输入信息能力（认知能力）是有限的，所以不能掌握完全信息；（2）人的输出信息能力（表达能力）是有限的，所以不能以精确的语言来描述和表达自己已经掌握的信息；（3）由于输入与输出信息的能力有限，所以行为人不能了解所有经济环境状态的完全知识，在存在不确定性的情况下，也不能完全知道其他所有情况发生的概率，因此也就不能通过精密的计算与分析来制定出完美的行为机制；（4）行为人总是具有机会主义行为倾向，"采用欺骗的手段进行自利"是行为人可能会采取的策略行为，这就更加强化了未来的不确定性与信息的不完全性。因而，现实生活中的人总是存在有限理性的。

在上述两个条件的作用下，缔约人在现实中所签订的契约总是不完全的。这是因为，第一，信息是不完全的，缔约人不能预见到所有或然状态，契约在客观上总是会存在缺口或漏洞，而缔约人的有限理性使这一缺口又无法通过制定完美的机制设计加以填补，使得契约在存在缺口的情况下无法获得完全的执行，因而契约是不完全的；第二，

---

① 卢现祥：《西方新制度经济学》，中国发展出版社1996年版，第10—11页。
② ［美］赫伯特·西蒙：《现代决策理论的基石》，杨砾等译，北京经济学院出版社1989年版，第20—21页。
③ ［美］富兰克·H. 奈特：《风险、不确定性和利润》，王宇等译，中国人民大学出版社2005年版，第30—35页；汪浩瀚、徐文明：《现代不确定性经济理论的比较研究凯恩斯与奈特》，《经济评论》2005年第5期。
④ 李广海、陈通：《现代决策的基石：理性与有限理性研究述评》，《统计与决策》2008年第3期。

从契约角度来讲，缔约人之间的交易常常会涉及跨期交易，未来的不确定性导致信息的不完全性更加突出，因而契约总是不完全的；第三，由于人们的认知能力有限，掌握相关信息的成本过高，缔约方可能会主动使契约留有缺口；第四，即使契约没有缺口，由于缔约人表达信息的能力有限或者法官接受信息的能力有限，契约条款也可能是模糊的，即共同信息尽管能够被缔约双方观察到，但却不能被第三方（法庭）所证实，从而使契约难以获得完全执行；第五，在有限理性的条件下，缔约人具有机会主义行为倾向，缔约各方都有可能采取策略性行为，即在契约签约时隐瞒相关的信息从而带来逆向选择，在契约履行时采取违约等事后机会主义行为从而带来道德危害。这种情况使信息不完全不对称以及未来不确定性的问题得以进一步强化，因而不完全契约不可避免。

以上分析表明，由于信息不完全和人们的有限理性在现实世界中总是存在的，因而契约总是不完全的。不完全契约理论关注的核心问题是契约的执行。对于完全契约而言，在契约条款无漏洞的情况下，契约通常可以自我执行，倘若出现了契约纠纷，也可以通过法院强制执行；而在契约条款有漏洞的情况下，完全理性的缔约人可以通过机制设计弥补契约缺口，使签约人履约的收益大于成本，从而使契约得到自我执行。因而，从执行阶段来看，完全契约是可以得到完全执行的契约。完全契约理论研究的核心在于契约的设计与解释。对于不完全契约而言，契约常常存在缺口和漏洞，或者存在部分模糊条款使第三方难以证实，有限理性的缔约人不能通过机制设计使契约中没有明确界定的权利得到完全实现，因而这部分未被明确规定的契约条款既不能完全通过法庭强制执行，也不能完全地通过机制设计得到自我执行。从执行阶段来看，不完全契约是只有部分内容能够得到执行的契约。契约的不完全性带来的是履约的困难，所以不完全契约理论的核心在于解决契约履行所面临的各种难题。

第二节 劳资契约及其不完全性

一 劳资契约及其主体与客体

劳资契约产生的条件在于下述三个方面：第一，劳动者是"双重自由"的人。一方面，劳动者是法律上自由的人，可以自由地出卖自己的劳动力；另一方面，劳动者失去了任何生产资料和生活资料，"自由"得一无所有，只能以出卖劳动力为生。第二，生产过程需要劳动与资本的结合。任何生产过程都是"人的因素（劳动力）"和"物的因素（生产资料即资本）"相结合从而进行劳动的过程，离开了劳动与资本当中的任何一个，生产过程都无法实现，也就无法完成财富的创造；第三，商品经济条件。在商品经济条件下，劳资双方才能通过市场交易活动实现劳动与资本的结合。由此可见，劳资契约就是劳资双方以完成生产过程为目的通过交易活动达成的契约。通过劳资契约的签订与履行，劳动者获得了工资等劳动条件，资本所有者获得了剩余价值。

任何契约都具有明确的主体与客体，对于劳资契约来讲，契约的主体是劳动力所有者及其相关组织与资本所有者及其相关组织，或者也可以称为雇员及其组织与雇主及其组织；劳资契约的客体是劳动力使用权与劳动条件。

从主体上来说，虽然政府作为经济社会运行的监控与规制者会出于公平的目的干预劳资契约的实施（对此后文会详细阐述），但政府并不构成劳资契约的主体一方，因为它并不会直接参与劳动过程的实现。

从客体上来说，劳资契约是建立在劳资双方进行交易的基础上的，那么双方交易的对象便构成了劳资契约的客体。对于劳动者而言，劳动力具有与其人身的不可分割性，在不存在奴隶制的市场经济条件下，劳动者出卖的不可能是自己的劳动力所有权，而只能是劳动力的使用权；对于资本所有者而言，他不会用生产资料的所有权来换取劳动力的使用权[①]，雇主只是通过支付劳动报酬使劳动与资本在自己的监督与控制下相结合完成生产过程。在带有雇佣性质的劳资契约下，劳动者付出劳动所生产出来的产品并不能归劳动者所有，而只能归资本家所有，所以劳动者从雇主那里获得的劳动报酬并不是使用生产资料所创造的全部价值，而只是相当于劳动力市场价格的工资，用以维持劳动力的生产和再生产。此外，虽然劳动力的交易与使用看似是两个不同步的过程，但二者其实有着密切联系，劳动力交易过程是劳资双方的签约过程，劳动力的使用过程实际上就是双方的履约过程。在劳动力的使用过程中，劳动者提供了劳动，雇主只是提供了劳动条件，这包括从事劳动所必需的生产资料、保证劳动力再生产所必需的工资收入和必要的劳动保护措施等。总之，在劳资双方的交易中，劳动者向雇主提供的是劳动力的使用权，而雇主向劳动者提供的则是以工资、劳动保护措施、劳动环境等形式表现出来的为完成劳动过程所必需的劳动条件。因此，劳资契约的客体是劳动力的使用权和劳动条件。

二 劳资契约的不完全性

前文分析已经指出，现实世界中的契约总是不完全的，劳资契约也是如此。并且与非劳资契约相比，劳资契约的不完全性还更加突出，原因在于以下几个方面：

第一，契约交易客体的特殊性使劳资契约的不完全性更加突出。

---

① 这在现实经济生活中也不具有可能性，因为劳动者若能够取得生产资料的所有权，雇佣劳动关系就不会存在。

劳资契约的交易客体是劳动力使用权与劳动条件。首先，雇主行使劳动力使用权就是在生产过程中使用劳动力。由于劳动能力与劳动本身都具有与劳动者不可分割的属性，这就使得劳动力具有异质性和主观能动性的特点。其中，劳动力的异质性指的是劳动者由于受到先天条件（智力、性别、年龄、种族等）与后天因素（教育培训等人力资本投资因素）的影响而与其他劳动者之间存在的差异性[1]；劳动力的主观能动性指的是劳动者的劳动生产率不仅取决于其劳动能力，更取决于他的主观努力。通常情况下，劳动力使用效率的高低取决于三个方面：一是劳动能力，二是劳动者与岗位的匹配程度，三是劳动者主观努力程度。雇主总是希望能够尽可能完全地掌握这三个方面的信息从而更好地使用劳动力，但是由于劳动力的异质性与主观能动性的特点，导致雇主只能在有限程度上做到。劳动力的异质性使雇主在生产活动中要想根据不同雇员的自身情况制定不同的契约条件是非常困难的，或者说是要花费高昂成本的，因而劳资契约通常是不完全的。劳动者的主观能动性特点又带来了雇主所难以掌握的雇员的私人信息，增加了契约签订与履行过程中将要面临的信息不完全性与不确定性，因此，根据雇员特点制定完全契约是不现实的。

其次，劳动条件也具有特殊性。劳动条件不仅包括工资，还包括所有与劳动者切身利益相关的工作环境、劳动安全设施等非货币条件。这些条件的信息往往是由雇主掌握的，工人们要想就所有这些劳动条件与雇主达成完全契约是不可能的，所以劳动条件的特殊性也使得劳资契约具有不完全性的特点。

第二，契约交易内容的复杂性使劳资契约的不完全性更加突出。

劳资契约的履行过程就是企业进行生产与经营活动的过程，所以

---

[1] 韩秀华：《中国二元教育下的农村劳动力转移问题研究》，博士学位论文，西北大学，2006年，第24—38页。

劳资契约的内容具有高度的复杂性。劳资双方所达成的合意并非像"断权式交易"的商品买卖——买者获得商品的使用价值，卖者获得商品的价值——那样简单，雇主作为"劳动力使用权"这种特殊商品的买者，不能在劳资契约签订之时立刻就获得劳动力的使用价值，而雇员作为"劳动力使用权"的卖者，也不能在劳资契约签订之时立刻就获得劳动力的交换价值，双方只有通过劳资契约的履行——生产经营过程——才有可能最终获得各自的期望收益并实现交易目的。然而，生产经营活动与一般性商品买卖活动不同，一是生产经营活动需要为数众多并且技能各异的劳动者在生产过程中分工协作，分工越细，劳动者的工作任务与工作细节就越复杂；二是企业作为商品生产者是供给方，根据供求原理，企业生产经营活动的计划需要随着商品需求的变化做出灵活调整因而充满不确定性；三是生产经营活动不是瞬间就能完成的，而要是经过长期的生产与销售过程，因此，劳资契约总是涉及跨期交易。企业生产经营活动的上述特点导致劳资契约的不完全性更加突出。一方面，在生产经营活动中，劳动者的分工与协作关系高度复杂，要在劳资契约中为每一雇员写明各项具体工作细节、工作任务等成本过高；另一方面，企业生产经营活动具有高度不确定性特点，商品生产要受到市场环境的不确定性、竞争对手的不确定性、时间上不确定性等多方面因素的影响。因此，在长时间内，企业生产经营活动要保持灵活性，签订事无巨细的完全契约不仅不可能而且无效率。

第三，团队生产的特点使劳资契约的不完全性更加突出。

社会分工与生产的专业化使企业生产经营活动表现为团队生产的形式，即分工不同的劳动者们需要相互团结合作才能完成生产与经营任务。团队生产的特点包括以下三个方面：（1）生产中使用了多种不同类型的资源（包括不同类型的劳动力）；（2）产品不是各项相互合作的资源（劳动力资源与资本等）的独立产出之和；（3）团队生产中使用的所有资源并不属于一个人。这就使得在团队生产中，仅凭观察总产出，很难确定各种资源投入对于产出的贡献，因为产出是团队创造的，它不是各个成员可分离的产出之和。在团队生产活动中，测度每一个雇员的边际劳动生产率并根据这一测度结果支付员工薪酬的成本是非常高昂的，因此，雇主要想根据每一个员工的贡献来规定劳资契约的工资条款是不现实的。此外，工人还具有机会主义行为倾向，在团队生产中，当员工的偷懒行为无法被零成本地准确检测到时，偷懒行为的部分效应就会由团队中的其他人承担，从而使他自己承担的偷懒成本低于团队承担的实际总成本，导致员工偷懒、怠工等机会主义行为更多地出现，带来极大不确定性，因而劳资契约的不完全性会更加突出。

第四，劳资双方严重的信息非对称性特点导致劳资契约更加不完全。

劳资双方的严重信息不对称指的是劳方在劳动能力与劳动力的使用上具有私人信息，而资方在劳动条件及其支付上具有私人信息的情况。从劳方来说，在签约过程中，由于其自身的劳动生产效率与劳动力使用的最大可能程度等信息只有劳动者自己最清楚，雇主则很难把握，所以劳方有可能会通过夸大劳动能力的手段（隐藏信息）获得更好的签约条件；同样地，在履约过程中，劳动者是否真实地展现了自己的劳动生产率水平也只有劳动者自己更加明白，雇主难以有效监督，所以劳方有可能会在企业生产与经营活动中通过怠工、偷懒等"道德危害"手段（隐藏行动）来减少劳动力付出。可见，劳资双方在劳动能力与劳动力使用方面的信息严重不对称导致雇员可能会采取在劳资契约签约环节"隐藏信息"、在劳资契约履行环节"隐藏行动"等机会主义行为。

从资方来讲，在签约过程中，由于其在劳动条件及其支付方面具有信息优势，雇主一方面有可能会向雇员隐瞒企业不良的劳动条件或有毒有害的生产环境等方面信息，用以吸引劳动者在不知情的情况下与其签约，另一方面，还有可能会虚夸劳动环境与生产条件，极力弱化工作岗位可能会给雇员带来的劳动强度与劳动难度信息，以此实现以更低的用工成本雇佣到其所需劳动力的目的；在履约环节中，资方有可能会通过对劳动力的过度使用来获得更多的利益，更有可能以产品质量问题、企业经营效益不佳等各种借口不按约定条款支付相应劳动报酬。然而，遗憾的是，不论是企业管理理论还是委托代理理论，都从雇主的角度出发，高度关注劳方的机会主义行为，并为解决这一问题设计了诸多制度安排，但很少有人深入研究雇主的机会主义行为，并为解决这一问题提供相应的制度保障。

在劳资双方利益不一致、信息严重不对称的条件下，双方的机会主义行为会使劳资契约的不完全性更加突出。

第三节 劳资契约不完全的特点及影响

一 劳资契约是一种隐性契约

劳资契约作为一种典型的不完全契约，其"不完全性"较非劳资契约更加突出，主要表现为它是一种隐性契约，具有"非协议性""博弈性"与"模糊性"三个显著特点。

第一，劳资契约的"非协议性"指的是劳资契约条款不能明确地通过显性的协议表述出来，而只能以隐性协议的形式附着在劳动合同背后，劳资双方对契约协议的选择权包含着对隐性协议的选择权，即劳资双方的自由地位是劳资契约"非协议性"存在的前提。在现实中，劳资契约很少能够事先把可能要求员工完成的每一项特定工作任务以及雇主需要提供的所有劳动条件都明确地通过显性协议列举出来，之所以不能这么做的原因一方面在于客观上的信息不完全使然，另一方面在于主观上出于灵活应对的考虑。

第二，劳资契约的"博弈性"指的是劳资双方在签约与履约过程中均可能会采取机会主义行为，形成非合作的策略互动。一方面，由于劳资双方不可能就劳动力使用和劳动条件的给付签订一个包含未来所有或然情况的行动规则，双方的责、权、利关系均有未能明确规定的部分，从而使得一些剩余权利留置在公共域中，因此，劳资双方都有激励就事后或然情况的对策进行再谈判；另一方面，契约的不完全还为双方的机会主义行为留下了制度空间，在双方利益不一致，信息高度不对称的条件下，履约过程中的"道德危害"行为更是普遍存在。

第三，劳资契约的"模糊性"指的是契约条款所反映出来的共同信息只能在劳资双方之间达成共识，而无法由第三方（法庭）加以验证。该特点导致劳资契约表现为一整套非正式的默契，这种默契因为太模糊而无法用法律来强制执行。比如，当一位员工答应"努力工作"时，他（她）实际上没有任何证据来证明他（她）会履行或者没有履行自己的承诺；再如，当一家企业承诺"在一定条件下就会提拔那些优秀的员工"时，它实际上的这种承诺具有很大的自由发挥空间，并且因为无法衡量而几乎没有任何意义。此外，员工几乎总是能够随意地辞去工作，雇主也常常具有很大的解雇员工的自由度，这使得劳资契约常常表现为劳资双方中的任何一方都可以随意废除而又不会受到惩罚的契约。

二 劳资契约不完全所带来的执行难题

劳资契约不完全带来了契约执行上的难题，主要表现在劳资契约执行机制失效与劳资契约的执行效率低下两个方面。

　　首先，作为一种隐性契约，劳资契约的执行机制存在失效的风险。当契约条款存在缺口（表现出"非协议性"）或表现出"模糊性"时，劳资契约的第三方强制执行机制失效，此时"博弈性"发挥作用，劳资契约的执行只能交给由劳资谈判地位所决定的自我执行机制。但在机会主义行为倾向的作用下，劳资双方都具有违约的动机，这就导致契约的自我执行机制也面临失效的风险。

　　其次，劳资契约执行效率低下。这是因为，在劳资契约不完全的条件下，劳资双方机会主义行为不仅会降低双方的合作剩余，还会带来诸多的交易成本。一是事后讨价还价的成本，由于劳资契约是不完全的，所以劳资双方要经过重新谈判过程来分享剩余，这个过程不是实实在在的生产，而是对既有生产成果进行的再分配，不仅没有新的财富产生，还会影响正常的生产经营活动，因而会产生讨价还价的成本，导致劳资契约执行效率的降低；二是事前的专用性投资扭曲（或不足）所带来的效率损失成本。劳资契约不完全的条件下，缔约各方出于对另一方在重新协商阶段会把自己套牢即被对方"敲竹杠"的担心，会更愿意做出相对非专用性投资。这种情况所带来的结果是劳资双方事前专用性投资的不足从而使雇主与雇员可能从专用性投资中获得的更多收益无法实现，因而面临潜在效率损失。三是劳资双方策略式互动的防范成本。在履约过程中，由于信息严重不对称等原因，劳资双方会形成非合作性策略互动，在相互实施机会主义行为的同时，双方都会支出相应的防范成本。

第四章　不完全契约条件下劳资关系的政府干预

第一节　劳资契约不完全条件下政府干预的必要性

一　劳资契约不完全导致企业替代市场

劳资契约不完全的条件下，劳资关系成为只有在企业组织内部才能长期存续下去的契约关系。契约的完全性表明，缔约各方的签约成本、特别是履约成本很低，在完全契约的条件下，所有的交易活动通过市场机制即可完成。然而，劳资契约是一种典型的不完全契约，由于劳资双方交易主体与客体的特殊性，其签约成本与监督契约执行的成本都很高昂，根据制度经济学与契约经济学理论，为了提高劳资契约的签约与执行效率，就必然产生企业组织对市场机制的替代，原因在于以下三个方面。

第一，企业组织可以降低劳资契约的签订与执行成本从而实现规模经济。根据科斯的观点,"企业是以一个契约代替一系列契约"① 的组织形式,本书认为从劳资契约的不完全性上来讲也是如此。在企业组织之外,雇主需要与每一个雇员签订不同的合同,劳动力异质性、多样性与主观能动性的特点导致雇主这样做的后果是带来与搜寻、谈判、签约、监督有关的各种成本。此外,分工的存在导致生产经营活动必然需要大量的劳动者团结协作,因此雇主需要与为数众多的劳动者一一签订契约并监督每一个契约的执行情况,由此所带来的成本将更加高昂。企业组织的出现可以大大降低上述与劳资契约的签订与执行有关的各种成本,因为,企业可以拟定一个标准的中心契约用来代替一系列分散的劳资契约,把劳动者聚拢在一起从而降低订立合同的成本,实现规模经济。

第二,企业管理可以解决团队生产活动中可能会出现的偷懒—信息—激励问题。根据阿尔奇安和德姆塞茨讨论团队生产问题时所提出的观点,如果一项工作必须由两个或两个以上的工人进行协作才能完成,并且事后检验产品也无法确定他们各自有多大的贡献时,那么工人便具有了偷懒的动机②。这种情况恰恰说的就是劳资契约不完全条件下雇主必须要面对和解决的雇员的机会主义行为问题。正如阿尔奇安和德姆塞茨所言,解决这一问题的办法是由某个人专门作为监督人监察团队成员的投入绩效,而对监督人(监督人也会有偷懒的动机)进行约束的办法则是给予他剩余索取权并且赋予他在不改变其他雇员合同(不解散团队因而不影响生产活动)的同时修改个别雇员合同条款的权利,那么,这个监督人此时便拥有了下述一系列权利束:(1)成为剩余索取者;(2)监察雇员行为;(3)作为中心契约人与所有雇员

---

① [美]路易斯·普特曼、[美]兰德尔·克罗茨纳:《企业的经济性质》,孙经纬译,上海财经大学出版社2009年版,第55—71页。
② [美]奥利弗·E. 威廉姆森:《资本主义经济制度——论企业签约与市场签约》,段毅才、王伟译,商务印书馆2011年版,第125页。

订立劳动合同；（4）终止团队中个别雇员合同的资格。这正是企业组织的最基本功能。因此，企业治理方式是雇主在劳资契约不完全条件下的必然选择。

第三，企业管理是解决不完全劳资契约的执行效率低下问题的最佳方案。劳资契约是一种典型的不完全契约，第三方（如法庭）不能强制其完全执行，这种情况会带来事后议价成本，并引起事前投资不足和市场效率损失，因此，促进劳资契约的自我执行变得极其重要起来，这使得劳资双方在市场的运行中不断地选择那些能够保护事前投资并提高契约交易效率的机制设计。根据 GHM 模型，在资本所有者更有积极性进行专用性关系投资的情况下，克服劳资契约不完全的最合适的机制设计就是资方将劳方"兼并"，即资方把劳方的剩余权利①购买过去，由资本所有者掌握契约剩余控制权与索取权，这样才能保证资方投资后的沉没成本能够收回，从而避免事前专用性投资的不足，这一机制的形成过程也就是企业管理形成的过程。

从不完全契约的角度，我们会得出企业替代市场可以降低交易成本，提高签约与履约效率，从而更好地促进社会经济发展的结论。在企业组织中那些不能明确写进契约的权利，被称为"剩余控制权"，虽然学术界对"剩余控制权"的归属及其成因有着不同观点，但在现有的生产力水平和社会经济条件下，资方拥有"剩余控制权"并据此掌握剩余索取权是经济运行的常态。对这一问题的理论解释，最有说服力的既不是交易成本理论，也不是产权理论，而是马克思主义政治经济学。马克思主义政治经济学不仅揭示了企业组织中"剩余控制权"与"剩余索取权"归属的根本性原因，也深刻揭示了劳资契约的不平

---

① 在这里，"剩余权利"指的是不完全契约条件下，那些未能在契约中明确写明或规定的权利。"剩余权利"通常又有"剩余控制权"与"剩余索取权"之分，但无论哪种权利都是由契约的不完全性带来的。

等性特点。

二 劳资契约具有劳方从属性特征

根据马克思主义政治经济学理论可知，私有制条件下，丧失了生产资料的劳动者在不与生产资料相结合的情况下无法凭借自身的力量创造财富从而获取赖以生存的各种生活资料，因此，出卖劳动力并与生产资料相结合是他们生存下去的唯一途径。这就决定了劳资契约关系是在资本雇佣劳动的生产方式下展开的。

在资本雇佣劳动的生产方式下，劳资关系的基本特点是"资强劳弱"型的劳动者主体地位从属性。具体而言，在劳资契约签订与执行的过程中，劳动者在人格、经济利益以及组织上总是从属于资方的。

首先，劳动者在人格上从属于资方，这是因为劳动者通过劳资契约将自己的劳动力使用权转让给雇主后，他们就必须听从雇主的安排与指挥、进入雇主的监督与管理领域、在雇主所指定的工作场所从事生产活动、使用雇主所提供的生产工具、采取雇主所要求的生产手段、并接受雇主可能实施的一切奖励或惩罚措施，总之，劳动者必须为实现雇主的经济利益和目的而完成生产过程并创造使用价值和实现价值增值。这就意味着，劳动者本身的劳动行为与其劳动目的相分离，他们的劳动行为并非以自己的意志为转移，而是必须要服从雇主的意志，因而劳动者在人格上从属于资方。

其次，劳动者在经济利益上从属于资方，这是因为劳动者所能获得的薪酬、福利水平等依赖于雇主的意志与行为。从经济利益上来讲，雇主要从劳动过程中获得的是价值增值，而劳动者要从劳动过程中获得的是维持生活的工资与其他促进劳动力再生产的劳动条件。在资本雇佣劳动的生产方式下，劳动者通过劳动过程创造的全部劳动成果都归雇主支配，劳动者经济利益的实现则需要依靠雇主的行为。劳动者所获得的工资是劳动力价格而不是实际劳动的"对价",它仅仅是所有劳动成果中的一部分,并且这一部分利益的实现还需要依赖于雇主对劳资契约的履行;劳动者的生活质量有赖于雇主对劳动时间与休息休假安排的决定以及其所提供的福利待遇水平;劳动者在遭遇工伤、劳动能力减损或丧失时是否能够获得经济支持以维持基本生存依赖于雇主是否能够给予相应补偿。由此可以看出,劳动者经济利益的实现从属于资方。

再次,劳动者在组织上从属于资方,这是因为生产过程并非孤立的,而是要通过多个劳动者在分工的基础上通过团队协作的方式才能完成,劳动者必然要被纳入一个团队组织(企业组织)中去,并在这个组织中根据雇主的命令承担某种任务,遵守组织的规章制度与内部劳动规则,并接受雇主的监督与控制,这便决定了劳动者在组织上对于资方的从属性。

三 劳资契约不完全与从属性导致劳资关系失衡

劳资契约不完全使企业替代市场成为最佳方案,然而,在企业治理模式下,由于资本雇佣劳动,资方掌握企业的"剩余控制权"与"剩余索取权",劳方处于从属性的地位,资方便有可能会出于对利润的疯狂追求而无限榨取劳动力,使劳动者具有被"物化"的危险,即把劳动力看成是与生产资料一样的事物或东西,无限地压缩劳动力成本,忽视劳动者的人格尊严,只把其作为完成生产过程、实现经济利益的工具或手段。这种情况下,资方有可能会在劳动过程中制定残酷的内部劳动规则,例如尽可能地延长工作时间甚至超过正常劳动力的生理限度、仅仅提供能够维持劳动者基本生存条件的工资、强迫劳动者在恶劣的劳动环境与条件下进行工作等等。对于处于弱势地位的劳动者而言,他们为了生存只能被迫接受与服从资方所建立的近乎苛刻的劳动秩序,因为根据契约规则,资方通过劳资契约支付工资购买到了劳动力的使用权之后便具有了支配劳动者的权利,如果劳动者违背资方的意志行事或者采取捣毁机器、消极怠工等方式进行反抗就构成了违约,从而就会受到惩罚。因此,在对资方的雇佣权利没有任何限制的条件下,劳资地位的不对等就会使资方对劳方利益的剥夺成为其追求利润最大化过程中的理性选择。这就决定了劳资双方在劳资契约中所实现利益的非平衡性,资方分享了绝大部分劳动成果,劳动者的经济利益却处于受损状态。如果任其发展下去,客观上分配的不公势必会引发主观方面的"相对剥夺感"(实质上这种局面已经在社会上产生了,如"仇富心态"),从而引发劳动者的反抗,甚至爆发群体性的产业行为,使劳资关系出现失衡。

劳资关系失衡对经济发展与社会的和谐稳定具有非常不利的影响。首先,劳资双方利益分配失衡、劳动报酬处于较低水平,可能会加剧扩大再生产与有效需求不足之间的矛盾,也可能造成整个社会的人力资本积累不足,使国民经济缺乏长期增长的动力。国家为了发展经济,一方面要维持个别资本的发展空间,另一方面还要保持一定规模和质量的劳动力作为社会财富创造的驱动;其次,劳资矛盾显现、劳资冲突加剧、集体性停工事件的发生都会在不同程度上影响劳动过程的顺利进行,甚至使劳动过程陷入瘫痪,不仅会损害企业与劳动者的经济利益,而且会给社会带来一定损失,影响经济增长速度,降低经济发展水平;再次,劳资关系失衡还会影响社会的和谐与稳定。劳动者群体是市场经济社会构成的最主要部分,这个群体的安定与否,直接关系到社会的安定与否,而劳资关系的安定和谐则是社会安定和谐的基础,因为劳资争议和集体行动所影响的不仅是个别的企业和单位,还有社会经济的正常运行,以及以劳动者群体为主的社会心理状况。

综上可以看出,劳资契约不完全导致企业代替市场成为必然,资本雇佣劳动的生产方式导致劳方地位具有从属于资方的特点，资方在企业治理结构中利用优势地位会产生侵占劳方利益的激励，从而带来劳资关系的失衡，劳资关系失衡会对经济发展与社会和谐产生破坏性影响，因此，在劳资契约不完全的条件下，政府介入对劳资关系进行干预具有极大的必要性。

第二节　不完全契约条件下劳资关系政府干预的基本思路

前已述及，不完全契约理论需要解决的核心问题在于契约的履行，劳资契约是典型的不完全契约，由于劳资契约的不完全性以及劳资双方博弈力量的不对等带来了劳资关系的失衡，所以，政府对劳资关系进行干预的基本思路包括增强劳方博弈力量、保证劳方基本权益的实现与调节劳资矛盾并对劳动争议进行处理三个方面①。

第一，增强劳方的博弈力量，提高劳动契约自我执行的效率。由于劳资契约的不完全性，以及在劳资契约中劳动者处于从属性地位的特点，政府对劳资关系进行干预的重点是增强劳方的博弈力量，促进劳资双方的合作博弈。原因在于两个方面：（1）契约不完全框架下，

---

① 这里需要注意的是，从理论上讲，政府对劳资关系进行干预需要从两个方面着手，一方面，基于契约对于劳资关系调整的重要作用，政府对劳资关系进行干预时应考虑增强劳资契约的完全性，通过规范劳资契约的签约程序、建立劳资契约的信息披露制度以及提高劳资双方签约率等手段来完善劳资契约制度运行；另一方面，在契约不完备条件下，政府对劳资关系进行干预时应考虑提高劳资契约的执行效率，从而弥补不完全契约在协调劳资关系问题上的不足。鉴于本书研究的视角是不完全劳资契约，所以政府干预劳资关系的基本思路主要应放在提高劳资契约的执行效率上。事实上，劳资契约在现实的经济生活中总是不完全的，这是由主客观两个方面的因素共同决定的。从客观上来说，劳资交易过程充满复杂性、不确定性情况大量存在，劳资双方当事人所拥有的信息不可能是完全且对称的，因而，劳资双方想要签订一份规定了所有或然状态的劳资契约是不现实的；从主观上来说，劳资交易过程涉及企业的生产经营活动，这就决定了它对于灵活性具有极高的要求，劳资双方出于灵活性的考虑会主动使劳资契约留有缺口。因此，与完善契约相比，政府更应从促进契约执行角度对劳资关系进行干预。

劳资契约总是存在着不能明确加以规定因而第三方（法庭）无法证实的条款或"公共空间"，这导致劳资契约的执行效果最终依赖于劳资双方的博弈力量对比。因此，在劳动者处于从属性地位的情况下，政府必须以增强劳方博弈力量为重点，帮助劳方建立真正代表自己利益的组织，构建劳资平等协商与谈判的机制。（2）虽然政府可以通过公权力直接干预劳资关系从而保证劳方最基本权益（也是最低权益）的实现，但是，对于最低权益以上的劳动条件的实现则必须交还给市场机制来决定，政府只需要为劳资双方提供其进行团体制衡的组织化环境与足够的谈判空间，而不宜多加干涉。这是因为政府的过度干预不但会挫伤资本所有者的投资主动性，也会间接影响劳动者的福利水平，甚至会带来新的劳资矛盾与冲突，使劳资关系依然处于失衡的状态之中。同时，由于政府的行政资源有限，超出劳动力再生产基本条件的直接干预，也会增加政府的行政开支，进而增加包括劳动者在内的所有纳税人的税收负担。

要增强劳方的博弈力量，政府可以从两个方面进行努力，一方面，促进劳方团体组织的形成，构建劳资双方集体协调与谈判的机制；另一方面，提高劳动者的就业水平，改善劳动力市场的供求关系。

第二，设立劳动基准与劳动监察制度，保证劳方基本权益的实现。劳动者的基本权益指的是劳动者有权获得生存与生活的基本条件，从而使劳动力再生产得以顺利进行。在劳资契约中，虽然每个雇员的偏好与效用水平不同、对基本权益的界定各有差异，但最基本的权益标准是一致的，即都是要通过劳资契约获得能够维持自身最起码生活的报酬水平。如果这一最低的利益要求都不能得到满足，那么，劳资契约就会面临难以为继的危险。所以，政府要从社会公平角度出发，以构建和谐社会为目标，通过公权力介入对劳资契约条款的规定，保证劳方最基本权益的实现。要做到这一点，政府可以设立能够保证劳动者基本权益的劳动基准,并构建劳动监察制度,通过立法与执法两个方面全面进行推进。

第三,调节劳资矛盾,促进劳动争议得到公平合理的解决。劳资契约不完全带来劳资双方对于"公共领域"利益的争夺,当利益分配的最终结果不能满足劳资双方的预期水平时,受损一方便会起来反抗,从而引发劳资矛盾与纠纷,甚或形成劳动争议。这种情况下,政府需要作为公正的第三方介入调节,以"调解调停者""中立仲裁者"与"重大劳动争议的最终审判者"三种身份对劳资矛盾与劳动争议进行调解与处理。资强劳弱的格局下,政府对劳动争议的处理一方面构成了对劳方利益进行保护的最后救济手段,另一方面又构成了对资方侵权行为的威慑,使资方因为侵权成本的内部化而减少对劳方利益的侵占。

第三节 不完全契约条件下劳资关系政府干预的职能界定

基于上述劳资关系政府干预的思路,政府的职能界定如下:从治理失业的劳动力市场政策、实施劳工标准与劳动监察制度两个方面保证劳方基本生存底线;从促进工会建设、构建劳资谈判机制方面增强劳方在劳资契约谈判中的博弈力量;通过建立劳动争议处理制度作为政府对员工利益保护的最后救济程序。

一 实施治理失业的劳动力市场政策

失业是当今发达市场经济国家和向市场经济转轨国家普遍存在的经济现象,而失业对于劳动者来说是其失去生存与生活来源的危险信号,所以保证劳方基本权益的首要任务就是要提高劳动者的就业水平、对失业问题进行治理。从一般的意义上来讲,"治理失业"与"促进就业"是一个问题的两种不同说法,二者可以等同,但是,由于失业是市场经济条件下普遍存在而又难以根除的经济现象,所以"治理失业"除了要"促进就业"外,还要对失业人群进行救济,而后者所说的"失业救济"也是对劳动者基本权益所提出的保护。为此,在对劳资关系进行干预的过程中,政府需要实施的是"治理失业"的劳动力市场政策,这个政策既包括积极的就业促进政策(事前保护)也包括被动的失业保障与救济政策(事后保护)。

首先,政府需要实施积极的就业促进政策。由于经济运行中存在失业的原因在于三个方面:一是劳动力供给在数量、质量与结构上与劳动力需求不匹配;二是劳动力市场运行出现功能障碍,即劳动力市场无法显示出劳动力供求数量与劳动力质量方面的信息,劳动力价格的调节功能与信息功能也无法正常发挥①;三是宏观经济活动水平较低所导致的对新增加劳动力的需求不足。所以,政府实施积极的就业促进政策就要针对上述三方面原因通过控制和减少劳动力供给、帮助那些容易受失业威胁的劳动者、提供职业与再就业培训、重新安排或缩短劳动时间、提供就业信息与咨询服务、修复劳动力市场功能、提高宏观经济活力等措施积极地进行干预。

其次,政府需要实施失业保障与救济政策。由于失业是市场经济国家普遍存在而又无法彻底消除的现象,所以政府在对失业进行治理的过程中,既要促进就业,又要对已经失业的人群给予救济与帮助。为此,政府需要建立起一套完善的失业保障体系,对失业进行救济,如通过实行失业保险制度、国家失业补助救济制度以及社会对失业的援助计划等措施,使失业者能够维持基本的生活水平,达到社会公平

---

① 注:劳动力市场价格的功能主要在于调节劳动力供给与需求之间的矛盾,以及反映劳动力供求信息等方面。引自袁志刚《失业经济学》,上海三联书店、上海人民出版社1997年版,第65—85页。

的目的。

二 实施劳工标准与劳动监察制度

要保证劳方基本权益的实现,还需要政府通过国家公权力制定有关劳动者基本权益的法律标准。劳工标准与劳动监察制度就是政府为了保证劳动者在劳资契约中应该享有的基本权益得以实现的基本制度安排。"劳工标准"的说法采用的是国际上的通用语言,在中国,我们通常称之为"劳动标准"。尽管称谓不同,但其含义都指的是对于劳动者应该享有的劳动条件标准的规定。这一标准分为强制性与指导性两种,前者又称为劳动基准,它是指关于劳动条件的最低标准,具体内容包括工资工时标准、休息休假标准、职业安全卫生标准、劳动社会保障标准等涉及劳动关系领域的各个方面;后者则是"政府根据自己的政策目标,在劳动基准的基础上制定的,或通过行政指导促进劳资双方形成的劳动条件标准,如工资指导线标准等等"[①]。劳动基准与指导性劳动条件标准的根本区别就在于其强制性,国家对劳动基准的实现提供行政上与法律上的保障与支持。作为劳动条件实现的最低标准,劳动基准可以降低劳动者被侵权的程度与风险、保护劳动力资源的持续与发展、维护劳动者的基本人权,但这一切的实现必须获得权威的保障,劳动监察制度与劳动基准相关法律法规应运而生。其中,劳动监察的职能主要在于:强制性执行劳动基准和劳动法的其他相关规定,保障劳动条件的实现,使劳动基准等法律法规对劳资双方合意的规范效果得到行政强制力量的支持。而对于劳动基准的法律规定,有些国家颁布了专门的《劳动基准法》,有些国家则将对其的规定包含在劳动法体系当中。总之,劳工标准与劳动监察制度受到国家公权力的影响,

---

[①] 常凯:《劳动关系学》,中国劳动社会保障出版社 2005 年版,第 229 页。

更多地依赖政府行政力量的大小。

三 支持工会建设、构建劳资集体谈判机制

增强劳方的博弈力量,这是政府干预劳资关系的又一重点,为此,政府需要做的是支持工会建设、构建劳资集体谈判机制。这是因为,劳方谈判力量的增强单靠政府的行政介入是远远不够的,必须通过提高组织化程度的方式形成劳方团体力量对资方的制衡。工会的组建与发展能够让劳动者掌握与雇主平衡的决定劳动条件的力量,从而劳资双方才能平等地坐在谈判桌前。当然,这里的"工会"指的是能够代表工人利益的独立性组织,它的形成条件体现在两个方面:一是工人自身的团结意识,二是国家对工人"团结权"的法律认可。在"资强劳弱"背景下,工人由于反对雇主压榨的共同目标很容易走到一起,工人的团结意识不断增强,因而国家对工人"团结权"的承认则成为工会组织行为的重要权源,也是工会代表劳动者一方与资方进行集体谈判并签订集体协议的基础。

在这里,必须指出的是,组建工会并支持工会建设是增强劳方博弈力量的基础,而通过工会组织构建劳资集体谈判机制才是劳方博弈力量得以增强的关键。劳资集体谈判机制的建立需要有"劳动三权"的实现作为保障,前面在工会建设中提到的"团结权"是基础,它指的是劳动者依法享有的组织权、结社权,即劳动者有权成立代表工人自己利益的合法组织,并可以授权该组织代表劳动者在劳资契约的签订与履行中或者在劳动争议的处理中与资方进行交涉和谈判。此外,"劳动三权"还包括"集体谈判权"与"争议权","集体谈判权"指的是劳动者群体为了保障自己的根本利益,通过工会或其他代表性组织与资方就劳资契约中劳动条件的实现进行协商谈判并签订集体协议的权利;而"争议权"则指的是劳动者出于平衡劳资双方谈判力量的

目的所应该依法享有的向资方施加压力的权利。当然,"争议权"是相对而言的,劳方拥有争议权的同时,资方也拥有争议权,只是劳资双方行使争议权的形式有所不同。需要注意的是,政府赋予劳方"争议权"与支持劳方真正进行罢工是两回事,"争议权"是一种"威慑",是出于平衡劳资力量的目的而设立的,无论是劳方行使"争议权"(如罢工)还是资方行使"争议权"(如闭厂)都会给劳资双方以及整个社会带来损失,这是所有各方都不愿意看到的结果。

劳资集体谈判的目的是实现劳动条件的劳资双方之对等决定,从而改变劳动者在劳资契约中的从属地位,促进劳资契约的自我执行,而这需要建立在劳资双方均具有争议权的基础之上。前已述及,争议权使劳资双方具有了在集体谈判中向对方施加压力的权利[1]。对于劳方而言,争议权表现为罢工、集体怠工、联合抵制、设置纠察等行为方式[2],这些行为都足以阻滞生产过程,严重威胁雇主利润最大化目标的实现。对于资方而言,争议权则表现为关闭工厂、解雇参与罢工人员等等形式,它也会使生产过程中断或者使劳方陷入失去工作并因而失去生活来源的危险境地。由此可见,实施争议权的后果对于劳资双方来讲都是代价极高并且风险相对均衡的,所以,争议权能够使劳资双方在劳动条件的决定方面因为忌惮对方行使该权利而更容易采取合作的互惠态度。但是,争议权的获得在对劳资谈判达成互惠结果具有积极作用的同时,也会给整个社会带来潜在的威胁,一旦劳资双方的合意没有达成,争议权便会产生对劳资双方采取激烈斗争行动的激励,从而威胁到劳动秩序甚至是社会公共秩序的安定。因此,在给予争议权以合法地位的各个国家都必须对争议行为的正当性进行严格的规制,

---

[1] 曹燕:《和谐劳动关系法律保障机制研究——对我国劳动法律制度功能的反思》,中国法制出版社2008年版,第145页。
[2] 程延园:《集体谈判制度研究》,中国人民大学出版社2004年版,第47页。

包括对争议行为的目的、程序、手段、范围等方面的规制等。

总之，成立工会并构建集体谈判机制是劳资双方自主决定契约剩余分配的过程，因而是双方的自由合意，不应受到第三方的不当干涉或强制干预。而政府在这个过程中的职能主要在于通过法律形式承认工人的"团结权"从而给予工会合法的地位，通过赋予劳资双方"争议权"与"集体谈判权"建立劳资利益制衡机制，通过对集体谈判中劳资双方行使"争议权"的规制，把劳资谈判行为限定在不影响社会公共秩序的范围内。

四 构建劳动争议处理制度

政府对劳资关系所进行的干预职能还包括劳动争议处理制度的建立。在劳资契约的签订与执行中，劳动条件的实现如果通过劳工标准与劳动监察制度、工会调节与集体谈判制度仍然无法达到令劳资双方均能满意的效果，劳资主体及其代表性组织在采取对抗性行动之前还可以通过劳动争议处理程序来寻求解决问题的办法。劳动争议处理制度通常情况下由调解、仲裁、司法审判三个过程构成，其中，劳动争议调解制度是指企业劳动争议调解委员会根据当事人自己的申请，在查明事实真相的基础上，依据法律、法规、规章、政策等的规定，通过说服、劝导和教育，促使当事人双方互相理解、互谅互让，自愿达成解决劳动纠纷的协议[1]。劳动争议能够达成调解的条件在于：调解组织的中立性以及劳资双方力量的均衡两个方面。劳动争议仲裁制度指的是劳动争议仲裁机构对当事人请求解决的劳动争议，依法居中公断的执法行为，包括对劳动争议依法审理并进行调解、裁决的一系列活

---

[1] 常凯：《中国劳动关系报告——当代中国劳动关系的特点和趋向》，中国劳动社会保障出版社2009年版，第486页。

动①。由定义可以看出，劳动争议的仲裁与调解具有相似之处，但仲裁具有调解所没有的法律强制执行力，这使得劳动仲裁与一般仲裁不同，它具有法定程序国家公权力的执行支持。而劳动争议的仲裁机构必须保持中立性质，否则劳动仲裁便会沦为某种权威的附属物。劳动争议诉讼制度是指劳动争议当事人不服从劳动争议仲裁委员会的调解或仲裁决定，在规定的期限内向人民法院起诉，由法院依法审理和解决劳动争议案件的活动。它在劳动争议的整个处理过程中，承接的是通过调解与冲裁仍没有得以解决的劳动争议，因此是解决劳动争议的最后阶段，同时也是国家通过公权力维护劳动者利益的最后一道防线。

由此可以看出，政府在劳动争议处理中的职能主要是充当"调解调停者""中立仲裁者""重大劳动争议的最终审判者"三种角色，最终目的在于从司法救济的角度保证劳方利益的实现，从而化解劳资冲突与矛盾。

第四节 劳资关系政府干预的数理分析

政府在对劳资关系进行干预的过程中所需实施的"保证劳动者基本权益的实现"实际上就是在劳资契约不完全与劳方从属于资方的格局下，提高劳动者在劳资契约收益中享有的份额。而"增强劳方的博弈力量"实际上就是想要通过集体谈判的重要作用建立劳资双方的自由合意，从而促进劳资契约的自我执行。因此，政府干预劳资关系的上述基本思路可以通过劳动者的契约收益模型与集体谈判的重要作用模型加以说明。

---

① 王全兴：《劳动法（第二版）》，法律出版社2004年版，第383页。

一 劳动者的契约收益模型

在分析之前，需要明确几个概念的内涵：一是"劳资契约收益"概念。在劳资契约的签订与执行中，劳资双方就劳动力使用权达成交易从而使劳动与资本相结合完成劳动过程，通过劳动过程生产出来的所有劳动成果的价值表现就是我们这里所说的"劳资契约收益"；二是"劳资契约剩余"概念。这一概念接近于剩余价值的概念，指的是"劳资契约收益"中扣除掉劳动力价格与生产资料价格之后的那部分。循着上述两个概念，又会产生出"劳动者的契约收益"与"劳动者的契约剩余"概念，前者自然指的是在劳资契约收益中，劳动者所享有的那部分收益；而后者则指的是在劳资契约剩余中，劳动者所能够分得的那部分剩余。下述分析中还会提到"制度剩余"这一概念，它指的是通过政府的制度安排所分配的那部分劳资契约剩余。需要特别指出的是，"劳动者所能分得的契约剩余"是由劳动者本身的博弈力量决定的，因此其数值根据劳方博弈力量的强弱可正可负。而"劳动者所能获得的制度剩余"则是由政府制度安排决定的，通常其数值或者为零（即制度安排没有对劳方有利），或者为正（即制度安排对劳方有利）。

劳动者的契约收益模型建立在下述假设条件基础之上：

假设一：劳资双方满足利己的"经济人"假设，即他们追求的都是自身利益的最大化；

假设二：劳资契约在自愿的基础上达成，即劳资双方很明确地意识到契约剩余可以在双方之间进行分配从而获得各自的契约收益，但他们究竟能获得多少份额则是由谈判能力决定的；

假设三：为了分析上的简化，假设劳资双方的谈判能力等价于双方能够获得的契约剩余份额的多少，不存在其他不确定性影响因素；

假设四：劳资双方在契约达成时很明确地知道自己将要进行的投

资以及将采取的行动,即他们很清楚自己将要付出的成本;

假设五:关于政府的假定,这里认为政府作为国家代表,是一个能够公正有效地促进劳资契约执行的第三方实施者,也就是说政府有足够权力但又不会滥用职权,不存在寻租行为,同时还具有足够的监察能力。

出于简便考虑,本书只考虑单周期的情况,即生产过程与分配过程在同一周期内进行,不存在贴现,则可将劳动者的契约收益函数表示如下:

$$y = F + \beta\pi + \delta S \qquad (4.1)$$

其中,F 为劳动者所能获得的固定收益,这是劳动力市场平均的劳动力价格,也是根据契约条款劳动者所应享有的最低报酬;

π 为契约生产剩余,这里假定契约剩余的生产取决于劳动者对契约任务的完成程度,因而可以将其视为劳动者自身努力程度 a 与外界环境因素所带来的不确定性 θ 的一个函数,从而将其表示如下:

$$\pi = f(a,\theta) \quad \theta \sim N(0,\sigma_\theta^2) \quad E(\theta) = 0 \; Var(\theta = \sigma_\theta^2) \quad (4.2)$$

β 为劳动者所能分享的契约剩余份额,$-1 \leq \beta \leq 1$;

S 为假定的制度安排带来的剩余,受制度偏好的影响,制度偏好于某一要素所有者,意味着该要素所有者将会获得较多的制度剩余,此外假设它还满足下式:

$$S = f(s,\varepsilon) \quad \varepsilon \sim N(0,\sigma_\varepsilon^2) \quad E(\theta) = 0 \; Var(\varepsilon = \sigma_\varepsilon^2) \quad (4.3)$$

δ 代表的是劳动者所能获得的制度剩余份额,$0 \leq \delta \leq 1$,$\delta = 0$ 意味着制度安排完全偏向于资方,而 $\delta = 1$ 则意味着制度安排完全偏向劳方。

现在,继续假定劳动者在契约收益创造中所要付出的成本是其努力水平 a 的函数,并令 $c(a) = \frac{1}{2}ka^2$,其中 k 为成本系数,而前面的

系数 $\frac{1}{2}$ 则是本书在考虑到不影响分析结果而又能给后文分析带来方便的情况下所选定的结果。于是，劳动者的契约净收益函数可以表示如下：

$$\omega = y - c = F + \beta\pi + \delta S - \frac{1}{2}ka^2 \tag{4.4}$$

根据冯·诺依曼与莫根施特关于不确定性问题的分析方法，一个风险厌恶的个人将会支付一些数量为正的财富去避免赌局的内在风险，因此，扣除外界环境所带来的不确定性影响之后，劳动者的净契约收益可表示为下述形式：

$$u = E(\omega) - \frac{1}{2}\alpha Var(\omega) \tag{4.5}$$

其中，α 表示劳动者的风险厌恶系数

根据前面的假定可知：

$$E(\omega) = F + \beta a + \delta a - \frac{1}{2}ka^2 \qquad Var(\omega) = \beta^2\sigma_\theta^2 + \delta^2\sigma_\varepsilon^2$$

于是，可得：$u = F + \beta a + \delta a - \frac{1}{2}ka^2 - \frac{1}{2}\alpha(\beta^2\sigma_\theta^2 + \delta^2\sigma_\varepsilon^2)$ (4.6)

(4.6) 式两端对 a 求导并令其等于 0，得劳动者契约收益最大化的努力水平：

$$a = \frac{\beta + \delta}{k} \tag{4.7}$$

进一步假定劳动者的保留效用为 μ，则只有当 $u \geq \mu$ 时，劳动者才具有履行契约的激励，即有：

$$F + \beta a + \delta a - \frac{1}{2}ka^2 - \frac{1}{2}\alpha(\beta^2\sigma_\theta^2 + \delta^2\sigma_\varepsilon^2) \geq \mu \tag{4.8}$$

将 (4.7) 式代入 (4.8) 式并整理得到：

$$F \geq \mu - \frac{(\beta + \delta)^2}{2k} + \frac{1}{2}\alpha Var(\omega) \tag{4.9}$$

(4.9) 式表明，劳动者履行契约的最低报酬要求为：

$$F = \mu - \frac{(\beta + \delta)^2}{2k} + \frac{1}{2}\alpha Var(\omega)$$

再来看资本所有者的情况，根据假定，由于契约剩余在劳资双方之间分配，故资方所能获得的契约可表示为：

$$v = E(\pi - y) = a - (F + \beta a + \delta a)$$
$$= \frac{\beta + \delta}{k} - \frac{(\beta + \delta)^2}{2k} + \frac{1}{2}\alpha Var(\omega) - \mu \qquad (4.10)$$

(4.10) 式对 β 求导并令其等于0，得资方收益最大化时的 β 值为：

$$\beta = \frac{1 - \delta}{1 + \alpha k \sigma_\theta^2} \qquad (4.11)$$

于是可知劳动者获得的生产剩余与制度剩余的总份额为：

$$\lambda = \beta + \delta = \frac{1 - \delta}{1 + \alpha k \sigma_\theta^2} + \delta = \frac{1 + \delta \alpha k \sigma_\theta^2}{1 + \alpha k \sigma_\theta^2} \qquad (4.12)$$

(4.12) 式意味着：在劳动者的最低报酬能够得到满足并且资方收益最大化的情况下，制度剩余由劳动者分享的份额 δ 越高，则劳动者所能获得的总收益份额越大，二者呈现正比例关系。这表明"资强劳弱"的谈判能力配置下，政府可以通过偏向劳动者的制度安排在资方收益不受损的情况下改善劳动者的境况，从而使得社会的总体福利上升。

上述关于劳动者的收益函数模型为政府在"资强劳弱"背景下实施提高劳方收益的公平制度安排提供了数理上的依据，但是过度偏向劳动者的制度安排还会因为以下两个方面原因使劳资契约的执行依然无法达到制度安排应有的效果。一方面，劳动力市场具有资方定价的买方性质，资产所有者有可能会利用定价优势加大自己的剩余索取权，降低劳资契约规定中劳动者所能够获得的固定收益；另一方面，过度偏向劳动者的制度安排还会削弱资本所有者进行专用性投资的动机，从而阻碍经济效率提高，结果更是适得其反。因此这种有偏向性的公平制度安排必须坚持适度的原则，否则非但不会产生预期的效果反而还会引起效率损失或者引发新的矛盾。

二 集体谈判的重要作用模型

增强劳方的博弈力量，构建劳资双方公平谈判机制的关键应是建立集体谈判制度，重点在于组建能够真正代表工人利益的组织——工会。而工会在集体谈判中的重要作用可以通过下面这个模型予以说明。为了比较集体谈判（工会参与的谈判）与个别谈判（单个工人与雇主间的谈判）之间的效果，本模型做出如下基本假定：

假定一：模型不考虑政府制度安排对劳资契约中劳动者工资水平的影响；

假定二：该模型中，劳动者的效用水平仅由工资水平决定，不考虑劳动环境、工作岗位以及福利待遇水平的影响；

假定三：工会是由工人自愿组成的团体，能够完全代表工人的利益，并且工会力量的大小可以对工人工资水平产生影响；

假定四：雇主是有限理性"经济人"，即雇主的信息是不完全的，他不能确切地知道每一个工人的劳动生产率水平，但根据经验，他能够了解到劳动力市场上工人的平均劳动生产率水平；

假定五：模型中所分析的劳动力市场具有买方独家垄断性质，即雇主所在的企业是劳动力市场上唯一的劳动力购买者。在不考虑工会作用的情况下，根据劳动力的边际产品等于劳动力的边际成本那一点决定工资率水平的条件可知，买方独家垄断市场上的企业支付给工人的工资低于工人的边际收益产品（见图 4-1），原因在于买方独家垄断条件下，劳动力的边际费用超过了工资率水平。

这里之所以会做出劳动力市场买方独家垄断的假定是因为考虑到现实中的劳动力流动会受到很多因素的阻碍从而使劳动者流动成本很

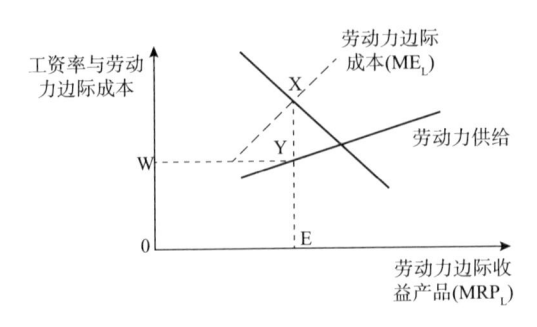

图4-1 买方独家垄断市场上企业利润最大化的雇佣量和工资水平

高。譬如：其他雇主所提供的工资水平以及工作要求信息的不完善、求职以及接受别人评估所需要的时间以及其他为了更换工作而必须投入的时间与精力成本等。因此，劳动力流动成本的存在使现实中的劳动力市场就像买方独家垄断条件那样，劳动者不能轻易地寻找到新的雇主。

在以上五个基本假定下，本模型考虑两种谈判过程，第一个谈判过程发生在单个工人与雇主之间；第二个谈判过程发生在工会与雇主之间。在不考虑工会作用的情况下，工人的工资水平要低于劳动力的边际收益产品（见假定五所做的分析），而由于经济人的有限理性，雇主不能完全了解每一个工人的工资水平，而只能根据经验以过去平均的劳动力边际收益产品作为决定工资率的参照点。如此一来，具有较高劳动生产率的工人就具有了要求加薪的动机，第一个谈判过程就发生在高生产率工人与雇主之间。

在第一个谈判过程中，针对个别工人因为对工资待遇不满而提出抗议的情况，雇主具有两种策略选择，即给工人加薪与不给工人加薪。雇主的占优策略通常是不给工人加薪，理由在于单个人的力量对于买方独家垄断企业而言并未构成实质性威胁，但是如果满足了个别人上涨工资的请求就会引起其他人的争相效仿，从而产生更多工人要求加薪的压力，所以对于这种情况以"拖"的方式进行处理是最合适不过的了。对于劳动者而言，在自己的加薪请求被拒绝之后，他们也面临两种策略选择，即按照真实生产率水平工作与不按真实生产率水平工作（采取偷懒、怠工等形式降低自己付出劳动的成本即采用机会主义行为），在工资水平给定的情况下，偷懒的机会主义行为是劳动者的占优策略。可见，单个工人与雇主进行谈判的最终结果是雇主不加薪而工人不努力工作，即形成"双输"局面。

在第二个谈判过程中，工会代表工人向雇主提出加薪的要求。雇主具有两种策略选择，即给工人加薪与不给工人加薪，那么雇主究竟会选择哪一种策略则取决于加薪与不加薪给雇主所带来的净效用。这里假设工会与管理方在谈判中需要付出的成本分别为 $g_l(c)$ 与 $g_e(c)$，而双方在谈判中能获得的效用则为 U_l 与 U_e，其中，$U_l = f(\omega)$，即工会的效用可视为其会员工资的函数；$U_e = y - f(\omega)$，Y 表示工资为 ω 时的企业总收入。于是，工会与雇主的净效用分别为 ($U_l - g_l(c)$) 与 ($U_e - g_e(c)$)。如果雇主选择了给工人加薪的策略，令谈判前工资 $\omega = \omega_0$，而谈判后工资 $\omega = \omega_1$，且有 $\omega_1 > \omega_0$ 那么，谈判前后工会与雇主效用的变化量为：

$$\Delta U_l = U_{l1} - U_{l0} = f(\omega_1) - f(\omega_0)$$

$$\Delta U_e - U_{e1} - U_{e0} = y_1 - f(\omega_1) - [y_0 - f(\omega_0)]$$

经分析可知，当 $\Delta U_l > g_l(c)$ 时，工会的净效用为正，这说明工会通过谈判能够获得好处；而当 $\Delta U_e > g_e(c)$ 时，雇主的净效用为正，此时说明雇主通过给工人加薪自己也获得了好处；当 $\Delta U_l > g_l(c)$ 与 $\Delta U_e > g_e(c)$ 同时成立时，双方均可通过谈判获得福利水平的改进，即获得双赢结果。将 $\Delta U_l > g_l(c)$ 与 $\Delta U_e > g_e(c)$ 两式联立得：

$$f(\omega_1) > f(\omega_0)$$

$$y_1 - y_0 > g_l(c) + g_e(c)$$

上式表明，当企业收入的增加大于双方在谈判中所要付出的成本时，工会与雇主就能从谈判中实现"双赢"，此时社会福利增加大于成本，从而达到了"帕累托改进"。这里，企业收入增加的条件一般是可以实现的，因为如果企业满足了工会的加薪请求，工人会由于获得了较高水平的工资而更加努力工作，减少偷懒、怠工等机会主义行为，从而使企业整体劳动生产率上升并因而获得较多的收益。

然而，如果雇主选择了不给工人加薪的策略，工会便会通过行使自己的争议权而进行抗议，如领导工人罢工等。在团队生产方式下，资本对利润的追求必须依靠劳动者的团结协作才有可能实现，这意味着，如果劳动者组织起来进行罢工或以其他方式阻滞劳动过程的正常运行，那么雇主就会面临巨大的损失，劳资关系秩序也会陷入混乱的局面，这是雇主所不愿意看到也无法承受的情形。所以，面对工会组织罢工的巨大"威胁"，雇主的占优策略是给工人加薪，而使工会与雇主谈判的结果是工人获得工资水平的提高并因而更加努力工作，实现"双赢"。

归结起来，模型中的两个谈判过程及其结果表明，单个工人与雇主间的谈判结果往往会产生"双输"局面，只有工人以团体力量即工会组织的形式与雇主方进行谈判时，才能够有机会改变弱势地位，形成对雇主的制衡，获得双方合意的"双赢"结果。

第五章　中国传统劳资关系的契约理论阐释

第一节　中国传统劳资关系及其潜在失衡风险

本书中的中国传统劳资关系指的是改革开放以来，企业用工制度实现从计划用工向市场用工、从固定用工制到劳动合同制的转变以后，用人单位与劳动者通过劳资契约的签订与履行表现出来的劳资关系。该劳资关系既不同于中国计划经济时期固定用工制下的劳动关系又不同于人工智能时代下"非固化"劳资关系。与固定用工制下的劳动关系相比，该劳资关系赋予了用人单位与劳动者以更大的用工与就业自主权，体现了劳资之间博弈力量对比。而与人工智能时代下"非固化"劳资关系相比，该劳资关系受到劳动合同及相关法律的保护，具有稳定性与固定性的一面。伴随企业用工制度改革的推进，中国传统劳资关系面临潜在失衡风险，中国和谐劳资关系体系的构建需要中国政府积极的政策干预。

一　我国劳动者在收入分配中面临的潜在风险

改革开放以来，中国经济增速在周期性的起伏变动中表现出总体上不断上升的态势。国内外在通行的描述中将改革开放至2013年以前这段时间的经济增长状况视为"中国奇迹"。[①] 从1978年开始到2013年，中国经历了35年持续快速的经济增长，GDP年均增长率达到9.9%，2013年的GDP总值达到588018亿元，成为全球第二大经济体。从宏观经济层面来看，中国经济的发展活力极大地改善了中国人民的经济收入与生活水平，为市场化的工资增长创造了更多的可能性与机会。从现有的统计数据来看，中国快速的经济增长带动了劳动者工资水平增长。2013年，我国城镇职工工资总额为93064.3亿元（见表5-1），是1978年的164倍。然而，从劳资对比角度来看，劳动者报酬水平的增长仍然面临潜在的失衡风险。不仅工资占GDP比重呈现下降趋势，且工资增长与企业利润增长差距也在逐步拉大。这表明，和资本收益相比，劳动工资在社会收入初次分配中的份额面临下降风险，劳动报酬率和国家的经济富裕程度不相适应。

首先，工资占GDP比重呈现下降趋势。

本书搜集并整理了我国从1978年到2013年的职工工资总额与GDP总量的数据（表5-1），通过分析可以看出，职工工资总额占GDP的比重虽然在少数年份有所反复，但总体上却呈现出下降的趋势。以1990年为分界点，在1990年以前，我国劳动者工资总额占总体增加值的比重徘徊于16%左右，但是1990年以后，这一比值逐年下滑并于2000年跌至谷底只有11.04%。虽然2000年以后，情况有所好转，但比值一直处于11%上下，直至2011年才再次突破了12%，达到12.67%，2013年继续上升为15.83%，但依然低于1990年之前的水

[①] 学术界通常将2012年视为中国经济增速放缓、GDP增长率明显下降的标志。从中国国家统计局的年度数据来看也的确如此。GDP的增速2012年为7.86%，2013年为7.77%，2016年以后则低于7%。在本书的分析中，由于人工智能时代宣告来临是在2010年以后，故而为了分析上的便利，笔者将2013年视为传统劳资关系与人工智能时代劳资关系的分界点。这种划分方法并未受到学术界认可，也缺少足够数据支撑，需要在后续研究中加以深入探索。

平。其中，虽然不排除漏计私营企业和非正规就业人员工资部分的可能，但工资占GDP比重的年增长率持续下降的事实不会发生质的改变。改革开放之前，我们实行的是重工业优先发展战略，资本对经济增长的贡献率要大于劳动；而改革开放之后，我国实行的是"出口导向型"经济发展战略，我国劳动力资源丰富的比较优势得到了充分发挥，相应地，劳动对经济的贡献率已大大增加，但是工资总额占GDP的比重却不增反减，这足以说明我国劳动者的工资收入与劳动贡献不相匹配，出现了失衡。

表5-1　　　　1978—2013年职工工资总额占GDP比重

年份	职工工资总额（亿元）	GDP（亿元）	占比（%）	年份	职工工资总额（亿元）	GDP（亿元）	占比（%）
1978	568.9	3645.2	15.61	1996	8964.4	71176.6	12.59
1979	647	4062.6	15.93	1997	9602.4	78973	12.16
1980	772.4	4545.6	16.99	1998	9540.2	84402.3	11.31
1981	820	4891.6	16.76	1999	10155.9	89677.1	11.32
1982	882	5323.4	16.57	2000	10954.7	99214.6	11.04
1983	934.6	5962.7	15.67	2001	12205.4	109655.2	11.13
1984	1133.4	7208.1	15.72	2002	13638.1	120332.7	11.33
1985	1383	9016	15.34	2003	15329.6	135822.8	11.29
1986	1659.7	10275.2	16.15	2004	17615	159878.3	11.02
1987	1881.1	12058.6	15.62	2005	20627.1	184937.4	11.15
1988	2316.2	15042.8	15.43	2006	24262.3	216314.4	11.22
1989	2618.5	16992.3	15.41	2007	29471.5	265810.3	11.09
1990	2951.1	18667.8	15.81	2008	35289.5	314045.4	11.24
1991	3323.9	21781.5	15.26	2009	40288.2	340902.8	11.82
1992	3939.2	26923.5	14.63	2010	47269.9	401512.8	11.77
1993	4916.2	35333.9	13.91	2011	59954.7	473104	12.67
1994	6656.4	48197.9	13.81	2012	70914.2	518942.1	13.67
1995	8055.8	60793.7	13.25	2013	93064.3	588018.8	15.83

数据来源：根据中国统计年鉴历年数据整理而得

其次，工资增长速度远远低于利润增长速度。

与工资收入份额不断下降趋势形成对比的是，企业盈利水平却在逐年上升。在1990—2012年用收入法核算的国内生产总值的构成（表5-2）中，我们可以发现，劳动报酬在GDP中所占的比重逐年下降，而企业营业余额在GDP中所占的比重却在逐年上升，二者构成强烈反差。通过进一步的探讨，我们还发现劳动报酬收益（主要是工资）在GDP中所占的份额比实际数字反映出来的可能更低。原因在于：（1）现阶段企业职工工资总额中，还要扣除一定比例的养老、医疗、失业、工伤、生育等保险费。与计划经济时期相比，职工所能支配的工资份额明显减少；（2）企业中级管理层与基层职工之间存在明显的收入差距，有数据显示，二者差距可达20倍以上[1]，那么普通职工的工资总额占GDP比重实际上还要更低；（3）国有行政性垄断行业的职工工资普遍比市场竞争性行业中的职工工资高，并且增长快。不同行业不同企业间的职工工资存在很大差别。

表5-2　1990—2012年我国国内生产总值收入法构成（%）

年份	劳动者报酬	固定资产折旧	生产税净额	营业余额
1990	53.4	11.7	13.1	21.9
1991	52.2	12.3	13.3	22.2
1992	50.1	12.9	13.4	23.7
1993	50.7	11.7	13.8	23.9
1994	51.2	11.9	13.6	23.3
1995	52.8	12.4	12.9	22.0
1996	53.4	12.4	12.6	21.2
1997	52.8	13.6	13.1	20.3
1998	53.1	14.4	13.3	18.9

---

[1] 罗隽：《企业高管与职工收入包容性增长机制探析》，硕士学位论文，暨南大学，2013年，第17页。

续表

年份	劳动者报酬	固定资产折旧	生产税净额	营业余额
1999	52.4	15.1	13.5	19.0
2000	51.4	15.4	14.2	19.1
2001	51.5	15.7	14.1	18.8
2002	50.9	15.7	14.0	19.4
2003	49.6	15.9	14.3	20.2
2005	41.4	14.9	14.1	29.6
2006	40.6	14.6	14.2	30.7
2007	39.7	14.2	14.8	31.3
2009	46.8	13.6	15.2	24.4
2010	45.0	12.9	15.2	26.9
2011	45.9	13.2	13.9	27.1
2012	45.6	12.9	15.9	25.7

数据来源：根据1991—2013年《中国统计年鉴》数据整理而得

与企业营业余额在GDP中所占比重不断上涨的趋势同步的是，企业利润也在不断增长。自2003年以来，规模以上工业企业的利润平均以20%、30%的速度增加，特别是私营企业的利润增长速度更是达到了30%以上（见表5-3）。然而，根据《中国统计年鉴》上关于职工工资总额的数据计算可知，我国近年来的职工工资平均增长速度都保持在10%左右，这还没有包括大量农民工的工资增长情况，如果把他们的工资也统计在内，工资增长速度还会更低。这种情况说明，随着国家的经济发展与富裕程度的增加，企业利润在不断上涨，而劳动者的相对经济地位却在不断下降。如果我们不尽快采取积极干预措施，任其继续发展下去，恐怕那些底层劳动者的境况更是会江河日下。

表 5-3　　　　　2003—2013 年规模以上工业企业利润增长情况

年度	国有及国有控股企业 利润（亿元）	比上年增（%）	集体企业 利润（亿元）	比上年增（%）	股份制企业 利润（亿元）	比上年增长（%）	外商及港澳台商投资企业 利润（亿元）	比上年增长（%）	私营企业 利润（亿元）	比上年增长（%）
2003	3748	45.2	480	31.4	3764.6	46	2680.5	40.5		
2005	6447	17.4	551	32.0	7420	28.7	3967	6.9	1975	47.3
2007	9662	29.6	566	25.2	12209	35.1	6126	34.3	4000	50.9
2009	7514	-4.5	545	10.3	13890	4.2	7511	16.9	6849	17.4
2011	14989	15	882	34	31651	31.2	14038	10.6	16620	46
2013	15194	6.4	825	2.1	37285	11.0	14599	15.5	20876	14.8

资料来源：分别根据 2003 年、2005 年、2007 年、2009 年、2013 年《国民经济和社会发展统计公报》的相关数据整理而成。

二　中国和谐劳资关系背后存在着潜在劳资冲突

工资收入是劳动者获得生活资料的直接来源，劳动者工资收入在 GDP 中所占比重下降、工资增长速度缓慢这种客观分配上的不公势必会引起劳方主观上的相对剥夺感，从而使中国和谐的劳资关系体系中存在着潜在的劳资矛盾与冲突。改革开放以后，企业用工制度开始改革，劳动者就业中的"铁饭碗"被打破，劳动合同制取代终身雇佣制，企业在获得用工自主权的同时也获得了"资强劳弱"的优势地位，劳动者博弈力量减弱，中国政府采取了积极的干预措施，保护劳动者的合法权益不受侵害，这才使得中国的劳资冲突并没有像工业化初期的西方国家那样显性化地表现出来，而是潜在地存在于劳资关系发展中。劳资冲突行为即劳动争议与矛盾外化，引发"集体行动"或"产业行动"的行为，在中国称之为"突发事件"或"群体性事件"，包括请愿、示威、集会、游行、怠工、停工、罢工等。由于我国目前并没有关于劳资冲突行为的专门统计，本书仅结合近年来持续上升的劳动争议案件受理情况以及学者们所做的调查进行分析。

首先，我国劳动争议案件总数的急剧增长暴露出劳资冲突的潜在风险。

由1996—2012年我国劳动争议案件受理数量变化趋势图（见图5-1）可以看出，劳动争议案件自1996年开始稳步上升，1999年超过10万件大关，达到120191件，2003年突破20万件，达到226391件，2005年突破30万件，达到313773件，随后一路飙升，在2008年时达到顶峰接近70万件，之后虽然有所回落但仍处高位，在60—70万件之间徘徊。短短17年间，我国劳动争议案件数由接近5万件急剧增长到70万件之多，增长了近14倍。如果把所考察的时间范围再向前推，那么劳动争议案件增长的倍数还会更大。有数据显示，"2006年的劳动争议案件的受理数量是1988年的33倍"[①]，照此推算下去，2012年的劳动争议案件的受理数量将会是1988年的66倍之多。这说明，在政府干预下，我国劳动争议案件数在急剧上涨，劳资冲突隐性地存在着，中国和谐劳资关系背后面临着失衡风险，政府干预至关重要。

虽然我国劳动争议案件总数的急剧增长在一定程度上受到我国政府出台的法律法规的影响，例如，2008年劳动争议案件数的陡增与同年出台并实施的《劳动合同法》和《劳动争议调解仲裁法》有直接的关系，这两部法律更加重视劳方利益的保护同时也大大降低了劳动争议诉讼的法律成本，使劳动者维权意识提高，更使原本"隐性地"存在于企业内部的劳资矛盾不断地迸发出来。但是，政府法律的出台只是一个客观推动力量，真正决定劳动争议的仍然是"资强劳弱"的不对等谈判地位以及劳资契约执行中利益分配的不均衡。

---

① 吴君槐：《利益分享视角下的和谐劳资关系构建》，博士学位论文，西南财经大学，2008年。

因而，我国劳动争议案件总数的急剧上涨暴露了劳资冲突的失衡风险。

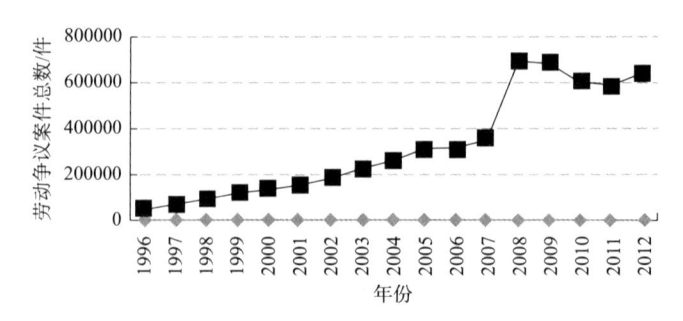

图 5-1　1996—2012 年劳动争议案件受理数量趋势图
数据来源：根据 1997—2013 年《中国劳动统计年鉴》的数据整理后所得

其次，劳动争议处理方式的激烈化反映出潜在劳资冲突的激烈化。

如图 5-2 所示，近年来，在劳动争议案件的处理方式中，申请调解的案件数和申请仲裁的案件数都在逐年上升。其中，通过调解解决的案件数量在 2012 年达到了最高值 30 万件，而通过仲裁解决的案件数量在 2009 年达到最高值 29 万件，近两年来有所回落，但仍处高位。这说明各级劳动争议处理机构正在努力通过调解的方式来解决劳资纠纷，希望平和地化解矛盾。然而，劳动争议处理的问题上更为平和的方式应该是案外调解，即各级劳动争议处理机构不以立案的形式而是以案外事前调解的方式处理劳动争议。有一个值得关注的现象是，1996 年之前案外调解的方式占据着主导的地位[①]，潜在劳资冲突能够以一种平和的、双方都能接受的方式得到化解，说明那时候的劳资关系还没有太过激化。但是到了 1997 年，案外调节的方式出现滑坡，此后便一直处于低位，直到 2005 年以后才又开始上升，但始终低于申请仲裁的数

---

① 吴君槐：《利益分享视角下的和谐劳资关系构建》，博士学位论文，西南财经大学，2008 年，第 86 页。

量，案外调解在一定程度上被弱化了。

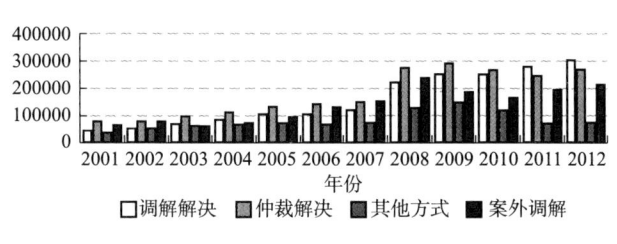

图 5-2　2001—2012 年各年劳资争议调解数趋势图

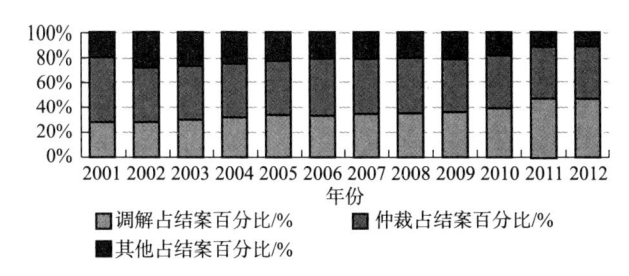

图 5-3　2001—2012 年劳资争议调解占结案百分比趋势图

数据来源：根据 2002—2013 年《中国劳动统计年鉴》的数据整理后所得。

注明：其他方式是指当事人自行和解，申诉人撤诉。案外调解指的是各级劳动争议处理机构以案外调解的方式处理劳动争议。

从图 5-3 可以看出，在全部的结案中，仲裁解决与调解解决占据绝对优势，仲裁机构通过这两种方式共处理了 80% 的劳动争议案件。这意味着，案外调解无论是在绝对量上还是在相对量上都弱于劳动仲裁。同时也意味着潜在劳资冲突大多无法通过事前调解方式加以解决，而只能寻求更加激烈的调解方法。

再次，劳动者权益受损是潜在劳资冲突中的普遍现象。

由图 5-4 可以看出，从 1996 年到 2012 年，劳动者申诉案件数逐年增多，并且在 2008 年急剧上升到最高点，达到 65 万件。而后虽然有所回落但都保持在较高的水平上，这一趋势是与劳动争议案件受理数量趋势图保持一致的。图 5-5 显示出，与用人单位申诉案件相比，劳动者申诉案件占总案件的百分比总是处于高位，在 85%—95% 之间徘徊，并且有几年（如 1997 年、2004 年、2011 年、2012 年）还超过了

95%，达到了96%的高比例。由此可见，我国劳动争议案件中，劳动者申诉案件无论从绝对量还是相对量上都普遍高于用人单位申诉的情况，这说明劳动者权益受损的状况更加突出。

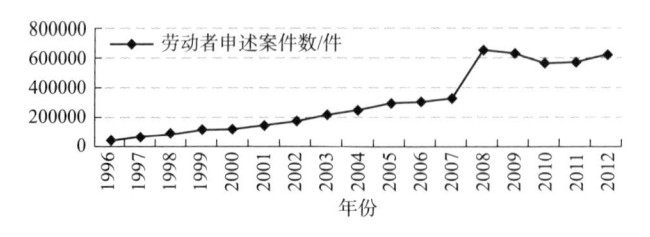

图 5-4 1996—2012 年劳动者申述案件情况图

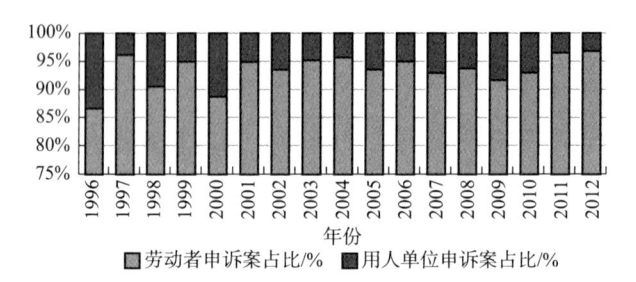

图 5-5 1996—2012 年劳动者申诉与用人单位申诉占比情况
数据来源：根据 1997—2013 年《中国劳动统计年鉴》的数据整理后所得

此外，本书在对 1996 到 2012 年的劳动争议胜诉情况进行统计分析时还发现，劳动者胜诉的数量明显高于用人单位（见图 5-6），再加上双方部分胜诉的情况，劳动者胜诉处于绝对性的优势。这说明，劳动者受到侵权的状况频繁发生，"资强劳弱"的格局十分明显，经济运行情况偏离了劳动工资与资本利润的合理边界。在法律环境逐步完善的情况下，劳动者的自我保护意识开始增强，潜在的劳资冲突可以通过法律化的途径得到化解。

最后，我国潜在劳资冲突具有集体化倾向。

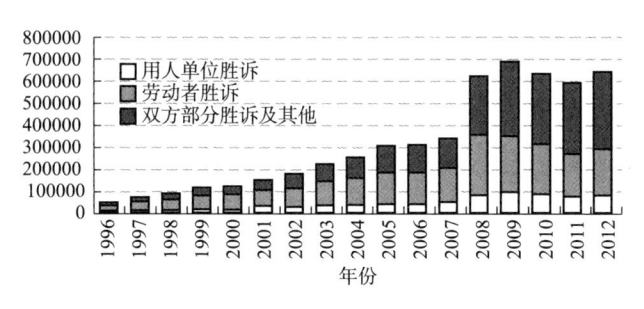

图 5-6　1996—2012 年劳资双方胜诉情况图

数据来源：根据 1997—2013 年《中国劳动统计年鉴》的数据整理后所得

我国劳资冲突的集体化倾向首先表现在集体劳动争议案件的发生上面。从一定程度上来讲，集体劳动争议代表着劳资关系失衡的程度，二者呈现正相关关系。一般而言，集体争议中涉及的人数越多，其所造成的社会影响越大，从而代表劳资关系失衡的程度就越高。从图 5-7、5-8 可以看出，我国的集体劳动争议案件数及所涉及的人数自 1996 年开始一直到 2009 年呈现出大致上升的总体趋势。就集体争议案件数来说，1996 年仅为 3150 件，而后一直缓慢上升，1999 年达到 9043 件之后于 2000 年又下降至 8247 件，然后快速上升，于 2004 年达到巅峰 19241 件，这种状态虽然在 2005—2007 年期间有所缓解但仍处于 1 万件以上的高位，并且于 2008 年再创 21880 件的新高。就集体劳动争议案件的涉案人数来说，大致的变化趋势与集体争议案件同步，只是第二次高速增长期在 2003 年达到巅峰而不是 2004 年，但是差别并不大。需要指出的是，2009 年以后，我国集体劳动争议案件及其涉案人数出现了不断下降的趋势，并且回落到了 2000 年之前的水平，这是否说明劳资冲突的集体化倾向开始得到缓解了呢？答案是否定的。因为这种情况与我国地方政府和地方法院在对劳动争议案件进行处理时的"祛集体化"行为有很大的关系（后文会详细说明）。

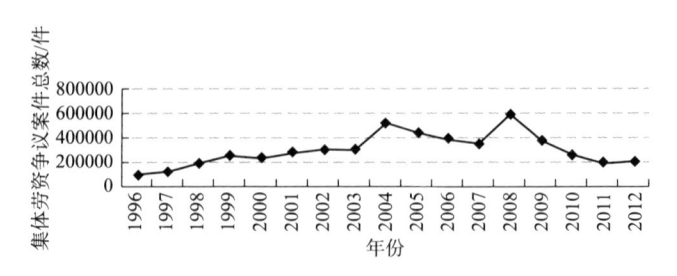

图 5-7　1996—2012 年集体争议案件数趋势图

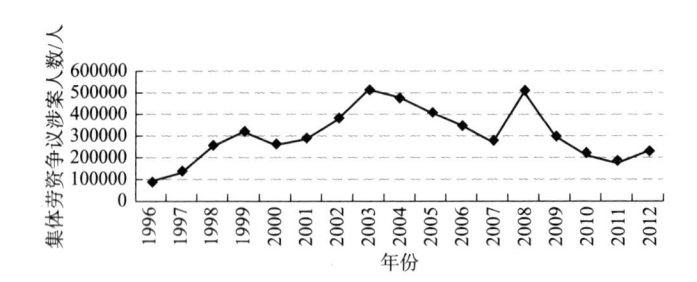

图 5-8　1996—2012 年集体争议涉案人数趋势图

数据来源：根据 1997—2013 年《中国劳动统计年鉴》的数据整理后所得

此外，我国劳资冲突的集体化趋势还表现在由劳资冲突所引发的集体性产业行动具有覆盖面广的特点上面[①]，具体表现为以下几点：（1）从空间分布上来看，我国集体劳资纠纷发生的区域遍及全国各地，无论是在东南部沿海的长三角、珠三角、广东深圳等地，还是在中部内陆地区如河南平顶山，抑或是在中国东北端如大连经济开发区，都不同程度地发生过罢工、停工等集体行动案例。（2）从发生的频率和涉及的范围来看，行业与区域示范效应明显。以大连经济开发区发生的集体停工事件为例。2010 年 5 月底至 8 月底，在辽宁省大连市经济技术开发区爆发了涉及 73 家企业、共 7 万名工人参与的停工潮，主要诉求都在于提高工资待遇方面。（3）从企业以及行业分布来看，覆盖

---

① 资料来源：李丽林、苗苗、胡梦洁等：《2004—2010 年我国典型停工事件分析》，《中国人力资源》2011 年第 3 期。

了各类型企业和不同行业。李丽林等人在对2004—2010年我国典型停工事件进行案例调查时发现，在73例停工事件中，既包括外商投资、合资及港澳台企业，也包括私营企业与国有企业，从行业分布看，工业企业共有43起，占了58.9%，其中有39起停工事件发生在制造业，4起事件发生在建筑业；服务业企业共发生了停工事件30起，占41.1%，其中，交通运输企业23个，占总数的31.5%。(4)从劳动者的专业程度和技术能力看，各种类型的劳动者都曾组织或参与过集体行动。例如有高端劳动者参与的"东航集体返航"事件，也有高级知识分子参与的"肇东教师大规模罢课"事件，但更多的还是专业技能不高、可替代性强的普通劳动者所参与的集体停工事件（如"盐田国际工人罢工"及"本田工人罢工"等）。

上述分析表明，我国劳资冲突越来越表现出集体化的发展趋势，劳资关系失衡的程度不断上升，如果继续发展下去，劳资冲突给整个中国社会所带来的负面影响将会是非常巨大的。

第二节　中国劳资关系失衡的原因：基于契约视角

一　劳资关系失衡成因的契约解释

针对中国劳资关系失衡的问题，我们可以从劳资契约的签订、执行与政府干预环节中找到原因。

在不完全契约条件下，信息不完全、不对称性与交易活动的不确定性容易为缔约方的机会主义行为创造条件，所以在契约履行环节，缔约双方都有可能在利己心的驱使下采取违约的行为，因为违约可能会使他获得与遵守承诺相比更多的收益。对于劳资契约而言，它是一种典型的不完全契约，在劳资双方博弈力量不对等的条件下，它会通过两个方面导致劳资矛盾与冲突的出现：一方面，"资强劳弱"的地位不对等性可能会促使签订的劳资契约具有"资方强权"的性质，因而契约条款表现出不平等性，从而导致劳资契约的履行结果是资方对劳方利益的侵占，劳方因为不满现状而起来反抗就会形成劳资矛盾与冲突，这是从劳资契约"签约环节"所讲的劳资关系失衡的原因；另一方面，即使是在国家通过强制性的公平制度安排对"资强劳弱"的不对等性谈判地位进行矫正，从而促使劳资双方签订相对公平的劳资契约的情况下，资方仍然会在契约执行环节中选择违约，构成对劳方权益的侵占。因为劳资契约是不完全的，资方违约行为可观察但不可证实。这种违背承诺的"资方侵权"则是从劳资契约履行环节所讲的劳资关系失衡的原因。面对劳资关系失衡的状况，政府作为公正的第三方的代表可以从保证劳方基本权益的实现并增强劳方谈判力量的角度对劳资契约进行干预，从而弥补劳资契约不完全给劳资关系运行所带来的负面影响。然而，政府干预政策在制度实施过程中总会遇到各种阻碍，从而使其作用难以得到有效发挥，这也是导致劳资矛盾与冲突存在潜在风险的一个重要原因。

总之，通过上面的分析可以看出，我国劳资关系失衡的成因可以归结为三个方面，即劳资契约签约环节的"资方强权"、劳资契约履约环节的"资方侵权"以及劳资契约政府干预环节的制度失灵。

二 中国劳资契约签订过程中的"资方强权"

劳资契约的签订过程原则上指的是劳资双方共同决定与劳动力使用和劳动条件实现有关的契约条款的过程。但是，在单个工人面对强大雇主的个别劳资关系中，劳方处于明显的从属与弱势地位，劳资契约的签订具有明显的雇主单方决定色彩。对于中国而言，劳资关系运行仍然以个别劳资关系为主，工会的建设出现了如下诸多问题：（1）工会作为劳动者组织，维权不力甚至没有作为。地方等高层工会行政化倾向严重，完全脱离群众；企业等基层工会常常沦为组织"茶话会"的"福利工会"与"娱乐工会"，在劳资争议发生时不能站在劳动者立场为劳动者争取应得的权益；（2）私营企业工会存在着"组建快"与"非独立"之间的矛盾。目前，在已经建立工会的私营企业或外资企业中，相当一部分是由雇主来控制或操纵工会，有的工会干脆直接就是由雇主亲自上阵或指派亲信建立的；（3）企业买方干预工会的组建以及政府行为偏差共同导致了工会的目标淡化与行为弱化，不能履行代表职工利益的职能；（4）由于历史的原因，企业工会沦为其所属企业或工厂的附庸，甚至出现工会代表企业一方与职工对簿公堂的非正常现象。工会的建设不利直接导致劳资双方集体谈判机制无法在中国建立起来，集体化劳资关系无法形成，这就使得我国劳资契约的签订过程更多地具有"资方强权"特点，具体表现在以下三个方面。

第一，为了逃避合同的法律约束，资方不愿意与劳动者签订劳动合同，导致劳动合同的签订率低。根据2005年全国人大常委会所做的一份执法检查结果，全国中小企业和非公企业中劳动合同的签约率不到20%，个体经济组织的签约率就更低[1]。近几年来，随着《劳动合同法》的颁布与实施，全国企业劳动合同签订率有上升趋势，但是2011年全国人大常委会执法检查报告再次显示：建筑、制造、采矿和服务等行业中部分劳动密集型中小企业和非公企业，因经营规模小、基础管理工作薄弱、社会配套服务缺失、经营者劳动合同法律意识淡薄，劳动合同签订率仍然偏低[2]。尤其是对于农民工而言，企业通常与

---

[1] 参见《信春鹰谈劳动合同法立法背景》，http：//npc.people.com.cn/GB/6661318.html。

[2] 全国人大常委会执法检查报告显示《劳动合同法》实施尚存四问题：合同内容不规范、劳务派遣被滥用、合同签订率低、监察执法滞后。参见：http：//news.Hexun.com/2011 -11 -02/134793244.html。

其形成了大量事实劳动关系,但却不愿意与农民工签订劳动合同,滥用试用期规定并把农民工当作廉价的临时工使用,以此达到降低人工成本、逃避法律责任的目的。根据人力资源与社会保障部2006年针对40个城市所做的抽样调查显示,农民工劳动合同的签订率仅为12.5%[1]。尽管2008年《劳动合同法》实施以后,企业不与劳动者签订劳动合同的法律责任成本加大,合同签订率有所提高,但是仍然没有达到令人满意的水平。2010年1月20日,北京致诚农民工法律援助与研究中心对全国15个省16所农民工法律援助专门机构受理的865件农民工案件及581份调查问卷进行了分析,结果显示:仅有27.5%的农民工与用人单位签订了劳动合同[2]。另外,2012年6月,农委的一份调研报告也显示出,60%的农民工没有签订劳动合同[3]。可见,劳动合同签订率低的问题至今仍广泛存在。

第二,劳动合同的期限规定上存在"资方强权",合同短期化现象严重。我国实施劳动合同制后,多数企业与劳动者签订的劳动合同是一年期的,合同到期后再根据劳动者的表现决定是否续签。而劳动者面对巨大的就业压力、工作机会难求的客观状况,担心要求权利就可能会导致失去续订劳动合同的机会,因而怯于维护自己的合法权益,被迫接受资方的劳动合同一年一签的制度。这便形成了劳动合同短期化而事实劳动关系却可以长期化的局面。《劳动合同法》实施之后,对企业必须与满足特定条件的劳动者签订无固定期限劳动合同的规定在一定程度上遏制了合同期限"短期化"现象,但该法在运行的过程中却遇到诸多阻力。例如,华为公司就曾在2008年元旦期间组织了万名

---

[1] 《新农村建设:要农民进城也要农村城镇化》,http://finance.qq.com/a/20060410/000470_1.html。

[2] 参见《调查称仅三分之一农民工签订了劳动合同》,http://www.cenet.org.cn/article.asp?articleid=40976。

[3] 《60%农民工没有签订劳动合同》,http://china.findlaw.cn/laodongfa/laodongguanxi/qiuzhi/31735.html。

员工重签劳动合同的行动,要求所有在华为公司工作满八年的员工于2008年元旦之前,都要先后办理主动辞职手续(即先"主动辞职",再"竞业上岗"),再与公司签订1—3年的劳动合同;废除现行的工号制度,所有工号重新排序。诸如华为公司的这种行为在一定程度上降低了《劳动合同法》的实施效果,也就使得劳动合同短期化倾向难以得到杜绝。

第三,合同内容主要由资方规定,存在严重的不规范现象甚至含有违法条款。通常情况下,劳动者到企业求职,劳动合同文本是由企业事先准备好的,合同的内容大体是由用人单位进行拟定,这意味着劳动条件的规定是由资方单方面决定的,缺少与劳方进行谈判的过程。有些企业与劳动者签订"空白合同",即劳动者签字的合同中关于工资、工时、休息休假等方面的规定是不明确的或者干脆就是空白的,使劳动者即使签订了合同也不能得到任何实质上的保障,资方完全有可能在日后的纠纷中随意篡改或填写合同上的关键条款;有些企业的合同条款仅仅规定了劳动者的义务和用人单位的权利,甚至会出现"职工的生老病死都与企业无关""工作过程中发生任何事故企业概不负责"等公然违反法律规定的条款。

上述情况表明,劳资契约签订过程中存在着严重的"资方强权"现象,用人单位与劳动者之间签订的劳动合同是不完全的,很多事实劳动关系无法通过契约进行明确规定,劳资之间的矛盾也无法通过契约得到很好的化解与解决。而"资强劳弱"的不对等地位使本已不完全的劳动合同无论从期限还是内容上都更加有利于资方。

三 中国劳资契约履行过程中的"资方侵权"

不完全契约条件下,第三方无法强制执行劳动合同规定,劳资双方容易发生机会主义行为,这就导致"资强劳弱"背景下劳资契约的履约环节呈现出"资方侵权"特点。资方侵权反映到劳资关系层面主要表现为：克扣或拖欠工人工资、任意延长劳动者工作时间、不提供安全卫生的劳动条件、不给劳动者缴纳应有的社会保险等。

第一，资方侵占劳方取得劳动报酬的权利，拖欠与克扣工资现象存在。

我国现阶段，劳资双方追求自身利益最大化的倾向明显地暴露出来。这导致在劳动力市场供大于求的状况下，单个劳动者面对企业集团越发地处于不利地位。在劳资契约的履行过程中，劳动者取得报酬的权利可能受到侵害，企业拖欠与克扣劳动者工资的现象时有发生。以在非公有制企业中就业的农民工为例，他们当中很多人的工资被以各种理由拖欠过，一些企业克扣或变相克扣农民工工资的情况时有发生，这些企业通常每月扣留员工20—30%的工资作为"风险抵押金"，要求工作满三年且不能出现任何差错才能返还，否则将会予以全部扣除。进入2003年以后，农民工工资被拖欠、被克扣的问题引起了全社会的重视，政府出台了一系列的政策来遏制和解决这一问题。如2003年9月，劳动和社会保障部以及建设部联合发出《关于切实解决建筑业企业拖欠农民工工资问题的通知》等。但是，农民工工资被拖欠或克扣的现状并没有得到彻底改善，据新华社2006年10月的一份调查显示，有近20%的农民工仍然被欠薪，时间最长的达八年之久[①]。另外，国家统计局2010年对4473名进城务工人员进行的调查显示，他们当中仍然有10%的农民工工资被以各种理由拖欠，人均被拖欠工资1754元。针对这种情况，2010年，全国总工会建议尽快将"恶意欠薪罪"纳入刑法。可见，政府对欠薪问题的重视程度不断地提高，同时也显示出企业欠薪情况对社会产生了越来越大的影响。然而，由于劳资契

---

① 吴君槐：《利益分享视角下的和谐劳资关系构建》，博士学位论文，西南财经大学，2008年。

约的不完全性以及"资强劳弱"型博弈力量格局没有改变，导致政府对欠薪问题的调解无法起到根本性的作用，资方对劳动者劳动报酬权利的侵占仍会时不时地发生，并且致使劳动者们的"讨薪方式"开始朝向极端化发展。如2011年报道的"裸体讨薪""跳河讨薪""活埋自虐式讨薪"等事件层出不穷。面对"讨薪难"问题，近年来一些农民工采用"行为艺术"维权[1]，即通过极端形式追求"眼球"效应，以引起社会上更多人的"关注"。那些为了生存、为了孩子、为了家庭而进城务工的农民工们，有时为了讨要本应属于自己的血汗薪水，不得不对"讨薪"的手段与对策进行冥思苦想。对于那些毫无社会资源的农民工而言，扩大影响以引起上级政府的重视或舆论关注，无疑是一种无奈的选择。

第二，劳动者的工作时间过长，休息休假权益受损。

劳动者尤其是私营企业中的劳动者工作时间过长，是另外一个重要的劳动者权益受到侵害的问题。就农民工而言，虽然与在农村耕种相比，进城务工的工资收入非常具有吸引力，但平均千元左右的月薪与每天必须工作的时间比起来，还是非常低的。据调查，建筑工地的农民工经常晨起6点就开始工作，中午午休一个小时，下午7点收工，有特殊需要时还要夜间加班，平均每天工作12小时以上，工作时间之长是中国所有工种中罕见的。另外，在广东的一些实行计件工资的制造型企业，工人为了多赚点钱，一般需要每天工作到晚上十点，订单多的时候工作时间还要到更晚，这种工作时间的"自愿"延长实际上是计件工资超低的"非自愿"选择。据调查，广东佛山一家制衣厂的计件工资为一道工序0.6元人民币，一天工作下来能够赚到的工资仅仅约为36元。这种情况在2005年中国社会科学院人口与劳动经济研究

---

[1] 资料来源：《透视农民工"行为艺术"讨薪现象》，2011年12月30日，网址：http://roll.sohu.com/20111230/n330749265.shtml。

所进行的调查中就得到过验证。该调查显示劳动者超时工作现象普遍存在，全部被调查者中有15%的劳动者平均每天工作时间超过了法律规定的8小时，44.9%的劳动者每周工作超过了44小时。26.8%的劳动者在元旦、春节等法定节假日不能得到休息。在所有被调查人员中，19.7%的劳动者经常加班。到了2010年以后，工人超时加班情况仍然没有得到很好的遏制，2011年，全国人大常委会执法检查组对《劳动法》实施情况所做的报告指出：超时加班问题仍然是劳动者合法权益被侵害的五大症结之一①。

人是有血有肉的凡人，不是无生命的机器，所以人总需要休息，如果劳动时间过长影响了人正常的生理需要，就会产生一系列不良影响。从微观上讲，劳动时间过长会影响劳动者的身体健康，严重时甚至导致"过劳死"，以生命为代价；劳动时间过长会使人们没有多余的时间自我提高，未来发展受到影响；劳动时间过长会影响劳动生产率的提高，从而使劳动工资只能在边际成本上下徘徊。从宏观上讲，劳动时间过长会使更少的人完成需要更多人去做的工作，从而减少总体劳动力需求，对于当前的中国来讲，不利于劳动力市场均衡的实现，不利于缓解就业难题。如此种种，劳方工作时间过长的问题是资方对劳动者基本人权的侵占，更是会对整个社会产生不利影响。

第三，劳动者工作条件差，存在安全隐患。

劳动者的工作安全通常受到工作场所、作业环境、生产方式、生产资料、劳动工具以及生产流程的影响，当然还与劳动者自身素质直接相关。目前，我国劳动者的安全隐患主要在于工伤事故与职业病方面，根据2006年的一份各地区工伤事故认定情况调查，我国在工作时

---

① 《我国劳动法实施存在五大问题，超时加班现象普遍》，http://china.findlaw.cn/laodongfa/jiaban/30507.html，2011年1月21日。

间和工作场所内因工作原因受到的事故伤害达 54 万多例，工作时间前后在工作场所内从事与工作有关的预备性或者收尾性工作而受到的事故伤害达 6660 例，由于长期处于有害的工作环境而患职业病的达 8771 例[①]。到了 2012 年，职业病危害仍未得到缓解，据 2013 年全国各级卫生监督机构的报告显示：职业病危害因素接触总人数 10438659 人，其中，接触粉尘类危害因素的人数就达到 5043059 人，占危害因素接触总人数的 48.31%[②]。

根据劳资契约规定，劳动者本该享受安全的劳动防护措施，然而事实却并非如此，资方的侵权导致劳动者劳动安全卫生权无保障。一方面，我国工业企业中的工伤事故频发。以煤矿企业为例，煤矿安全基础薄弱，安全投入不足，一般实行井下作业，一线工人大多是农民工。据调查，全国具有安全保障的煤炭生产能力仅为 12 亿吨，但去年我国全年产量达到了 19.5 亿吨，这说明有 7.5 亿吨产量是缺乏安全保障的。"十一五"期间，我国煤炭产业的事故死亡率大幅度下降，但是与世界先进采煤国家相比差距依然很大；另一方面，我国一些企业的工人职业病激增。过去，职业病的高发领域主要集中在一些传统制造业，现在，由于新能源新材料的广泛使用，一些新的高危职业病逐渐蔓延，并出现了更多的职业病高发领域。比如近年来在部分沿海地区相继出现了二氯乙烷中毒、慢性正己烷中毒、三氯甲烷中毒等过去未曾出现或很少发生的严重职业中毒和死亡病例[③]。我国目前的职业病危害涉及企业超过 2000 万家，受害人数超过 2 亿，而在职业病中发病率

[①] 国家统计局：《2006 年中国劳动统计数据》，http://www.stats.gov.cn/tjsj/ndsj/laodong/2006/html/10-14.htm。
[②] 数据来源于 2013 年《卫生部关于全国卫生监督工作情况的通报》。
[③] 引自《我国职工职业病现状的几点思考》，2007 年 4 月 20 日，http://www.51yixun.com，转引自吴君槐《利益分享视角下的和谐劳资关系构建》，博士学位论文，西南财经大学，2008 年，第 10 页。

最高的当属矽肺病①。据统计,全国矽肺病患者达60万人,死亡率极高,每年因矽肺病造成的直接经济损失达数十亿元之多。除此以外,苯中毒、铅中毒以及风湿、类风湿、腰肌劳损等职业病也在不断侵蚀着工人健康。上述职业病往往具有隐匿性和迟发性特点,所以导致"黑心企业"受利润驱使对职业病隐患置之不理。长此以往,劳资关系将会受到极大影响,由于安全隐患所引起的劳资纠纷将会不断出现。

第四,劳动者的社会保障权益受损,社会参保率低。

近年来,我国社会保障事业取得了长足的发展,公民社会保障状况有了很大改善,尽管如此,我国劳动者的社会保障权益却仍处于受损的状态,社会参保率较低。如图5-9所示,从1994—2012年我国城镇职工在养老、医疗、工伤、生育保险上的参保率一直处于上升状态,而失业保险的参保率却一直徘徊不前,止步于40%左右,2002年以后还略有下降。其中,基本医疗保险参保率是上升最快也是最显著的,1994年医疗保险参保率仅为2%,而后缓慢上升,1999年为6.7%,2000年开始急速增长,2012年达到53.5%,18年间增长了近27倍。这是与2000年以来我国政府为了解决"看病难""看病贵"问题所采取的医疗体制改革紧密联系在一起的。但是,与美国全民医疗状况比起来,我国基本医疗保险仍然存在很大上升空间。除医疗保险外,工伤与生育保险参保率上升也比较显著,二者趋势大致相同,都是从2003年之后快速增长,但工伤保险的增长幅度略高于生育保险。基本养老保险的参保率上升幅度是最小的,从1994年的45.5%上升到2012年的61.9%,虽然与其他保险相比,养老保险的覆盖率最高,但仍然有38.1%的职工养老没有得到保障。

---

① 资料来源:《亚洲最大硅厂工人"集体尘肺病"调查》,2010年4月15日,网址:http://news.qq.com/a/20100415/000703.htm。

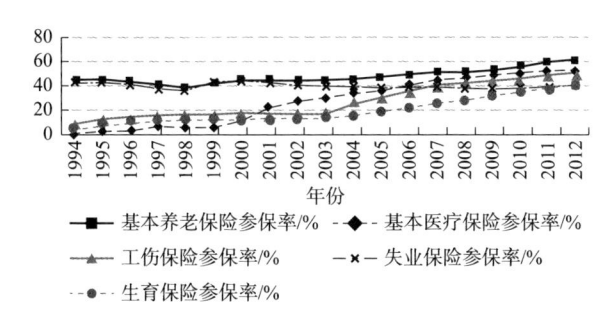

图 5-9　1994—2012 年全国城镇职工参保情况趋势图

说明：参保率是指职工参保人数（年末）与城镇就业总人数之间的比率。

数据来源：根据 1995—2013 年《中国统计年鉴》与《中国劳动统计年鉴》历年的数据整理而得

综上可以看出，我国劳动者的社会保障覆盖面虽然呈现出上升的趋势，但总体上仍然较低，除基本养老保险参保率超过 60% 外，医疗与工伤保险参保率刚刚超过半数，而其他保险参保率还不足半数。这表明我国许多劳动者的社会保障权益处于受损状态。

四　中国劳资契约政府干预环节存在实施障碍

中国生产活动中隐性存在着的劳资冲突与和谐劳资关系体系的构建并不矛盾，原因在于中国政府实施积极的干预政策，通过颁布《劳动法》《劳动合同法》等法律法规，实行劳动基准与劳动监察制度、集体协商与集体合同制度、劳动争议处理制度等制度安排有效地保障劳动者基本权益的获得与实现。在政府干预政策能够顺利推行的条件下，"资强劳弱"型博弈力量不对等格局得以矫正，中国和谐的劳资关系体系得以形成。然而，政府干预政策在制度实行过程中又会遇到各种阻碍，导致劳资冲突仍会时而暴露出来，这也是中国传统劳资关系中存在潜在失衡风险的原因之一。

首先，我国劳资契约调整制度本身存在功能性障碍。由劳动基准与劳动监察制度、集体协商和集体合同制度、劳动争议处理制度构成的劳资关系调整制度体系在运行中暴露出诸多问题，归结起来主要表现为：（1）由于立法资源与行政投入上的严重不足导致我国劳动监察制度无法适应监督劳动基准执行并维持劳资关系稳定的责任，因而使劳动基准与监察存在功能局限；（2）由于"劳动三权"的缺乏导致集体谈判机制无法在中国建立起来，劳动者没有代表性组织因而使集体合同的合意过程不仅依靠集体协商而且依赖政府主导，从而使集体合同制度在推进过程中出现"流于形式，作用有限"的弊端，距离通过集体协商或谈判促成劳资合意进而促进劳资契约自我执行的任务，更是相去甚远；（3）"两裁一审"的劳动争议处理程序使争议当事人必须支付高昂的时间、精力与金钱成本，加大了普通劳动者通过合法途径进行维权的难度，使大量劳资争议处于法外运行状态。凡此种种表明，我国劳资关系调整制度本身存在功能局限，制度实施过程面临阻碍，无法完成矫正"资强劳弱"从属性并促进劳资契约自我执行的任务。

其次，我国地方政府在制度执行方面出现了偏差，使本就对劳动者不利的制度环境进一步恶化，造成与增强劳方谈判力量的目标的偏离，甚至造成对劳方的二次伤害。这主要表现在以下两个方面：

第一，地方政府的经营主体性导致劳资契约调整制度的执行不力。自改革开放以来，地方政府获得了越来越多的权利，角色发生了较大转变，兼具经营性主体和公权力主体的"双重"身份，中央政府与地方政府的利益发生一定分化。在这里，地方政府的经营主体性指的是在财政分权背景下催生出来的地方政府拥有独立的财产（财税）支配权，并因而使其在地方利益上更加具有积极主动性，成为更加注重地方利益实现的主体。地方政府作为经营主体的偏向性使劳资关系调整制度的执行存在突出问题，即地方政府依赖并偏向资本，使国家层面的劳工保护政策难以得到贯彻落实。原因主要在于面对高流动性的稀缺资本，各地政府争相形成了招商引资的竞争之势，而在市场经济条件下，对于资金与技术的最大吸引力莫过于投资回报率，投资者们如若不能得到高于其他地区的回报就不会将资金与技术投入这些地区来。在企业总收益一定的情况下，提高投资回报率的方法便是降低生产成本，而生产成本中最直接也最富有弹性的成本当属劳动力成本了，这包括压低工人工资水平，降低工作条件耗费，容忍危险或恶劣的环境以及简陋的设备等。而为了免于失业的压力，工人只能选择接受这些，因为对于他们而言，如果要求高工资与好的劳动条件就可能连职业都没有了。也就是说，地方政府的竞争是以忽略竞争主体的利益为代价的，在这种情况下，地方政府会把经济增长、GDP总量和财税收入等价值目标放在优先考虑的位置，而把"劳权"保护、劳资公平以及社会和谐与稳定等对地方利益缺乏有效激励的价值目标放在相对次要的位置。由此可见，以地方政府为执行主体的劳资契约调整制度必然存在较大的失灵风险。

第二，地方政府直接或间接的"祛集体化"行为导致劳资关系的"逆向调整"。

市场化和谐劳资关系的运行需要构建劳资双方基于各自组织力量的谈判机制，而以团结权为核心的"劳动三权"的实现是其关键。目前中国劳资契约调整制度虽然明确了集体合同与集体协商制度的方向是促进劳资集体自由谈判，但对于劳动者的集体化行动，地方政府却采取了直接或间接的"祛集体化"处理方式，使劳资关系调整制度非但没有发挥应有的作用，反而加剧了劳资关系的失衡风险，使资方的强势地位得到制度强化，劳方的地位与处境却受到制度削弱，这种状况构成了对劳方的二次伤害，更构成了对和谐劳资关系的"逆向调整"。

"祛集体化"原本是由陈步雷教授首次提出的一个法律意义上的概念，它指的是"地方处理劳动争议的劳动仲裁机构和法院，基于'维护稳定''经济利益'和'政绩增量'等原因,对于具有集体性、依法能够通过共同诉讼(仲裁)解决的劳动争议,拒绝根据劳动者当事人的申请和按照共同诉讼(仲裁)方式等进行受理,而是强迫当事人分散成为单个劳动争议,分别受理和解决,以消除集体性及其社会影响力的纠纷治理策略"[1]。本书认为,除了地方法院,地方政府及其官员对于劳动者集体争议或者产业行动也存在着"祛集体化"倾向,他们除了纵容地方法院的做法从而间接地"祛集体化"外,还会通过行政干预直接地"祛集体化"。

地方政府直接"祛集体化"行为主要体现在对劳动者集体争议或产业行动(包括罢工、示威、游行、阻断交通等)的治理上。我国任何一部法律包括2008年5月实施的《劳动争议调解仲裁法》自始至终从未涉及集体争议及产业行动的处理,由此造成各个地方治理方法的重大差别。有些地方处理地比较好,采用了缓和劳资双方当事人情绪的疏导方法,制止了矛盾的进一步激化,而有些地方政策则采取了"枪打出头鸟"式的强制镇压方法,以"扰乱社会秩序罪"对劳工代表进行刑事追诉。经常被地方政府用来处理集体产业行动的罪名还包括"故意毁坏公私财物罪""妨害社会管理秩序罪""阻碍公务罪""非法集会、游行、示威罪"等。然而,这些罪名的构成要件存在极大的缺陷,最为明显的便是对"社会秩序"没有做必要的限定,容易造成地方政府与司法机关对集体争议或产业行动进行随意化的刑事制裁,从而包庇并保护一些严重损害劳动者基本权益或严重违反劳动法律规定的生产与经营秩序,并使劳动者的集体化行为倾向在地方政府的压制下逐渐消隐,劳方团结的力量迟迟不能形成规模,因而也很难构成真正意义上的劳资谈判。

---

[1] 常凯:《中国劳动关系报告——当代中国劳动关系的特点和趋向》,中国劳动社会保障出版社2009年版,第558页。

第五章 中国传统劳资关系失衡的契约理论阐释

地方政府间接的"祛集体化"行为主要指的是对地方法院分散处理集体争议案件的纵容。地方法院为防止劳动者集体性斗争力量的形成对于那些集体劳动争议常常采取化整为零的方法,把其一一拆解为多个个别争议,从而将其变成相对松散的集合。这样做不仅可以满足片面理解的中央政府所提出的"维护社会稳定"的社会利益要求,而且还可以满足地方法院与地方政府财政的经济利益要求。首先,由于集体劳动争议一般涉及的劳动者人数众多,容易造成巨大的社会影响,因而"集体劳动争议案件数"常常被中央政府用来作为评判地方劳资关系状况以及调整效果的参考指标,较低的集体争议案件数被视为地方政府劳资关系调整初见成效的标志,因此"祛集体化"对于地方政府来讲是应付上级指令的良好捷径;其次,从收取诉讼费用的角度来看,对集体争议的"祛集体化"处理可以给地方法院与地方政府带来更多的经济利益。根据我国《民事诉讼法》与《人民法院诉讼收费办法》的相关规定,地方法院除了可以收取上缴到同级财政主管机关的案件受理费之外,还可以自主决定向当事人收取的没有数额限制的"其他诉讼费用"。因此,法院多收案件受理费对于地方法院与地方财政机关来讲都是有好处的。而通常情况下,劳动争议案的诉讼费用是按照案件数量而非涉案人数收取的,所以把人数众多的集体争议分为案件数目增多的个别争议可以大大提高法院收取的诉讼费用,从而以少量的成本投入(法院处理诉讼案件的成本仅表现为装订案卷的工作量以及纸张成本等)换来数十倍的回报,如此"划算的买卖",地方法院与地方政府当然去做。再次,对于地方法院来讲,"祛集体化"还可以帮助自己提高工作绩效,因为法院"绩效"考核的衡量指标中最先考虑的便是年度办理案件总数,这一数字与法院工作绩效直接挂钩。而把集体劳动争议案件人为地、技术性地拆分成多个个别劳动争议案件,可以有效增加案件数量,从而使基层法院从虚假的"绩效增量"

中获得的是真实的收益。综上可以看出,地方法院的"祛集体化"行为对于地方政府来讲可谓是"一石三鸟"之举。即使地方政府在表面上应付了中央政府"维持社会稳定"的目标,又使地方政府与地方法院收获了诉讼费用增加带来的经济利益,还使地方法院以"绩效增量"形式完成了上级法院指派的工作任务。但是,在地方法院与地方政府获得上述好处的同时,劳动者却受到极大的伤害,他们除了要缴纳更多的诉讼费、律师费之外,还增加了个人抗争的心理压力。此外,工人清晰的团结与联合意识也会受到打击,使劳动者难以通过合法途径增强话语权,从而在主观上产生"非正义感"甚至强烈的"仇富心态"以及"反社会心理"。因此,"祛集体化"不仅没有使集体争议得以彻底解决,反而带来了更严重的社会矛盾隐患,威胁着劳资关系的稳定,更产生了对劳资关系的"逆向调整"。

第三节 中国传统劳资关系失衡风险的计量检验

一 劳动争议的影响因素

"劳资关系失衡"是与"劳资关系和谐"相对应而言的一个概念,其内涵不仅包括劳动争议与各种劳资纠纷,更包括劳资双方基于权利分配的利益分配状况的失衡,但是出于数据可获得性的考虑,本书仅用劳动争议案件数作为衡量劳资关系潜在失衡风险的指标。以往的实证研究也多采用了这一做法。国内学者针对劳动争议的影响因素分析主要集中在定性方面,如常凯、程延园、夏小林、杨河清、吴宏洛、赵瑞红、王力南等,也有少数学者进行了定量研究,如周长城和吴淑凤、佟丽华和肖卫东、徐晓红等人。由于分析问题的角度不同,上述学者的看法稍有差异,但是归结起来,对劳动争议产生影响的因素可以分为以下五类：

第一类是经济增长与发展因素，主要用经济增长率与外贸依存度等变量来进行衡量；

第二类是劳动力市场因素，能够反映这类因素的变量包括城镇登记失业率、企业职工工资增长率、工会覆盖率等；

第三类是企业所有制类型因素，主要考虑的企业类型有国有企业、集体企业、个体与私营企业、外商投资企业，变量选择上多使用特定企业的就业人员比重；

第四类是社会保障因素，主要从城镇就业人员在养老、医疗、失业等保险方面所获得的福利状况进行考察，使用的变量是城镇就业人员养老、医疗与失业保险覆盖率；

第五类是制度因素，学者们都非常重视制度因素对于劳动争议产生的影响，相关的研究成果也颇多，既有对企业内部管理制度展开的研究，也有对政府劳动用工制度、收入分配制度、劳动力市场制度展开的研究，还有从劳资关系调整的法律制度、三方协商机制、集体谈判机制、契约规制、文化与道德机制等角度展开的对劳动争议产生影响的分析。然而，对制度因素或者说政策因素的定性分析比较容易，定量分析却存在数据难以获得的缺陷。而已有的定量分析所采用的变量多是以虚拟变量的形式引入的。

汲取众多学者的经验，并结合契约分析视角，本书认为劳动争议的影响因素蕴含在劳动合同的签订、执行与政府干预三个过程中。而劳动合同的签订与执行过程中涉及的与劳动者切身利益相关的因素无非是工资、工时、安全卫生以及社会保障等，虽然安全卫生与工时的数据不好获得，但关于工资与社会保险的数据就足以说明一些问题。如表 5-4 所示，我国历年受理的劳动争议案件中，因为劳动报酬与社会保险因素而引发的劳动争议案件数所占的比重均位于 20—40% 之间，二者之和超过了50%，这说明劳动合同的签订与履行因素对于劳动争议的发生具有较大的影响。

表5-4　　2001—2013年劳动争议案件按原因分受理情况表

年份	劳动争议案件数（件）	劳动报酬因素所引起的劳动争议案件情况		社会保险因素所引起的劳动争议案件情况	
		案件数（件）	所占比重（%）	案件数（件）	所占比重（%）
2001	154621	45172	29.21	31158	20.15
2002	184116	59144	32.12	56558	30.72
2003	226391	76774	33.91	76181	33.65
2004	260471	85132	32.68	88119	33.83
2005	313773	103183	32.88	97519	31.08
2006	317162	103887	32.76	100342	31.64
2007	350182	108953	31.11	97731	27.91
2008	693465	225061	32.45		
2009	684379	247330	36.14		
2010	600865	209968	34.94		
2011	589244	200550	34.04	149944	25.45
2012	641202	225981	35.24	159649	24.90
2013	665760	223351	33.55	165665	24.88

数据来源：根据2002—2014年《中国劳动统计年鉴》相关数据计算而得

此外，政府干预因素对于劳动争议的影响也不容小觑，这主要体现在政府对工会组建的支持以及对劳资关系调整所进行的法律规制上面。

二　本书模型构建、变量选取与数据描述

本书所构建的基本计量经济学模型如下：

$$Y_{it} = C + \beta X_{it} + \mu_{it} \quad 模型（5.1）$$

其中，Y_{it}作为因变量代表的是劳动争议案件数，这里用ln（每万人劳动争议案件数）来表示；C代表的是常数项，经济含义为不同省

份的差别效应,它包括了所有无法观察的不随时间而变化的特征;X_{it}代表所有能够对劳动争议产生影响的变量,根据上一小节的分析,我们这里选取的 X_{it} 变量主要包括从劳资契约的签订、履行与政府干预三个环节对劳动争议产生影响的因素。结合数据的可获得性,从劳动合同的签订与执行方面来说,本书选取的代表性变量包括工资增长率、城镇就业人员基本养老保险覆盖率、城镇就业人员基本医疗保险覆盖率、城镇就业人员失业保险覆盖率;而从劳动合同的政府干预方面来说,本书选取的代表性变量则主要是工会覆盖率与法律规制变量,为了验证法律变量对劳动争议所产生的影响,本书引入了两个虚拟变量,一个是针对 2004 年 3 月 1 日起开始实施的《最低工资规定》,另一个是针对 2008 年 1 月 1 日起开始实施的《劳动合同法》,在模型检验的过程中,本书将受到上述法律实施影响的年份的对应虚拟变量值设为 1,而将法律实施之前各年份的对应虚拟变量值设为 0。

在样本数据的选择方面,本书选取的是 2001—2013 年中国各省市的面板数据,但由于西藏的数据有缺失部分,故将它剔除,只考虑 30 个省市的情况。样本所用数据均来自于《中国统计年鉴》与《中国劳动统计年鉴》。通过对数据的整理可将各变量的主要统计性质表述如下(见表 5–5)。

表 5–5　　　　　　　　各变量主要统计性质

变量	样本量	最大值	最小值	均值	标准差
每万人劳动争议案件数	390	171.2	3.2	29.2	26.0
工会覆盖率(%)	390	81.22	8.16	28.64	12.94
实际工资增长率(%)	390	28.4	2.6	14.22	3.83
城镇职工基本养老保险覆盖率(%)	390	99.48	6.42	32.45	19.47
城镇职工基本医疗保险覆盖率(%)	390	99.72	1.5	28.00	20.18
城镇职工基本失业保险覆盖率(%)	390	71.53	5.82	18.96	11.74

三　模型回归结果及其分析

针对模型（5.1）做计量检验，运用stata12.0软件进行回归分析，我们发现被解释变量无论是单独与各个解释变量进行一元回归，还是将所有解释变量放在一起做多元回归都可以通过显著性检验，具体的回归结果如表5-6所示。

表5-6　劳动争议案件影响因素的面板数据模型回归结果（固定效应）

解释变量	Ln（每万人劳动争议案件数）					
	结果（1）	结果（2）	结果（3）	结果（4）	结果（5）	结果（6）
Ln（实际工资增长率）	-0.1955 (0.0947)					-0.0846* (0.0535)
工会覆盖率（%）		0.0436 (0.0031)				0.0064* (0.0033)
城镇职工养老保险覆盖率（%）			0.0354 (0.0030)			-0.0293 (0.0067)
城镇职工医疗保险覆盖率（%）				0.0378 (0.0022)		0.0187 (0.0039)
城镇职工失业保险覆盖率（%）					0.0266 (0.0057)	0.0111* (0.0061)
《最低工资规定》虚拟变量						0.3581 (0.0476)
《劳动合同法》虚拟变量						0.5430 (0.0467)
Constant	3.5732 (0.2707)	1.8142 (0.1323)	1.9137 (0.1317)	2.0039 (0.1119)	2.5583 (0.1411)	2.5747 (0.1944)
总样本量	390					
组数	30					
R-squared	0.0167	0.2812	0.3224	0.3528	0.2191	0.2424

注：上述结果均通过了显著性检验，括号内数字代表估计系数的标准差。*代表10%水平下显著。

根据上述模型检验结果，可以大致得出以下几个方面的结论：

第一，职工工资增长率对于劳动争议具有显著影响，并且从模型估计结果来看，工资增长率因素的回归系数为负，一元回归结果中的系数为 -0.1955，多元回归结果中的系数为 -0.0846，这说明，职工实际工资的增长会带来劳动争议的降低，因而对于劳资关系改善具有促进作用。这也意味着，职工工资增长率越低，发生劳资冲突的可能性越大。导致这种状况的根本原因在于资本利润侵蚀劳动工资会带来劳动者的不满从而爆发劳资冲突。具体来讲，劳动者工资水平的提高可以从促进经济增长、改变消费者需求结构、提高劳动者地位、增强人力资本投资水平、加强最低工资标准的政策执行力等几个方面有力地促进劳资关系的改善。因而，从当前我国劳动者劳动报酬份额小于企业盈余、企业"用工荒"、通货膨胀导致物价上涨等现状上来看，增加职工工资水平的政策措施值得进一步推进。另外，劳动者的工资水平是劳资双方通过谈判在劳资契约中进行约定的主要内容之一，工资增长率对劳动争议的显著影响恰恰说明了劳资契约的签订与履行对劳资关系失衡所产生的重要影响。

第二，工会覆盖率对于劳动争议具有显著影响。工会覆盖率的系数为正（一元回归中的系数为 0.0436，多元回归中的系数为 0.0064）说明工会组建程度越高，劳动争议越频繁。这可能是由于工人通过参加工会提高了维权意识但却没有产生维权效果所导致的。通常情况下，组建了工会的工人群体谈判能力增强，在与雇主的谈判中可以争取到更好的工资、工时以及社会保障权益，因而发生劳动争议的概率会逐渐降低，但这是建立在工会具有代表性、独立性与谈判技巧，劳资双方之间能够形成集体谈判机制，工会维权能够对"资强劳弱"不对等性谈判地位进行修正的基础之上的。中国的情况却并非如此，工会组建主要依靠政府自上而下推动，导致工会在集体谈判中的地位和代表性不足，并且在中国，劳资双方代表对集体谈判与集体协商的认识欠缺，使得工会的作用偏离了正常的轨道，不能促进劳资双方的有效沟通与协调，因而产生了工会组建率与劳动争议同步增长的非常态变化趋势。这同时也显示出，中国政府通过支持工会建设对劳资关系进行干预的过程中存在着制度失灵，中国工会制度仍需进一步做出调整。

第三，社会保险福利状况对于劳动争议具有显著影响。根据劳资契约理论，社会保险福利是资方对劳方劳动条件的满足，城镇职工医疗、养老、失业保险覆盖率对于和谐劳资关系的构建理应具有显著的促进作用，然而模型分析结果却显示，除了养老保险覆盖率具有这样的作用（在多元回归中，城镇职工基本养老保险覆盖率的估计系数为 -0.0293）外，其他两项保险覆盖率则恰恰相反。上述不符合常理的结果说明我国社会保险体系尚存在缺陷，其中最为明显的缺陷在于农民工及其家属的社保问题不能得到很好的解决。据统计，目前参加社会保险的农民工仅占城镇参保职工总数的10%左右，并且部分地区的农民工还出现了"退保"的现象。究其原因，除流动性大和就业缺乏稳定性等客观因素外，更主要的还是在于保险金的不能跨区域转移、社保关系缺乏操作灵活性、地域差异明显、农民工负担过重等制度性因素所导致的实施障碍。然而，农民工问题却是劳资矛盾最为集中与典型的所在。这便是导致即使城镇医疗保险覆盖率与城镇失业保险覆盖率有所提高，劳动争议仍然有增无减的原因。

第四，《最低工资规定》实施虚拟变量以及《劳动合同法》实施虚拟变量对于劳动争议状况具有显著影响，并且两者的估计系数普遍高于其他所有变量，分别达到0.3581与0.5430（都是多元回归的结果）。这说明，与其他变量相比，劳动法律机制的实施对于劳资关系的影响更加显著。因此，我们可以得出这样的结论：就目前的中国而言，劳资关系调整制度仍然以法律机制的作用最为突出，法律调整是我国政府干预劳资契约的最重要方式。

综上所述，上述计量模型的结果显示：我国职工工资增长率、社

第五章 中国传统劳资关系失衡的契约理论阐释

会保险覆盖率、工会覆盖率、《最低工资规定》与《劳动合同法》实施虚拟变量等因素均对劳动争议具有显著影响。前两个因素主要是从劳资契约签订与执行方面提取出来的重要影响因素，后三个因素则主要是从政府干预角度提取出来的重要影响因素。这说明，本书从契约视角对我国劳资关系失衡问题所做出的理论阐释是能够得到实践的验证的，从制度视角研究劳资关系及其调整问题具有合理性，而契约作为一种规制人们交易活动的最重要制度安排，最有可能为劳资关系的失衡问题提供合理的解释与说明。然而，这仍然不能掩饰本书在计量分析中的部分缺陷。首先，由于数据可获得性的限制导致本书在分析中难以对涉及劳动者切身利益的包括劳动合同签订率、工时、安全卫生设施覆盖率等在内的所有变量进行考察，从而不能更加全面地对劳资关系潜在失衡风险的影响因素进行验证；其次，模型中使用的制度影响因素仅仅体现在工会覆盖率、《最低工资规定》与《劳动合同法》的实施上，可以部分说明问题，但代表性不强，关于现有劳资关系调整制度的影响仍然需要进行细化分析，构建制度绩效指标体系，并且通过实际调查取得一手数据，这是笔者日后要去弥补和钻研的内容；再次，本书对于劳资关系潜在失衡风险的影响因素验证只是选取了"劳动争议案件数"这样一个数据可易获得的被解释变量指标，可以大致说明问题，但是具有不全面的缺陷，因为中国当前的劳资冲突事件具有法外运行的非正规性特点，劳资关系失衡除了劳动争议案件之外还包括了更为丰富的内容。

第六章 劳资关系政府干预的国际经验借鉴

西方发达国家劳资关系调整具有悠久历史，在契约不完全条件下，早期资本主义劳资关系所具有的剥削性、强制性以及斗争性已严重影响到资本主义生产、经济发展与社会进步，为此，当代西方国家政府纷纷从促进就业、劳资关系立法、推动集体谈判制度发展、构建劳动争议处理制度等方面对劳资关系进行了调整，以美国、德国和日本最为典型，这些国家的实践形成了诸多可资中国政府进行借鉴的成功经验。

第一节 美国政府干预劳资关系的政策与措施

进入国家垄断资本主义时期以后，随着劳资矛盾与冲突问题的逐步扩大化，美国政府对劳资关系调整问题十分重视，把其列为亟待处理的问题之一，还提出了在全国建立劳资双方伙伴关系的政治主张。目前，美国政府出面对劳资关系进行干预的措施主要体现在劳资关系立法、对劳资集体谈判制度的推动、多样化的劳动争议处理制度以及促进就业的积极劳动力市场政策等方面。

一 以均衡和制约为出发点的劳资关系立法

美国不同领域都存在各种各样的立法。为了更好地促进劳资关系调整，美国政府构建了独具特色的劳资关系立法体系。大致上，可以将劳资关系立法分成两种类型：一种是有关劳资关系各种标准的立法，如最低工资标准、工时标准以及其他劳动条件标准等；另一种则是与劳资关系调整有关的各种机构、机制或方法的立法，如对集体谈判中的劳资双方代表权确认的立法、劳资关系调整机构的职责和运作方式的立法等。后一种立法类型适应了美国集体化、自由化劳资关系调整的需要，目的在于为劳资双方构建自主协商的广阔平台。

纵观美国劳资关系调整的立法历史可以发现，美国的立法模式在协调劳资契约关系问题上并不建立专门的调整性法律法规，而是按照普通法，采取判例法形式协调劳资关系，其基本特点是"以均衡和制约为主要出发点"。"均衡"针对的内容是劳资双方的博弈力量，它是指通过立法来保持劳资双方博弈力量的对等。"制约"针对的内容是劳资双方在集体谈判时可能进行的集体性争议行动，它是指通过立法来约束劳资双方的行为，从而避免影响公共秩序的不良现象的发生。

美国的劳资关系立法是在充满了"血腥"味道的劳资关系发展史中产生并不断演化出来的。19世纪20、30年代的时候，工人组织的规模大一点的罢工几乎都是被军队与资本家强制性地使用暴力镇压下去的，那时候的政府政策对资本家剥削工人的状况采取的是"默许"与"纵容"态度，然而，资本家与政府的双重压力非但没有将工人的反抗情绪彻底镇压下去，反而加剧了劳资之间的仇恨，劳资矛盾不断激烈化。一时间，美国整个社会被劳资矛盾所带来的不安笼罩着。在这种情况下，美国政府才逐步认识到"缓和手段"在处理劳资关系问题上的重要性，并于1935年颁布了《国家劳资关系法》，该法赋予工人以组织和参加工会的权利使工会得以合法化,并赋予劳工"集体谈判权"以增强劳方谈判力量,为劳资双方构建自主谈判的平台与空间。同时,为了保证工人集体谈判权与团结权的实现,美国政府还专门成立了监督雇主的机构,用以监督和处理损害工人权利的雇主行为。在《国家劳资关系法》的承认下,工人集体的力量不断发展壮大,工人运动如火如荼地开展了起来,集体谈判制度得以发展,由此给工人带来了福利上的诸多改进。然而,物极必反,美国劳资关系立法起初给予工人的结社与谈判的绝对自由权使工会力量无限制的增长,带来了劳资关系的倾斜,资方的利益受到极大损害。以纽约州水牛城某企业的集体谈判案为例,过分强大的工会力量使集体谈判后工资增长水平超过了企业能够承受的范围,最终导致该地区多个企业纷纷外迁,对该地工业发展产生恶劣影响,这个事件后来成为美国劳资关系发展历史上的一个典型案件。以此为转折点,美国政府开始注意到要从均衡与制约角度出发,才能更好地平衡劳资双方的谈判力量,也才能促使集体化劳资关系朝向稳定有序的方向发展。为此,美国政府于1947年重新修订了《国家劳资关系法》,该法修正案不仅规定了工人具有结社的自由,也规定了工人具有不参加工会的自由,还规定了企业能够雇佣临时雇员代替那些参加罢工的员工从而保证生产的顺利进行。此后,均衡与制约成为美国制定劳资关系立法的基本出发点和根本依据,直至后来,"伙伴关系"政治主张的提出以及企业内部民主程度的提高。美国政府一直奉行着这一基本原则,巧妙地利用立法来平衡劳资之间的博弈力量,以此来推动劳资集体谈判制度的发展、提高劳资契约自我执行的效率并促进劳资关系的稳定与和谐。

二 政府对劳资集体谈判制度的推动

美国劳资关系调整建立在劳资双方自主协商与谈判的基础之上,

无论是劳资关系的建立，还是劳资关系的维护，以及劳资争议的处理大多是劳资双方自主确定和协调解决的。在这其中，完善的集体谈判制度发挥了重大作用。目前，美国劳资双方都十分重视集体谈判和集体合同的效力，集体谈判和集体合同呈现出谈判规范化、合同期限多样化、合同内容更加全面细致化等特点，这在一定程度上得益于政府的干预与支持。而美国政府的具体做法包括以下几个方面：

第一，确认工会代表权的制度。

前已述及，美国的劳资关系立法是以均衡与制约为出发点的，其中必不可少的一点便是从增强劳方博弈力量角度出发的对雇员参加工会的权利以及工会行使集体谈判权的法律规定。此外，美国政府还对工会代表权问题做出了不同于其他国家的特别规定。美国劳动法对代表多数雇员的工会赋予排他性的代表权，即在进行集体谈判时，由工会代表的雇员以多数通过的原则选举或指定的代表是全体雇员利益的唯一代表，只有他们能够代表雇员就工资、工时、劳动条件等问题与雇主方代表进行谈判，其他任何组织和个人都不具有代表资格。然而，由于美国的实际情况是一个企业可能同时存在多个工会，为此，工会代表权的确认就需要组织全体职工参加的选举大会，只有通过工人选举产生的代表性工会才能够代表雇员与资方谈判，雇主必须无条件地承认其谈判资格。

第二，美国政府对劳资集体谈判制度做了大量辅助性工作。

美国政府在推动劳资之间集体谈判制度上面除了平衡劳资双方的力量并赋予工会代表权之外，还采取了诸多辅助措施来帮助劳资双方进行集体谈判，这类辅助性工作主要包括：（1）发布各种物价、工资标准、企业盈利状况以及国际竞争状况等方面的信息，帮助劳资双方的谈判代表认清国际国内形势，从而使谈判在更加客观的基础上进行，避免盲目与盲从性；（2）对建立集体劳资关系的工作给予资金上的支持,促进有困难企业、行业以及产业的集体谈判制度的发展;(3)做好正面效应的宣传工作,树立典型,寻找经验,增强劳资双方谈判的信心。为此,美国每年都会召开一次全国性的劳资关系宣传大会,会上经常会请一些具有丰富谈判经验的企业与工会代表发言,引导劳资谈判朝着和解与稳定的方向发展;(4)为了促进劳资谈判的科学性与稳定性,美国政府还会经常开展对谈判相关人员的培训,提高企业代表与工会代表的谈判水平与技巧,并将政府在集体谈判方面对劳资双方的期望灌输给他们,从而在组织上保证谈判按照预期的目标发展。

第三,作为调解者,积极介入谈判过程。

虽然美国政府一直坚持的是自由主义原则,即在劳资谈判过程中不多加干涉,但出于稳定考虑,美国政府还会在劳资谈判陷入危机与僵局之时适当地介入进行调解,为此,美国成立了联邦调解调停署,在实践的过程中,调停署的调解员会与企业和工会保持经常性的沟通与联系,跟踪集体谈判的最新情况。同时,在立法层次,美国政府对于集体合同制度做出了在合同终止期到来之前60天内向调解调停署报告的规定,这就在制度上为政府对劳资谈判的干预提供了保障。

三 多样化的劳动争议处理制度

适应市场经济中劳资关系复杂化、多样化的要求,美国在劳动争议处理方面也逐步建立了多条渠道、多种形式的劳动争议处理机制。

第一,充分发挥劳资双方的自主性,注意把争议解决在基层。

我们发现,美国企业内部一般都会有专门从事劳动争议处理与解决的机构,如车间委员会、企业劳资委员会中的专门委员会等。这些机构主要是针对企业内部劳资争议进行调解与处理的,一般在集体合同中对这些机构解决争议的程序和方法都会有明确的规定,这样做的目的在于落实工会在企业内部的调解工作,并在劳资争议发生时以协商的、温和的态度解决问题。例如,"明尼苏达州圣波尔汽车修理业联合会与工会订立的集体合同中规定,车间设立5人组成的车间委员会,发生争议后,工人或工会小组负责人首先向车间委员会成员申请解决,不能解决的由工会小组负责人将争议提交到车间委员会,由车间委员会进行调查后提出处理意见。如仍不能解决,则争议交由企业工会负责人和公司有关部门负责人共同处理。如果在30天内按上述程序还不能解决争议,则争议当事人需以书面形式写明争议原因、具体要求等事项,提交到企业劳资委员会中的专门委员会处理"①。类似的这种程度与办法看起来很烦琐,使争议处理过程太过费时费力,但实施中的效果却特别好,普遍受到了职工与企业的欢迎,因为很多劳资争议通过这种方式得以在企业内部解决,避免了争议外部化的成本损失。另外,把争议解决在基层的方式还能够使劳资双方在企业内部充分地沟通,这无疑是一种直接的沟通平台,有助于劳资和平对话。目前,美国政府已经在积极地帮助企业实现劳资争议处理的内部化,通过资金支持或者颁布法案的形式,帮助企业建立劳资关系协调委员会,做好预防劳资争议的工作。

第二,针对不同类型的劳资争议,分别采取不同的处理方法。

不同类型的劳资争议产生的原因不同,同时也会产生不同的后果,因此需要不同的处理手段和方法,这是美国劳资争议处理体制中一条非常重要的经验。美国政府没有颁布专门的劳动争议法,而是在辅助建立各层次的劳资争议处理机构的基础上,授权各机构自行制定劳资争议处理程序,以讲求实效为目的,采用多种处理办法。如集体合同中规定的对于劳资争议的处理程序与办法,以及劳动仲裁委员会根据以往惯例所制定的仲裁规则等。一般来说,美国政府推崇的是各种劳

---

① 任泽民、阎友民、梁满光等:《美国劳资关系调整制度的若干方面》,《中国劳动科学》1995年第1期。

动争议在企业内部和解，是工会会员的可借助工会的力量与资方平等对话，不是工会会员的也可自己推举代表与资方协商解决。只有对于那些在企业内部无法通过和平协商方式加以解决的劳动争议，才会提请联邦或州的调解调停署介入解决，再无法解决的，当事人还可以通过行使集体行动权的方式（如罢工、闭厂等）来迫使对方做出让步。此外，因履行集体合同或解释集体合同条款发生的争议，当事人可以按照合同中的约定或事后约定申请仲裁，也可以直接到法院起诉。

第三，针对特殊行业的劳资争议提出特别的处理办法。

美国政府对于劳资争议的处理还会针对特殊行业采取特别的办法，最为典型的便是对关系国家公共利益的行业如铁路和航空业所发生的劳资争议的处理。美国有专门的法律规定，这些行业的劳资争议必须首先由国家调解委员会进行行政调解，如果双方当事人愿意接受调解，则这种调解是没有任何期限限制的。这就意味着，一旦当事人接受调解，那么双方最终就一定会达成和解协议，只是时间的长短问题而已。如果当事人对调解结果并不满意，准备采取罢工等形式进一步争取自己的权益，那么此争议就要移交由总统指定的3人紧急小组进行处理。法律规定，该小组只负责处理紧急情况，并必须在30天内提出争议处理建议。在此期间，争议双方当事人不得真正行使罢工、闭厂等争议权，不得对公共秩序造成不良影响，而必须按照国家调解委员会的方案行事，或者继续履行原有集体合同的规定。如果在这第二个30天内争议仍不能解决的，就要提交给总统，由议会来进行解决，并以法律的形式确定下来。

四 促进就业的积极劳动力市场政策

在就业政策方面，美国政府经历了一段由"自由放任"到"积极干预"的过程，早在20世纪30年代的经济危机发生之前，美国政府认为失业只是劳动力市场进行自我运行和调整的暂时性现象，因而无须对就业与失业问题进行干预。然而，大危机爆发之后，"完美的市场"思想被彻底打破，全国性的失业现象出现，雇员在这种情况下处于更加不利的地位，很大一部分工人因为要养家糊口不得不降低自己在劳资契约中的要求，导致"失业"与"低工资"现象同时并存，共同威胁着劳工利益的实现。此时，美国政府开始实施促进就业的积极劳动力市场政策，通过直接的和间接的各种手段提高劳动力市场的就业水平。

美国政府所采用的直接手段除政府经常性雇佣大批劳动力外，还包括运用财政拨款作为公共支出兴办一些项目和计划，从而扩大公共部门或私营部门的劳动力需求；而政府采用的间接手段则主要是借助税收政策和货币政策的作用，形成对劳动力需求的影响，以税收政策为例，它的影响与作用途径为：税收——资本投资——企业劳动力需求。通常会有两种不同的操作路径，一是增税，即通过提高税率和降低起征点来增加政府财政收入，用于公共部门投资或直接用于创造就业机会，达到提高就业水平的目的。但是，根据"挤出效应"，政府投资的增加势必会产生对私人投资的挤占，从而使私人投资领域减少对于劳动力的需求，产生一定的就业抵消效果；二是减税，即通过降低某些私人投资企业的税率或提高其起征点的办法促进私人投资规模，进而使其产生较大的劳动力需求，具体的实施办法包括：用税收减免优惠政策刺激投资、用加速折旧方法鼓励企业较快收回投资后再投资等。

前述的就业政策主要是从增加劳动力需求角度对就业状况所进行的调节，而从劳动力供给角度所进行的调节则主要是通过人力资源政策实现的。美国政府人力资源政策的目标是根据经济发展对劳动力需求所提出的要求来调节与改善劳动力供给，进而改进劳动力市场在劳动力资源配置上的功能，促进就业，实现劳动力供求结构的平衡。具体的做法包括：（1）开展职业预测，即对一段时间内劳动力市场所能够提供的就业职位的预测，预测数据可用来为教育部门提供信息参考，从而使其更好地制定培训计划。由于各行业劳动力市场供求状况取决于供需双方的相互作用，因此职业预测过程必须同时对雇主行为与工人行为进行全面监测，才能提供更为可靠的结果。美国的职业预测过程是由劳工部门的官员在所划定的劳动力市场地区范围内进行的，劳工部门会在各地区设置专门的责任机构，并由劳工部预测局对各地区的预测进行指导与帮助；（2）加强教育培训。三次科技革命的发生使新技术、新工艺在生产活动中得到推广与应用，这对劳动者的综合素质提出了越来越高的要求，为了适应这一发展趋势，美国政府不断地加大教育培训支持，增加对基础教育、职业教育与高等教育的投资；（3）帮助失业者实现再次就业。对于失去了生活来源并无力承担职业培训费用的失业者，美国政府会给予再就业援助，对其进行免费的训练与培训，帮助他们重返工作岗位。

第二节　德国政府干预劳资关系的政策与措施

德国是欧洲少数几个劳资关系处理得比较好、劳资双方能够和谐相处的国家之一。根据以往德国政府对劳资关系所进行的调整措施可以看出，德国很重视劳资契约在劳资关系调整中的作用。针对雇员在劳资契约中的弱势地位问题，德国政府采取了维护雇员权益的诸多措施，大体上可归结为两种相互补充的方法：一种方法是采取国家专项立法形式进行干预，尤其在劳动标准方面通过制定国家基准形成雇佣合同和劳资协议的底线；另一种方法是利用法律允许的"自我帮助"空间进行干预，即由雇员和工会通过自身努力改善薪酬待遇和劳动条件。此外，针对近年来出现的大量失业现象，德国政府对雇员权益的保护还体现在通过国家财政补贴构成就业促进体系方面。

一 对"劳资协议自治"的推动

在德国，劳资协议是实现雇员利益和创设相应权利的最重要的手段。劳资协议相当于其他国家的"集体合同"，其产生的方式是工会与雇主组织的谈判，因此，"劳资协议自治"是集体谈判与集体合同制度在德国的具体表现形式。劳资协议的主要内容是有约束力地规定每月的薪酬或每周的工作时间等最低的条件，这些规定往往会超越法定的保护水平。通过缔结劳资协议，可以在最低程度上维护雇员的合法权益。政府对"劳资协议自治"的推动主要体现在以下两个方面：

第一，通过颁布法律来保证劳资协议的实施。虽然对于每个雇主来说，遵守劳资协议是一个至为重要的成本因素，但法律规定了雇主有遵守劳资协议的义务，并且赋予了工会、企业职工委员会以及全体雇员以监督雇主履行劳资协议的权利，从而保证劳资协议的强制执行。例如，《企业组织法》第80条第1款第1项规定企业职工委员会可以监督劳资协议的履行，一旦发现雇主违法，企业职工委员会可以与雇主谈判；又如，根据《劳资协议法》的规定，工会可以要求雇主方重视劳资协议，如果雇主违法的情况相当清楚，工会或者雇员也可以尝试通过集体诉讼的办法来争取自己在劳资协议中应该享有的权益；另外，对于雇主不履行劳资协议的情形，根据德国《民法典》第273条的规定，雇员通常可以以不进行劳动相威胁迫使雇主做出让步。

第二，通过平衡劳资双方的力量促成劳资谈判来推动"劳资协议自治"。虽然德国政府颁布了很多法律对劳资协议的履行施加影响，但对于劳资协议的产生，德国政府采取的并非直接干预的方式，而是将自由还给劳资双方，由劳资集体谈判来促成劳资协议的达成，这也正是"劳资协议自治"之名的真正涵义。然而，这里的"自由"并非绝对的，而是经过政府修正之后的"自由"。由于雇员在个别劳资关系中处于弱势地位，政府必须要在增强劳方谈判力量的基础上去推动劳资双方的公平谈判，为此，德国政府通常采取的措施是给予劳动者以"劳动三权"，让劳动者成立工会，从而与雇主方展开集体性的较量，并最终签订双方都能接受的劳资协议。

前文已经述及，"劳动三权"是劳动者获得合法的组织权利、工会能够真正具有代表性并且能够与资方抗衡的最基本权利。然而，"劳动三权"的过分保护又会带来对资方的不公从而造成投资不足等破坏性影响，因此，德国政府在这个问题上采取了"合理保护、适当限制"的政策，在对"争议权"的拿捏上更是如此。"争议权"在德国称为"罢工权"，德国首先对罢工的合法性予以规定。联邦劳动法院1955年1月28日做出的第一个原则性判决中对罢工做出了描述："在一定界限内，劳资斗争（罢工与禁止上班）……是允许的，在联邦德国，自由和社会的基本秩序中，劳资斗争也是允许的。由于进行劳资斗争而中断企业的工作在社会性上是适当的，因此参与斗争的雇员与雇主从一开始就必须考虑到由社会伙伴领导进行的这种斗争所引起的干扰，德国的自由法律秩序承认这种劳资斗争是最后手段。"① 后来，人们提出"自由和社会的基本秩序"来保障罢工，1980年的《基本法》第9条第3款也在实质上保障了罢工这一斗争形式与调解制度。后来，为了避免赋予工人"罢工权"可能会造成的破坏性影响，德国联邦劳动法院又通过两种措施对罢工进行限制，一是规定了工人能够实施罢工的一些合法原则，例如，罢工必须是为了达到劳资关系规定的目的、罢工不能违反劳资协议的和平义务、禁止政治性罢工、罢工不能违反比

---

① ［德］沃尔夫冈·多伊普勒：《德国雇员权益的维护》，唐伦亿、谢立斌译，中国工人出版社2009年版，第39—40页。

例原则、罢工不能违反公平斗争的原则以及不得出于任何其他原则违背公序良俗等等。根据这些原则，只有工会组织的、为改善薪酬和工作条件而举行的罢工才是完全合法的。二是赋予雇主以与雇员"罢工权"同等的"争议权"，即禁止上班权。这指的是雇主可以在劳资协议区域内禁止雇员上班，这里的"劳资协议区域"指的是人们为之斗争的劳资协议适用的地域范围。禁止上班与罢工一样，也完全受《法官法》的原则调整，德国政府的出发点是坚持对等原则。雇主联合会与工会在原则上应当享有对等的贯彻意愿的机会，任何一方都不应具有将结果强加于另一方的想法。禁止上班与罢工一样，将终止雇佣关系，并且还会取消雇员要求薪酬的权利。此外，对于禁止上班，德国政府也同样在法律上规定了合法性的限制原则。

二 对"劳资共决制"的支持

与英国、瑞典或美国等国家不同，在德国，除了工会以外，还有企业职工委员会来维护雇员利益，这两个组织同时并存，在劳资关系运行中共同发挥作用。德国政府通过支持企业职工委员会与雇主共同决定企业重大事务的形式形成"劳资共决制"，也可以达到保护雇员的目的。具体的支持措施主要有：

第一，通过承认并保护企业职工委员会的合法地位来对企业事务进行民主监督与管理。《企业组织法》对企业职工委员会的选举和法律地位进行了明确规定，企业职工委员会由企业的全体雇员选举产生，任期四年，前提是企业至少长期雇佣5名雇员。而企业职工委员会中的成员人数则根据企业雇员人数的增多而增加，一般设立不同的等级。对企业内部管理事务，由企业职工委员会来进行监督，在一个企业相对狭小的范围内，这种监督比通过一个拥有数十万会员的大规模组织的监督更切实可行，这种监督也可以针对维护雇员利益行为本身。

第二，赋予企业职工委员会参与权和共决权，在满足一定前提的情况下，有效地维护雇员利益。《企业组织法》第 80 条第 1 款中赋予企业职工委员接受雇员"建议"，并通过与雇主谈判"了结"有关事项的权限；监督法律、事故预防规范、劳资协议等的遵守情况的权限，这是最基本的参与权。政府赋予企业职工委员会的参与权还体现在：雇主在做出某些决定之前，应听取企业职工委员会的意见；对于企业可能采取的一些新事务如计划采用一套新的工作流程等，应让企业职工委员会尽早参与，以便能在做出决定时考虑它的意见……；总之，企业职工委员会的"参与权"实质上指的是它的投票或意见虽然不能阻止雇主的决定，但却可以拖延决定时间或者对决定的后果产生影响。企业职工委员会工作的重点是行使"共决权"，"共决"的含义是在需要共同决定的领域，企业职工委员会与雇主必须共同行动，即"分享行动的权利"，这意味着：（1）如果雇主独自采取行动，则其决定是无效的；（2）企业职工委员会有权在共决的领域提出自己的建议，而雇主必须就此与之进行谈判；（3）如果雇主与企业职工委员会达成一致，则可以缔结"企业合同"，该"企业合同"的作用与劳资协议相类似。

第三，政府通过劳资仲裁处直接介入"劳资共决制"。这种干预适用于企业职工委员会与雇主未达成共识的情况。劳资仲裁处是一个劳资双方成员力量对等的组织，它由数量相同的雇主和企业职工委员会的代表组成，而由政府劳动管理局或者劳动法院选派代表出任主席，主席的一票最终起关键作用，因而保证了政府对"劳资共决制"的介入。劳资仲裁处在没有旁听公众的情况下进行的诉讼程序与劳资谈判有许多相似之处，在持中立态度的劳资仲裁处主席的压力下，劳资双方意见一般会达成一致。

第四，政府通过对雇主侵犯参与权或共决权的行为进行惩罚来保证企业职工委员会的地位不被动摇。《企业组织法》第 119 条规定，故意蔑视企业职工委员会的共决权的行为应当受到处罚。企业职工委员会和各个在有关企业有会员的工会都可以就此提起刑事立案申请。

三 以"劳动诉讼程序"为特点的劳动争议处理制度

德国政府向来支持劳资自治与劳资共决，但针对通过这两种形式仍然无法解决的劳资争议，德国政府也设立了劳动争议处理制度，只不过，这一制度在德国主要表现为劳动诉讼程序。"劳动诉讼程序"指的是如果雇主违反法律规定，雇员不能罢工或者主张"共决法"，那么，劳动法院可以来纠正违法行为，雇员对此不必事先进入调解或仲裁程序，而是可以直接向法院提起诉讼，雇主与雇员之间的争端属于劳动法院的管辖范围。

德国政府在推动劳动诉讼程序运行的过程中表现出来的态度是在保护雇员合法权益的基础上尽量促成劳资双方的和解。这主要体现在设立"调解审理程序"与"裁定程序"两个方面。

所谓的"调解审理程序"指的是如果一个雇员对雇主起诉，则应进行一个判决程序，由职业法官进行调解审理，如果调解审理未解决争端，则几个月之后再进行对抗审理。这一"调解审理程序"遵循加快审理原则，也就是，应以较短的期限来确保审理顺利进行。政府之所以规定"调解审理"这一环节，目的在于促使单个雇员与雇主达成"和解"。由于这种原因，必须对争端起决定作用的各种情况进行讨论，即使第一次尝试失败，法院也应该在继续审理的过程中力求以调解的方式解决法律争端。"调解审理"程序起到了很好的效果，2006 年，德国劳资争议案件中，有 52% 以上的案件以和解方式结案。

而所谓的"裁定程序"指的是企业职工委员会与雇主之间发生争端时所必须经过的和解裁定程序。根据《劳动法院法》的规定，可以确定一个日期促成双方和解，但这并不是强制性的，该程序以一个

"裁定"结束。企业职工委员会可以自己进行诉讼程序，也可以由工会的法律秘书或律师来代理。

四　国家财政补贴的就业促进体系

为了降低 1975 年以来出现的大量失业给工人所带来的权益损失威胁，德国政府采取了一系列措施改善劳动力市场状况，包括：减少劳动法保护规范以充分开放市场、抵御其他国家廉价劳动力的进入以保护本国劳动者、通过禁止歧视反对排斥特定群体从而保护特殊劳动者、通过改善投资条件来增强人们在德国的投资意愿以及通过国家财政补贴形成就业促进体系等。这里，仅以国家财政补贴的就业促进体系为例，认识德国政府的劳动力市场调节政策。

德国的劳动管理部门一直试图自力更生地创造就业，因而形成了由国家财政补贴支持的促进就业的若干措施：（1）公共资金资助的"再就业措施"。这主要指的是"附加的、公益性"的工作岗位，所谓"附加的工作"是指不使用失业者时也不再需要其他（正常）劳动力进行填充的工作；而所谓"公益性工作"是指不以盈利为目的的工作。因此，颇为典型的是在公共部门安置再就业人员，他们通常是通过其他途径找不到工作的失业者，而且失业已经持续了一段时间。（2）"融入社会补贴"措施。这一措施是在雇主雇用了一个难以找到工作的失业者的情况下采用的，政府对这样的企业予以补贴。补贴最多不超过劳动报酬的 50%，为期最长 12 个月。这类失业者包括没有专业技能的雇员、年老者和重残人员，倘若企业雇用了重残人员，补贴的幅度还可以加大。（3）"雇佣补贴"措施。该措施适用于新成立的公司，如果公司在新成立的头两年中雇用了失业者和需要资助的雇员，政府会给雇主提供雇佣补贴，但最多可同时为两名雇员提供补贴。（4）"创业补贴"。这项措施是针对自主创业的失业者的。如果失业者想自主创业，比如开一家小店或一家出租车公司，就可以向政府申请得到这种创业补贴，但创业者必须能够向劳动管理部门证明自己拥有自主经营所需的知识和能力，并且所选创业项目是具有经济可行性的。另外，创业补贴须取代之前领取的失业金，最多提供九个月的创业补贴。（5）就业轮流制度的"进修补贴"。德国政府针对失业者弥补进修人员岗位的情况提出了进修补贴措施，如果一名雇员想要去进修，因而被雇主派往一进修机构进修数月，则其替代者的薪酬由国家财政补贴，但前提一定是替代者在此前已经失业。（6）"每小时一欧元的补贴"，这一措施主要是针对领取基本生活保障金的失业者，可以介绍去从事"有额外费用补偿的工作"，这里的"工作"必须是"公益性的和额外的"，与"再就业措施"的先决条件一致，接受这一计划的失业者必须与联邦劳动局签订一个名为"融入社会"的协议，该协议规定了他们工作的内容和详细条件，在这种情况下，"自愿工作"就变成了强制性的工作，具体实施主要由"联邦劳动局落实就业协助处"来规定。通过这一措施，失业者可获取至少每小时一欧元的"补偿"。

第三节 日本政府干预劳资关系的政策与措施

劳资关系的日本模式以稳定与合作著称，日本企业的"年功序列工资制度""终身雇佣制度"等成为在国际上都享有盛誉的维护"雇佣安定"与和谐劳资关系的"法宝"。从一定程度上来说，日本劳资关系的相对稳定是通过长期雇用实现"雇佣安定"才得以维持的，日本政府正是通过维护"雇佣安定"的各种政策与措施来保护劳动者的基本权益，从而从根本上改变了劳方的弱势地位。日本政府对劳资关系进行的干预主要表现为：促进"雇佣安定"的就业维持政策、严格执行的劳动基准与劳动监察制度、促进劳资双方的集体交涉制度、劳动争议处理制度①。

一 促进"雇佣安定"的就业保障政策

日本"雇佣安定"社会标准的建立在很大程度上归功于政府的就业维持政策。二战结束后一直到2008年全球金融危机，日本政府出台的雇佣政策分为两个明显不同的阶段，在这两个阶段中，虽然日本雇佣政策的调整重点有所不同，但最终着眼点都在于对就业的促进与维持。第一个阶段是二战后到20世纪60年代中期，日本政府主要是通过诸如失业福利、创造就业等救济措施、增加公共部门的工作岗位、实施应对失业的措施等来减少失业，雇佣政策的重点在于调整性解雇措施；第二个阶段是20世纪60年代中期以后，随着长期雇佣模式的普及，日本政府雇佣政策的焦点转向预防性措施，比如，提供各种补助使得遭受经济困难的雇主留住他们的劳动者，而不是采取调整性解雇措施，特别是对那些因经济下降而暂时停业的雇主，"雇佣调整补偿"（现行的"雇佣调整帮助补偿"的前身）对雇佣安定的维持起了很大作用。总之，日本政府雇佣与就业政策的主要焦点一直都是维持就业、预防失业，而不是在失业发生后，再去吸收失业人员。这一点从日本职业培训的特点上就可以体现出来，在日本，职业培训并非公共性的职业培训，如为失业人员提供免费培训从而帮他们找到新工作等，而是采取适当的措施支持公司进行在职或脱产培训，使雇主能够留住他们的劳动者。

在经历了金融危机之后，针对日本经济有所下滑的情况，日本政府的雇佣政策又有所转变，将重点从保障就业转向在不失业的前提下重新配置和转移冗余劳动力。具体的措施主要指的是对招募、就业安

---

① ［日］荒木尚志：《日本劳动法》，李坤刚、牛志奎译，北京大学出版社2009年版。

置和劳动力供给的规制。在招募与就业安置问题上，政府规定雇主在尊重《雇佣安定法》对招募方式所做的规定条款下可以自由招聘劳动者，但对私营安置服务机构的一般性收费禁止规定予以放松管制，使私营就业安置服务机构成为公立就业机构的伙伴，为雇主招募员工提供更为便利的条件。政府对有偿就业安置服务规制的放松主要体现在《雇佣安定法》的修订案中。根据该修正案，以前采取的"许可目录"制度，即职业服务范围仅限定在行政许可的范围内，被现在采取的"禁止目录"制度所取代，取消了一般性禁止，禁止范围限定在特定的职业。在劳动力供给的规制上，日本政府严格禁止经营劳动力供应，即严格禁止雇主不直接和劳动者签订劳动合同，而通过劳动力供应经营者获得劳动力。使用非法劳动力供应者提供的劳动者的企业会受到刑事处罚，仅有的例外是，工会在获得卫生、劳动和福利部部长的许可后，可以免费从事劳动力提供业务，且必须依《劳动者派遣法》提供劳动力，劳动者派遣业务已在很大程度上自由化了。

尽管如此，从预算分配上来看，日本政府的就业维持措施依然非常重要，政府正在增加支出，鼓励劳动力流动，以应对不断增长的失业，只是目前的就业政策开始注重在维持传统的保障就业措施的同时，适应劳动力多样化的发展趋势，也对过于保障常规就业劳动者的就业平稳性做部分就业政策调整。

二 严格执行的劳动基准与劳动监察制度

在日本，劳资契约主要表现为三种形式：单个雇员与雇主签订的劳动合同、雇主单方面制定的工作规章、企业层面劳动者代表与雇主签订的集体协议。这三种形式劳资契约的优先级从高到低排列为：集体协议——工作规章——劳动合同。而集体协议的内容要严格遵循《劳动基准法》的规定，可见，日本企业员工在劳资契约中的弱势地位在很大程度上受到劳动基准制度的保护。

日本的劳动基准与劳动监察制度非常严格，首先体现在劳动者保护立法方面。雇主和劳动者之间的个别劳动关系由劳动保护法律规制，诸如：《劳动基准法》《最低工资法》《工资支付保障法》《劳动安全卫生法》《劳动者事故补偿保险法》《雇佣机会平等法》等。其中，最基本和最重要的是《劳动基准法》，其他的一些法律，如《最低工资法》《劳动安全卫生法》和《劳动者事故补偿保险法》等是《劳动基准法》相关条款的延伸，另外的一些法律则是《劳动基准法》中一些规定的进一步发展，因此，这种劳动者保护法的范围一般都是劳动基准制度的法律保障。此外，日本劳动者保护立法的情况还反映出，在关乎雇员基本权益的劳资契约立法方面，日本模式更加注重劳资契约具体规定的逻辑联系，即劳资契约的相关内容规定可以在不同法律法规中找到依据，从而使劳动者受到不同法律的保护。如此一来，那些逻辑关系强的条款被写进契约便可以有效地提高劳动者被保护的程度。

其次，日本的劳动基准执行、劳动监察制度的实施能够得到雄厚的行政力量支持。在日本政府的行政机构方面，2001年1月由原来的劳动者和健康福利部合并成立了厚生劳动省。在厚生劳动省中，有几个部门负责劳动法的执行和实施，厚生劳动省在47个县建立了劳政事务所，在地方负责法律实施。这就为劳动基准制度的执行提供了机构上的保障。厚生劳动省中的劳动基准局负责执行由《劳动基准法》《最低工资法》《企业安全健康法》等确立的劳动标准，劳动基准局还负责执行《劳动者事故补偿保险法》。劳动保护立法的实际执行由各辖区中的劳动基准监察署负责，全日本有343个劳动基准监察署，约3500名劳动标准监察员。劳动标准监察员有权监察工作场所，要求提供文件和记录，询问雇主和劳动者。除此以外，对于违反《劳动基准法》的行为，劳动监察员依照《刑事诉讼法》行使司法警察官员的职责。

三 促进劳资双方的集体交涉

在对集体劳动关系的促进方面，日本政府与西方大多数国家所采取的办法一致，都是通过平衡劳资双方博弈力量来构成劳资集体交涉或谈判的平台。日本政府在这个问题上所采取的一般措施可归纳为以下三个方面：

第一，赋予劳动者基本权利，即团结权、集体谈判权与集体行动权（其实就是争议权），从而增强劳方博弈力量。日本《宪法》第28条规定，"劳动者的团结权、集体谈判权和集体行动权受到法律保护"。因此，任何无合理正当理由侵害这些权利的立法或行政行为均属于违宪和无效行为。劳动者正当的工会活动免除刑事和民事责任。劳动者对侵害他们的工会权利的雇主可以提起诉讼。在团结权的实现方面，政府规定了工会成立的要件、设立了相对宽松的资格审查程序，并要求雇主和工会达成全员入会协议；在集体谈判权的实现方面，政府规定了雇主的集体交涉义务，即雇主没有正当理由不得拒绝和劳动者的谈判，如果发生了这种情况，就构成不当劳动行为，劳动委员会可以发出救济命令，要求雇主和劳动者诚恳谈判，违反劳动委员会命令的雇主将会受到行政或刑事处罚；在集体行动权的实现方面，政府规定了三项法律保护措施：免于刑事责任、免于民事责任或由于争议行动引起的民事责任、禁止不利待遇（比如报复性解雇行为或纪律处分等）。

第二，促进雇主与雇员博弈力量的平衡。为了避免劳动者行使争议权时造成劳资双方博弈力量的极端不平衡，政府还规定并承认了雇主的"闭厂停工权"，但这一权利是有限制的，即只有当劳动者行使争议权，雇主处于极端压力之下，根据公平的原则，雇主"闭厂停工"的争议权才被认为是合法的。也就是说，如果雇主的"闭厂停工"的行为是正当的，对于"闭厂停工"期间愿意上班的工人，雇主也可以不支付工资。

第三，对"企业工会主义"的补救措施。日本形成的"企业工会主义"指的是工会仅建立在单个企业内，工会和单个雇主进行集体交涉，在单个企业的层面达成集体协议。这一形式具有交涉力低下、影响力不强的弱点，为了对此进行补救，日本政府在国家层面成立了联合的劳资磋商会。这一劳资磋商会在实际运行中叫作"产业劳动恳谈会"，由劳动者代表、经营方代表和公共利益代表组成，他们定期见面座谈，讨论有关产业及劳动政策，交换看法和意见。另外，政府也建立了几个官方的三方委员会，为政府的劳动和社会政策提供咨询，这些委员会已经成为政府改革和制定劳动政策与法律的主力，政府递交国会的草案由这些委员会来进行仔细研究和决定。目前在日本的一个有趣的现象是，联合劳资磋商会的广泛兴起导致了集体交涉的非正式化。集体交涉和联合磋商之间的区别越来越模糊。通常情况下，联合磋商会先于集体交涉，参加者讨论的内容与集体交涉又很相似，所以一旦各方通过磋商达成了某项协议，就没有必要再进行集体交涉，使得联合磋商在一定程度上取代了集体交涉。

四 "个别争议"与"集体争议"分开处理制度

与西欧一些国家不同，日本在劳动争议处理方面建立的是将"个别劳动争议"与"集体劳动争议"分开处理的制度。

首先，日本政府分别制定了针对不同劳动关系的法律。在个别劳动关系方面，日本《宪法》第27条第2段（工资、工时、休息及其他劳动条件应由法律规定）要求国家制定法律规范劳动条款和劳动条件，这一条规定为个别劳动关系法提供了立法依据。而日本的集体劳动关系主要由《宪法》、2005年《工会法》和1946年《劳动关系调整法》进行规制。

其次，日本目前针对个别劳动争议的处理主要实行的是劳动审判制度。这一制度自2006年4月起开始实施，具体内容是：在一个地方法院设立一个劳动审判委员会，专门处理个别劳动争议。审判委员会由一名专业的法官（劳动审判官），劳动团体以及用工单位各自推荐的一名劳动关系专家（劳动审判员）共计3名成员组成。原则上规定，根据事实，通过非诉讼的手段，经过三次以内的商讨，对争议做出迅速、适当的处理。劳动审判一般首先进行调解，调解不成的，根据劳动审判委员会的三名审判员过半数的意见下达劳动判决。劳动审判虽说要重视当事人的权利关系，但为解决争议，只要被认为是妥当的方式，某些情况下脱离权利关系的判决也是可能存在的。比如，对于不合理的解雇，不是判决解雇无效，而是命令其雇主支付一定金额的赔偿金。当事人对判决的结果没有提出异议的，两周的时间过后就等于裁定和解生效；但如果有一方当事人对此裁决提出书面异议，此裁决即为无效，书面意见提交之时，就被认定为向该法院提出诉讼，移交普通诉讼。日本政府通过此种劳动审判，迅速解决了许多劳动争议，当事人以及法院都受到了极高评价。

再次，日本的劳资双方集体性劳动争议是由各地的劳动委员会依据《劳动关系调整法》的规定进行处理的。劳动委员会是由三方组成的机构，它被授权依法通过协商、调解、仲裁解决劳动争议。由于在日本私力劳动争议解决机制未能起到积极的作用，因此，劳动委员会的作用非常重要。《劳动关系调整法》的基本原则是双方自愿解决争议，因此，劳动委员会听从双方的意见，根据协商、调解和仲裁程序解决劳动争议。在协商和调解的过程中，委员会可以提出解决方案，但双方都可以拒绝。仲裁则不同，委员会最后的裁决具有约束力。但是，争议的任何一方都可拒绝参与仲裁程序，因此，可以说，在日本不存在强制性的仲裁。

第四节 西方国家劳资关系政府干预过程对我国的启示

一 从利益平衡角度出发做好调解者的角色

西方国家劳资关系调整的实践表明，政府在对劳资关系进行调整时所担当的角色主要是调解者，保持中立的态度，以平衡劳资双方利益为实施干预政策的根本出发点。事实证明，只有如此才能促进劳资双方的平等协商与谈判，共同决定劳资契约的基本内容。任何过度偏向一方的政府干预行为都将会造成新的劳资关系失衡，美国纽约州水牛城的案例就是一个典型教训。当前，我国劳资关系运行中，劳方处于利益受损状态，要解决此类劳资关系失衡，增强劳方博弈力量势在必行，但是，政府的直接干预措施一定要限定在保护劳方最低劳动条件的实现方面，高于这一基本条件的其他方面，还需要交给劳资双方自主协商加以解决，政府只需要做好辅助性的促进工作。

二 赋予劳动者"劳权"、增强劳方谈判力量

"劳动三权"作为劳动者应该享有的基本权利，是劳方获得与资方平等谈判力量的前提条件。西方国家在平衡劳资利益时基本上都承认了劳动者的这三项权利，并都通过法律对劳权进行了不同程度的保护。在劳权的实现方面，劳动者需要成立能够真正代表劳方利益的群体组织，从而形成一个紧密的结构，有计划有组织地与资方展开谈判或协

商。工会就是这样一个组织,当然,不同国家的历史实践中还会有其他的替代工会作用或与工会作用形成互补的组织,如德国的企业职工委员会等,但无论形式怎样,其基本的出发点都是作为劳方的合法代表与资方进行谈判或磋商。西方国家对劳方权利以及劳动者组织的干预实践主要体现为下述三个方面:

第一,承认劳动者的团结权,规定劳动者具有组建与参加工会或其他劳方组织的自由。承认工会与其他劳方组织的合法性,这是工会或其他劳方组织代表劳方与雇主及其组织进行平等谈判与协商的先决条件。

第二,承认劳动者的集体谈判权,规定工会或其他由劳动者选举产生的代表性组织可以代表劳方行使这一权利。与此相对应,雇主便具有接受劳方代表所提出的集体谈判要求的义务。

第三,承认劳动者的集体行动权(也称为争议权或罢工权),规定工会可以组织工人进行罢工,必要的条件下,劳动者自发组织的罢工也是被允许的,但工人的罢工要在满足一定的合法性条件下进行。为了平衡雇主方的谈判力量,劳方的集体行动权受到法律认可的同时,雇主也可以做出积极的应对,如闭厂或停工。但劳资双方的集体行动权都必须要有一定条件的限制,如双方都只有在不影响公共秩序、不会给社会带来破坏性影响的前提下才能行使该权利。

我国在实践的过程中,虽然默认了劳动者的团结权,并积极组建了工会,但工会组织在运行的过程中却存在着维权不力的问题,这种情况下,我国劳动者很难真正的形成与资方抗衡的力量。借鉴西方国家在劳资关系调整上的成功经验,我国必须在赋予劳动者权利方面做出应有的改变,尤其是要加强工会代表劳动者的力量,突出社会主义国家的优越性,构建劳资集体力量相对平衡的博弈关系。

三 在劳资关系调整中综合运用各种手段

劳资关系调整是一个系统工程，使用单一的方法很少能够取得良好的效果。西方国家政府在劳资关系调整过程中，往往会各种手段同时并用。例如，在通过劳动标准制度来保护劳动者基本利益实现的过程中，美、德、日三个国家都同时使用了法律与行政等手段，法律手段主要体现在通过颁布与实施《劳动基准法》《劳动法》《最低工资法》等来规定劳资契约中劳动者的工资、工时等基本雇佣条件，从而在法律层面对劳动力再生产加以保护；行政手段则主要体现在国家劳动行政部门定期或不定期地对企业履行劳动标准的情况进行监督与检查。又如，在保护劳动者就业权方面，美、德、日三国都采取了促进就业的积极劳动力市场政策，德国还直接用国家财政补贴来促进就业的实现，这些都体现了经济手段在劳资关系调整中的运用。再有，在劳动争议处理方面，各国也都同时采取了法律和行政的手段，尤其是美国，行政手段的运用更是上升到了总统处理的高度。

对于我国而言，不同企业类型的劳资关系复杂多样，我们更应该针对不同情况灵活运用各种可能的手段，如此才能取得事半功倍的效果。

四 要尽量采取调解的方法解决劳动争议

各国在对劳动争议进行处理的过程中有一个共同点，就是都尽量采取调解的方法来解决劳动争议。美国处理劳资争议时首先选择的是充分发挥劳资双方的自主性，注意把争议解决在基层；德国处理劳资争议时设立的劳动诉讼程序要经过"调解审理程序"与"裁定程序"，目的是为了让雇员与雇主之间达成和解；日本处理劳资争议时所使用的劳动审判制度也是首先由劳动审判委员会对劳资双方当事人进行调解,调解不成的才进行下一步的裁定。由此可以看出,调解方式是解决劳动争议的首选方法,也是对于劳资自主协商氛围的尊重,与各国政府在劳资关系中担当的调解者角色相对应。

五 在劳动争议处理中坚持多样化原则

劳动争议案件往往由于多种原因引起,对其的处理不能使用一成不变的方法。西方各国在劳动争议处理中通常坚持了多样化的原则。美国在这方面的经验值得借鉴,美国的劳动争议处理没有统一的法律规定,而是在建立各层次的劳资争议处理机构的基础上,授权各机构自行制定劳资争议处理办法与程序,以讲求实效为目的,采用多种处理方式。例如,在集体合同中规定争议处理程序,以及劳动仲裁机构制定的仲裁规则等。此外,针对特殊行业如铁路与航空业等,美国政府单独颁布了法律,分别授权国家调解委员会、总统指定的3人紧急小组等就重大劳动争议进行调解或裁定解决。日本在劳动争议处理方面也坚持了多样化原则,将"个别劳动争议"与"集体劳动争议"分开由不同调解机构加以处理。

我国劳动争议由于企业与行业类型的复杂化而呈现出多样化特点,因而,也应该使用多样化的手段去处理千变万化的劳动争议案件。尤其是对一些可能影响公共利益的劳动争议,我国政府有必要采取行政手段进行强制性处理。

六 在劳资关系调整中借鉴不同立法模式

从西方典型国家政府干预劳资关系的立法实践中可以看出,对于劳资关系的调整可以使用不同的立法模式。就美国而言,它并没有专门的与劳资关系调整相关的法律法规,而是按照普通法,采取判例法协调劳资关系。美国的这一立法模式强调经济效率的最大化,它追求的是充分、完全、自由的市场竞争,这与该国历来所推崇的市场机制自我配置、强调市场自发调节的劳资谈判模式有着密切的关系。就德国而言,与美国的做法相反,该国目前已经颁布并实施了专门调节劳资契约关系的相关法律,如《劳资协议法》等,这是通过德国政府对劳动立法进行大刀阔斧的改革实现的。此外,德国政府还通过法律形式使雇员参与管理制度化,如《企业组织法》对"劳资共决制"的法律保护等,从而在制度层面上强化了劳方在劳资契约条款决定中的影响力。然而,日本的立法模式却与美国、德国都有所不同,它更注重的是劳资契约具体规定的逻辑联系,通过逻辑关系提高劳资契约条款的立法层次,这便保证了那些被写进契约的逻辑关系强的条款能够有效地得以实行从而保障劳方权益的实现。以上三个国家立法模式的共同点在于立法对劳资契约相关内容规定得都较为详细。一方面,将劳资契约的有关规定以一定的逻辑联系纳入劳动基本法,这意味着被写入劳资契约的条款其相关性越高就越是有利于提高劳方的讨价还价能力,越是有利于保证劳方权益的实现,同时也有利于第三方对劳资契约履行的监控;另一方面,判例法的立法模式有利于节约第三方实施的交易成本,也为劳资双方的讨价还价提供了一个既定的参考模式,有利于提高劳资契约自我实施的效率。

第七章　中国劳资关系政府干预的政策框架体系

根据政府干预劳资关系的基本思路，并借鉴西方典型国家政府干预劳资关系的实际经验，我国政府在劳资关系的干预问题上应主要从三个方面进行政策设置，即增强劳方博弈力量、保证劳方基本权益的实现以及劳动争议的处理与解决。事实上，中国和谐劳资关系体系已经建立起来，政府干预政策已收到成效，但是，劳资关系潜在失衡风险依然存在，政府干预措施尚存实施阻碍，这便导致我国政府必须要进一步努力，通过上述三个方面政策安排进行改革与完善，才能最终促进劳资关系的协调发展与社会的和谐稳定。

第一节　增强劳方博弈力量

在劳资契约不完全、劳动者处于弱势地位的条件下，我国政府对劳资关系的干预需要重点从增强劳方博弈力量入手，通过间接调控的手段把决定劳资契约内容的权力交给市场，为劳资双方创造相互制衡的组织化环境与自由的谈判空间，从而促成劳资双方的合作博弈。为此，政府可以从三个方面进行努力：(1) 加强工会组织建设，促进真正代表劳方利益的团体组织的形成；（2）构建并规范劳资双方集体协调与谈判的机制；（3）提高劳动者的就业水平，改善劳动力市场的供求关系。

一 加强工会组织建设

在"资强劳弱"格局中，工会组织的代表性与独立性是关乎劳资双方博弈力量对比的大问题。要想促进劳资契约的自我执行并构建和谐的劳资关系，就必须要建立起真正代表劳方利益的基层组织。从目前的形式上来看，在我国走西方工会主义的道路，由劳动者自觉地成立代表性组织是不太现实的，所以理性的选择应该是进一步推行现有工会制度的改革，加强工会组织建设。

第一，增强基层工会对于劳动者的代表性建设。工会要想真正成为劳动者与集体劳权的代表必须将最终落脚点放在对劳动者合法利益的维护上。要做到这一点，我国政府必须在工会负责人的任命程序、工会的活动经费与负责人工资来源等问题上给予支持。2003—2004年，我国实行了基层工会主席的直接选举制度，这一"工会负责人由会员直接选举产生"的制度需要进一步强化与推行。此外，从经济独立性来讲工会的经费仍然来源于企业拨付，按照职工工资总额的2%拨付组织经费，会员的会费很少。同时，工会人员的工资福利以及办公设施等也是由公司发放和提供的。这些情况意味着，企业掌握着工会的经济命脉，要想让工会独立于企业而成为维护工人利益的强有力组织必须改变这种状况。为此，我国各级政府可以通过财政拨款的形式支持工会建设，而这部分经费的来源可以采用税收的形式从职工工资中扣除，间接地实现工会会员的会费收缴，并将其用于支付工会维权活动的经费与工会领导人的工资。

第二，发挥工人组建基层工会的自主性。加大工会的组建力度是近年来全国总工会开展工作的一个重点内容，但在实际运行的过程中，由于工会的组建采取的是自上而下的方式，因而存在着新组建工会仍然依附于管理方、无法履行"维权"职责的弊端。显然，这种自上而下组建工会的办法必须要彻底改变，只有采取自下而上的方式、发挥工人组建基层工会的自主性，才能从根本上将工会发展成为群众性组织，也才能恢复工会的生命力与活力，使其真正作为工人利益的代表者发挥维权的职能。为此，我国政府在做好监督、检查与指导工作的同时，还需要通过立法赋予工人自发组建工会的权力，并通过大众传媒宣传工人自发组建工会的重要性，提高工人自发建会的觉悟。

第三，加强工会组织在集体协商谈判中的知识含量与谈判能力。工会对企业经营管理、劳动安全卫生以及工资理论和谈判知识的了解与掌握程度直接影响着劳资集体协商与谈判的效果，而这些方面往往是工会组织的弱项，因此，政府在鼓励各级工会努力学习和掌握相关知识与技能的同时，也可以通过提供培训服务的方式增强工会工作人员的业务能力与谈判技能。

二 完善集体协商与集体合同制度

我国的集体协商与集体合同制度是在政府主导下建立起来的，虽然与西方发达国家的集体谈判制度相比不能直接促成劳资双方的自主协调与自由谈判，并且在一定时期内还将受到政府的强大影响与控制，但是我国劳资双方仍然可以借助三方协商机制积极推进集体合同制度在劳动条件实现方面的重要作用，在一定程度上规范劳资行为。为此，工会应该在三方协商机制运作中，积极提出自己的主张与建议，并借助政府尤其是中央政府的力量督促和推进雇主方面提高对集体合同制度的了解和认知，并用自己的实际行动争得社会各方对工会作用和实力的承认，在推动劳资关系调整机制建设过程中发挥切实的作用。

在集体合同与集体协商制度运行中还需要继续加强立法与执法建设支持，可以从三个方面进行努力：第一，尽快规定《集体合同法》，使集体协商与集体合同制度真正纳入法制化进程，提高立法层次，增强该项制度的法律权威，使之成为协调和规范劳资关系的一项重要制度；第二，针对推进集体协商与集体合同制度的过程中"工会干部保护不足"的问题，我国必须从法律层面给工会干部以切实保护，包括发挥上级工会的作用，让工会干部在代表和维护劳动者权益的过程中理直气壮无后顾之忧；第三，加强对集体合同履行与落实情况的监督执法，使目前已经形成的大量集体合同真正发挥实际的作用。

此外，在集体停工事件经常带动行业连锁反应、基层企业工会代表性与独立性不强的情况下，建立区域性与行业性的集体协商机制十分必要。当前，我国并非没有行业集体协商制度，只是集体协商的内容仅仅放在了工资问题上面，并且覆盖的范围涉及的往往是规模小、劳动者人数少、通常没有基层工会、民主管理问题常常遇到困难的一些中小企业，这些企业在客观条件的约束下只能通过联合工会组织与企业协会或商会等企业代表组织就工资待遇问题进行集体协商。可见，这种工资集体协商制度是客观条件约束下的被迫选择，必然存在各种局限。积极主动地建立区域内、行业内以及产业内的集体协商制度具有很大的益处，一方面，我们可以根据不同的行业产业特点建立不同的制度规范，有的放矢，避免劳资双方沟通渠道的一刀切；另一方面，在行业内部确定符合行业特点的原则、标准与程序相对于把不同行业放在一起考虑而言更为容易，也更能取得良好效果；此外，行业内的集体协商制度有利于不同企业之间的分工合作，有利于整合全行业的资源进行技术创新与人力资源投资，能够更好地执行劳资关系调整的政策。为此，我们可以从以下几个方面进行努力：（1）进一步推动与完善工资的集体协商制度，并以此为蓝本规划设计其他与劳资契约中的劳动条件实现有关的协商制度；（2）大力宣传构建行业内集体协商制度的意义。一方面要加大宣传力度，对企业主进行正面引导，让他们认识到企业与职工之间的利益联合关系，认识到行业内集体协商在促进员工的民主参与、调动劳动者工作积极性、促进企业经济增长方面的重要作用，认识到企业有义务依据法律规定积极支持行业内集体协商制度的社会责任。另一方面，要通过优惠政策鼓励企业参与到行业集体协商制度的构建与完善中去，同时要通过行业工会加强对职工的教育，发动职工开展节能增效活动，让企业与职工看到共享双赢的利益互动。（3）进一步加强行业工会组织的建设，从而推进行业集体协商的进程。我国基层工会存在着代表性不强的问题，构建行业工会在一定程度上能够避免这个问题，行业工会直接接受全国总工会的领导，是开展行业内劳资关系集体协商的组织保障。为此，我们必须加强行业工会的组织业务能力建设，可以通过加大培训的方式来锻炼工会人员进行谈判的能力，培养一大批精通法律规范又具有谈判技巧的高手，在协商中发挥劳动者利益代表者的作用，不断提高集体协商水平，形成能够真正与企业方代表就劳资问题进行协商的合力。（4）整合社会资源，共同推进行业内集体协商。虽然劳资关系的集体协商主要参与者是企业代表与劳动者代表，但是在协商的过程中，需要借助社会上的其他资源提供可靠而真实的参考资料，从而为集体协商与集体合同的起草提供现实依据，这样才能保证协商结果的可行性与现实性。

三　促进就业，改善劳动力市场供求关系

我国劳资契约条款不完全、劳动者处于弱势地位的一个很重要原因在于劳动力市场供大于求的现状。这一现状使得劳方更看重的是能否找到工作而不是能否与雇主签订一份合理而又相对完全的契约，也

使得劳方由于较强的可替代性而在与资方的谈判中处于绝对的弱势地位。要降低劳资契约的不完全性并提高劳动者群体的博弈力量就必须要改善劳动力市场的供求关系。然而，在中国当前的劳动力市场上，劳动力供大于求的根源不是劳动力供给的绝对过剩，而是供求不匹配所带来的相对过剩，即普通劳动者相比高技能劳动者的过剩。因此，要提高劳方的博弈力量并促进劳资契约的自我执行，就必须要解决劳动力供求不匹配所带来的结构性矛盾问题。为此，我国政府需要从劳动力供给与企业用工需求两个方面进行努力。

首先，要加大人力资本的投资力度，优化劳动力供给结构。我国当前的劳动力供给呈现出橄榄型结构，造成"普工荒"与"技工荒"现象，"普工荒"的主要根源在于现行的劳动力报酬水平不能满足普通工人的要求，工人选择放弃工作的机会成本越来越小，而要想提高这部分工人的工资必须从增加企业利润空间入手，否则非但不能构建工人工资的长效增长机制，反而会挫伤企业的生产积极性，对于宏观经济运行不利。"技工荒"的主要根源在于技术进步导致越来越多的企业需要高技能人才为其服务，然而我国的技工供给却由于培训机制的缺乏或不健全而增长缓慢。所以，我们必须要大力进行人力资本投资，使普通工人的劳动生产率提高从而为工资增长奠定基础，使技工的数量不断增加从而满足企业引进先进技术的要求。进行人力资本的投资需要从以下三个方面入手：（1）加快发展基础教育，全面地提高劳动者基本素质，这是优化劳动力结构的基础。为此，可以从改革基础教育课程、推行信息技术教育手段、普及试验教育环节等诸多方面进行努力；（2）调整高等教育结构，培养专业领域的高技能人才，适应劳动力市场的需求结构。为此，可以从调整高等教育的层次结构、专业结构与体制结构入手，实现高职、本科与研究生教育协调发展，促进专业结构与市场需求的匹配，形成以就业为导向的教育体制；（3）加大人才培训力度，培养符合市场需求的劳动力类型，尽快扭转拥有较高技能的劳动力严重短缺的现象。为此，我国各级劳动保障部门需要积极提供对企业培训的支持。一方面，要高度重视企业劳动力开发的工作，可以采取校企联合的方式，实行职业培训与在校学习的结合、个人付出与社会支持的结合，广泛开展新技术与新设备的培训，建立目标型重点人才培养模式；另一方面，要充分发挥技工学校的作用，重视技工培养过程的专业性与目标性，在技工输出机制中严格把关。此外，还要加强基础工作与技术的支持，通过资源、技术以及方法的改进支持培训工作的顺利实施。

其次，要加快经济结构调整的步伐，进一步改善劳动力市场的需求结构。经济结构的调整主要体现在产业结构调整、类型结构调整与规模结构调整三个方面。我国要做的是产业结构上要大力发展第三产业，第三产业具有进入门槛低、对劳动力的吸纳能力强等特点，它的发展可以在很大程度上解决劳动力的就业问题；在类型结构上要发展拥有适度技术的劳动密集型产业，当前我国企业转型的特点是逐步由劳动密集型向技术与资金密集型转变，但是技术与资金密集型企业势必会减少对于普通劳动力的需求而加大对技术性劳动力的引进，这在一定程度上会进一步加深劳动力市场上的结构性矛盾，因此需要在企业转型过程中设置一个缓冲机制，发展适度技术的劳动密集型产业，作为解决劳动力市场结构性矛盾的权宜之计；在规模结构上要大力发展中小企业，中小企业运营比较灵活，对于劳动力的吸纳能力要明显高于大型企业，所以在解决劳动力市场供求矛盾方面具有重要作用，然而中小企业的发展并不是无序推进的，而是要融入大型企业发展的产业链条中，为其提供各种产品与服务，这样才能保证发展的持续性。

再次，政府要在劳动力市场运行方面发挥好干预与调节作用。在劳动力市场供求结构改善的基础上，劳动力市场运行畅通无阻才能最终促成就业与用工的完美匹配。为此，政府需从以下几个方面着手：（1）加强公共就业服务，降低劳动者寻找职业的盲目性并缩短求职时间。具体的做法可以是：政府直接出资成立职业介绍所或鼓励私人投资形成职业介绍机构，介绍符合职业资格条件的劳动者填充相应劳动力需求方的职位空缺，对没有工作经验的青年劳动者和不适应现有职业的劳动者提供就业咨询服务，对身体有残疾者、退伍军人、专业技术人员等特殊劳动力提供就业帮助，搜集并发布劳动力市场供求信息，为劳动力需求方提供代办性服务等。（2）通过机制改革来完善工资价格指导线制度。我国当前劳动力市场具有买方定价性质，因此，政府需要发挥"掌舵人"作用，在工资价格变动标准上进行市场指导。政府机构可以通过各种办法搜集、整理并公布工资和价格方面的准确信息，让公众了解工资价格趋势，增加透明度的同时让社会舆论来限制并监督工资价格的变动标准。一般工资标准通常可以被看作是劳动生产率长期变动和消费物价变动的函数，因此，政府可以根据劳动生产率和物价变动来确定工资上涨的指导性标准。（3）进一步改革户籍制度，打破劳动力市场的流动性障碍。（4）加强劳动力市场的立法与执法建设，规范劳动力市场运行秩序。（5）通过改革建立完善的失业保险制度，可以从扩大失业保险的覆盖范围与功能、改革失业保险金的筹集渠道与方式、规范收费行为并提高保险资金使用效率等方面加大改革与完善力度。

第二节　保证劳方基本权益的实现

劳动者的基本权益指的是维持劳动力再生产所需的基本条件能够得到满足的权益。在劳资契约不完全、劳方从属于资方的条件下，我国政府除了要增强劳方博弈力量从而将劳资契约交给市场力量来决定之外，还要从社会公平的角度出发保证劳方基本权益的实现。这是保证劳资契约持续性的必然要求，也是促进社会化大生产顺利进行的首要条件。为此，结合当前实际，我国政府可以从推进劳动基准制度建设、改进劳动监察体制并加强劳动执法等方面进行努力。

一 推进劳动基准制度建设

在保证劳方的基本权益方面，我国虽然没有专门的《劳动基准法》，但是却在劳动法体系中存在着诸多劳动基准规范，包括工资工时基准、劳动安全与卫生基准、劳动社会保障基准等等，这标志着我国的劳动基准制度已经广泛地建立了起来。然而，劳动基准制度在实施的过程中却没有取得良好的效果。从2014年的劳动立法规划以及立法进程来看，工资工时法难产，"工休法分散"，"劳动安全卫生法易名"，特殊群体保护法进展缓慢，这一切无不表明劳动基准领域中的立法层次亟待提高，我国的劳动基准制度亟待改进[1]。为此，我国政府需要不断推进劳动基准制度，完善与改革劳动基准立法。

第一，推进劳动基准制度建设要从劳动合同法的完善与落实开始。我国在市场化改革的过程中已经全面实行了劳动合同制度，立法实践中，劳动合同法中已经存在了数量可观的劳动基准，如劳动合同的规范文本模式、劳动合同条款中的必备内容、劳动合同约定内容限制等等，所有这些内容恰恰构成了我国劳动法中最具有实用价值的劳动基准。因此，推进劳动基准立法的第一步实际上应该是如何落实劳动合同法的问题，这才是树立劳动基准观念，推动劳动基准立法的第一步。

第二，健全劳动基准立法体系，有针对性地破解立法难题。我国的劳动基准立法涉及诸多领域，各领域由于面临的实际问题不同，因

---

[1] 徐永进：《我国劳动基准立法的现状与进路》，《社会科学》2014年第1期。

而立法改革的办法无法实现统一。目前学术界对于劳动基准立法的"统一性"与"分散性"问题尚存在争议,但从基本方向上来看,我国政府仍应以统一的劳动基准立法为重要趋向,但在具体的推进过程中还应结合劳动执法的现状,立足分散立法的现实。一方面,要全面推进各领域、各行业的劳动基准立法,建立行业性或领域性的劳动基准规范;另一方面,可以从统一工资、工时基准的立法出发,尽快出台《工资法》与《工时法》,解决与劳动者切身利益密切相关的工资收益与休息休假的标准问题。

第三,针对劳动用工管理与劳动安全卫生标准等特殊领域进行特别立法。我国的劳动基准立法虽然要明确地对工资、工时等与劳动者切身利益密切相关的领域进行专门立法,但又绝不能仅仅拘泥于此,因为劳动用工的过程中还存在诸多特殊性问题,需要法律给予特殊劳动者以切实的保护,如童工、女工、实习工、派遣工、残疾人劳动者等,这些劳动者参与工作的过程需要政府在立法时特别加以考虑。此外,劳动过程中,职业安全卫生领域也暴露出诸多问题,急需立法上的相关规制,近几年来学术界所提出的建立"白领职业病防治标准"等就是对这一问题的积极回应。

二 推进社会保险福利制度改革

在保证劳方的基本权益方面,社会保障是一个突出而又复杂的问题,我国需要继续推进社会福利制度改革以加强劳动者所能享有的社会保障权益,而重点则在于完善企业职工的社会保险制度。我国政府在未来社会保险制度的发展中还需做到:

第一,在养老保险方面,要克服目前个人账户资金被用于支付老年退休金从而出现"空账"的缺陷,我国必须采取措施做实养老金个人账户,把过去只有个人账户记录的"空账"转变为既记账又有实际资金积累的"实账",对因做实个人账户加大的当期养老金支付缺口由中央与地方财政给予补贴。面临人口老龄化给养老保险制度所带来的现实压力,我国必须实施由现收现付制向基金积累制的过渡;随着人口平均期望寿命的提高,我国还需适当延长个人账户养老金的领取期限;为了缓解养老金支付危机,可以适当提高退休年龄并严格执行退休管理制度,杜绝任何单位任何个人无正当理由地提前退休。

第二,在医疗保险方面,要适应我国人口众多的现实,努力扩大医疗保险的覆盖面,尤其是要逐步扩大乡村地区居民的医疗保障水平;要进一步深化医保、医疗和医药三项改革,完善医疗保险制度的发展环境;要继续发展与完善社区卫生事业,理顺医疗卫生服务体系,使有限的医保资金得到充分利用;要适应人口老龄化的发展趋势,对医保制度做出相应调整,在控制医疗成本的同时提高老年人的医疗福利,对那些易患慢性病、恢复缓慢并常常伴有并发症的高龄人群提供较高的医疗费用补助。

第三,在失业保险方面,适应国际上提供就业保障的改革方向,逐步发展并改革我国的失业保险制度。合理制定失业津贴的支付期限,细致地规定不同档次,保障失业人员基本生活的同时也要促进失业人员积极实现再就业;完善失业人员的技能培训,引导失业人员将失业保险补偿金用于参加技能与职业训练,或者以积极地参与工作或培训作为领取失业津贴的交换条件,从而激活劳动力市场,为失业人员实现再就业提供激励与服务。

第四,在工伤保险方面,借鉴国际上通行的工伤预防、康复与补偿"三位一体"的做法,我国既要通过差别费率和浮动费率制辅以培训教育与监督检查相结合的管理模式来完善工伤保险的事故预防机制,也要落实工伤康复经费,引导制定配套办法和措施,逐步建立符合我国国情的工伤康复模式。另外,我国还需提高对职工受职业病伤害的关注，加大法律法规宣传力度，针对三资企业、外商独资企业进行法律教育，帮助企业树立预防职业病危害的责任感。

第五，在生育保险方面，针对目前生育保险制度分割化的状况，我国必然需要加强制度的统一与完善。加快生育保险的立法步伐，提高生育保险的立法层次，从而促使生育保险行政管理部门及其工作人员依法行政、提高工作效率；要彻底改变生育保险地区条块分割局面，实现生育保险制度的统一；根据专家建议把计划生育政策并入生育保险制度，推动两种政策的共同实施与管理。

三 改进监察体制并加强劳动执法

劳动执法从内容上来看，主要是劳动基准执法，而一国的劳动基准是一个国家劳动安全的底线，如果超出了这个底线，就构成了对劳动者的非法压榨，当大量劳动者的生存面临危机时，国家和社会就会面临公共危机。我国的劳动基准与劳动监察制度在运行过程中面临着"标准较高，执法却不到位"的情况，为了真正救济处于不利地位的劳动者，我国的劳动标准行政执法必须加强。目前，我国劳动监察制度是靠地方执法，在当前的财政经济体制下，地方的劳动标准行政执法和地方的经济利益之间存在直接的利益冲突，一些地方政府为求得所谓的"良好发展环境"，忽略了劳动者权益被侵害的状态。例如，绝大多数劳动者的社会保险权益没有受到保护的状况，就是这种懈怠执法的反映。因此，劳动标准执法已经不适合由地方政府单独负责了，纵观其他国家积极的救济措施，日本的劳动标准执法是由国家负责的，脱离了地方利益；美国的劳动标准执法虽然由地方政府负责，但附加了其他力量的救助，如新闻媒体的大众监督、工会对会员的救助、诉讼成本的承担制度等均对雇主的侵权行为构成有力的制约。我国可以借鉴西方国家的经验，将劳动行政执法向国家靠拢，同时加强其他方面救济力度对资方的制约。

第三节　完善劳动争议处理制度

在契约不完全、劳资双方博弈力量不对等的条件下，劳资之间的矛盾与冲突总是客观存在着，对于那些在劳动监察体制与修正的市场调节机制下仍然不能加以克服的问题，需要通过劳动争议处理制度来解决。我国的劳动争议处理制度实行的是"一调一裁二审"的处理程序，调解、仲裁与诉讼三个处理环节在运行的过程中起到了积极的作用，但也存在诸多问题，需要不断加以完善。

一　完善劳动争议调解制度

"调解方式"是纠纷处理当中的一种常见方式，而在劳资矛盾与冲突的化解中，该方式的重要作用则更加突出。一方面，以"调解"的方式解决劳资矛盾有利于劳资关系的和谐发展与社会的和谐稳定，并且能够促进经济的持续健康发展；另一方面，劳动争议以"调解方式"结案有利于劳资双方对于合意的诚信履行；此外，以"调解方式"来处理劳动争议的做法更加符合我国传统文化中"以和为贵"的精神[①]。因此，我国的劳动争议处理实践中，调解方式发挥了非常积极的作用。我国政府应该注重调解方式的重要性，把其作为化解劳动争议的首选办法。具体做法是，在企业、仲裁机关、法院以及律师等各个层面均设置调解环节，规范调解形式，并将调解作为仲裁和诉讼的前置程序，建立符合市场经济要求的劳动争议调解制度。要做到这一点，我国政府还需要从立法方面给予支持：

---

① 罗燕：《劳动争议处理》，中国劳动社会保障出版社 2005 年版，第 243—267 页。

一方面，要在《劳动争议调解仲裁法》中细化对劳动争议调解的专项规定，推动地方性劳动争议调解专项法规和政府规章的制定，对劳动争议调解制度迫切需要解决的实际问题（包括企业内、外调解组织的建设以及对其的监督与指导等）提出立法意见和建议，为劳动争议调解工作提供必要的法律保障。

另一方面，要提高调解协议的法律地位。劳动争议调解协议的法律效力问题涉及调解程序的效率性和权威性，因而它构成了调解制度中的一个核心问题，也是一个必须解决的问题。为此，我国政府应主要坚持三个原则：（1）要以"反映当事人的意思自治"为原则起草调解协议书，这是保证"协议书"达到预期法律效力的前提；（2）确定非严格规范性调解程序，使调解协议更能体现和反映调解的本质特征；（3）在立法上规定调解协议具有与劳动合同同等的性质和约束力，可以作为裁决或判决的依据。

二　完善劳动争议仲裁制度

劳动争议仲裁制度指的是劳动争议仲裁机构对当事人请求解决的劳动争议，依法居中公断的执法行为。"依法居中公断"从本质上对劳动争议仲裁机构提出了公正性要求，这就决定了劳动争议仲裁委员会及其常设办事机构在组成以及运行的过程中必须贯彻"三方性原则"，并保持独立性，以促进劳动争议仲裁工作的公正公平化。为此，针对我国目前的劳动争议仲裁委员会行政色彩浓厚的弊端，我国政府还需要加强引导与监督工作，促进劳动争议仲裁委员会的实体化建设。这一建设的宗旨就是要保证劳动争议仲裁委员会在裁决劳动争议时的独立性，使劳动仲裁机构在行使仲裁权时不会受到政府、工会与用人单位代表中任何一方的束缚。具体的做法是：将劳动争议仲裁委员会及其办事机构独立于劳动行政部门之外，解决人员编制、经费来源、办公场所以及机构设置等问题,为劳动争议仲裁委员会设立自己独立的名称、依据和章程,使其拥有独立的财产,按照市场经济要求来决定仲裁委员会中组成人员的选拔与聘任等。2011年,北京市海淀区、朝阳区、顺义区等成立的劳动人事争议仲裁院就是劳动争议仲裁委员会实体化建设中所探索出来的新路子①。实践表明,劳动人事争议仲裁院的成立解决了仲裁委员会与政府劳动行政部门"一套人马、两块牌子"的问题,实现了仲裁办案职能与劳动行政职能的分离,既提高了仲裁办案的效率又促进了仲裁工作的专业化,这是符合国际潮流的新趋势,也是我国政府在对劳动争议仲裁制度进行完善的过程中应该加以借鉴并发扬下去的新方向。

三 完善劳动争议诉讼制度

劳动争议诉讼制度是法院依法审理与解决劳动争议案件的法律制度。目前,我国的劳动争议案件是在人民法院的民事审判庭进行审理的,由于民事案件涉案类型多种多样,劳动争议案件又具有案情复杂、审理起来费时费力的特点,导致审判力量薄弱、案多人少的矛盾不断凸显出来。为此,我国政府需要从以下三个方面着手,完善劳动争议诉讼制度:

第一,在人民法院内部设立劳动法庭,专门审理劳动争议相关案件。这样做可以使劳动争议案件与普通民事案件的审理过程相分离,促进劳动争议诉讼制度的专业化运行,同时减轻审理民事案件的审判员与法官的负担。从国际经验上来看,这也符合西方很多国家根据业务需要设置不同审判庭的潮流②。在劳动法庭的建设上,法国的做法更

---

① 徐丽雯:《我国劳动争议处理制度存在的问题与完善之策》,《北京行政学院学报》2014年第2期。
② 王工厂:《我国劳动争议处理制度存在的问题及完善》,《学术论坛》2011年第10期。

加成熟,该国不仅成立了专门的劳动法院,而且还在劳动法院内部依据劳动争议案件类型设置了不同的审判庭,极大地提高了劳动争议案件审理的效率与专业化水平。这将是未来我国的劳动争议诉讼制度的发展方向。

第二,建立并完善劳动争议案件审理的陪审团制度。陪审团制度是目前的民事诉讼中所普遍采取的监督制度,借鉴这一制度模式,我国政府可以在劳动争议诉讼制度中逐步实行由劳资双方代表参加的劳动陪审团制度,实现劳资双方对法院审理案件过程的监督,并通过这一模式促进劳动争议诉讼制度中"三方性原则"的实现。

第三,提高劳动争议案件审判员的业务水平,从而促进劳动争议诉讼制度的专业化,使劳动争议案件的审判结果能够真正保护劳动者的合法权益。为此,我国政府需要在劳动争议案件审判员选拔与录用上设置严格的准入门槛,并加强对现有审判员的培训力度。此外,我国政府还可以通过加强劳动审判组织与劳动仲裁组织之间交流与合作的方式来促进审判员与仲裁员的沟通与交流,从而有效地提高审判员的审判水平。

第八章 人工智能时代中国劳资关系转变

第一节 人工智能时代悄然来临

一 人工智能产生过程

"人工智能"这个名词进入大众视野中似乎是近几年才发生的事情。2016年,由Google公司收购的Deepmind公司研发的一款人工智能围棋程序战胜了世界围棋冠军李世石,继"深蓝"电脑战胜卡斯帕罗夫之后,此次人机对弈赛事引起更大的轰动,自此让人工智能正式被世人所熟知。2017年12月,人工智能入选"2017年度中国媒体十大流行语",2017年7月20日,国务院印发《新一代人工智能发展规划》,一时间人工智能的字眼频频出现在荧幕与报刊中,升起"燎原之势"。但事实上,从世界范围来看人工智能并非新晋事物而是经历了数十年的曲折发展历程。

人工智能开始萌芽的历史要追溯到20世纪40年代,电子计算机的发明与信息科学的出现,让一大批学者得以真正开始严肃地探讨构造人造机械智能的可能性。直到1950年,被誉为"人工智能之父"的艾伦·图灵通过电传设备展开使用机器与人进行对话的测验，这就是著名的"图灵实验"，由此预言了真正智能机器可以被创造出来。1954年，美国人乔治·戴沃尔设计了第一台可编程机器人，但在当时还没有产生"人工智能"这一术语，直到1956年夏天，在美国达特茅斯学院暑期举办的夏季研讨会上，麦卡锡首次提出"人工智能"概念，标志着人工智能的真正诞生。

人工智能诞生之后，其发展历程并不像如今世人所追捧的那样火爆且顺利，而是经历了"三起两落"的曲折发展，进入21世纪之后才逐步发展成熟，并且渗透到世界的各大产业中。本书对人工智能的发展历程做五个阶段的简要梳理。

（一）人工智能产生的黄金时代（20世纪50年代—70年代）

这一时期，乘着专家学者们热衷于人工智能机器人研发的东风，借助计算机技术的快速发展，人工智能取得了突破性进展。如表8-1所示，1966—1972年6年间，美国先后研制出了世界上首台聊天机器人与移动机器人，在语言与行动方面取得了机器人类人化的突破，尤其是Shakey（行动机器人），它可以听从人的命令行事，做简单的指令性动作。但是，这一时期，智能化机器人处于最原始的阶段，控制它的后台计算机有房间那么大，存在硬件上较大的局限性。

（二）人工智能陷入低谷时期（20世纪70—80年代）

人工智能的发展并非一帆风顺，它于20世纪70—80年代在技术瓶颈与投资瓶颈的双重约束下进入停滞的十年低谷。首先，从技术层面来讲，计算机的内存有限，对于信息与数据的处理速度不高，这便导致研究者们很难编辑出对世界具有初步认识的程序，也无法做出信息量如同人的大脑一样的巨大信息库；其次，从投资上来讲，此前推动人工智能产生与发展的美国和英国政府投入了巨额的资金，在遭遇了技术瓶颈后，其资金资助后劲也出现了不足。

(三）人工智能再次走向繁荣（1980—1987年）

时隔十年之后，日本为了应对国内青壮年劳动力短缺与未来的人口老龄化危机开始研发能够替代劳动力的智能化计算机项目，经济产业省不惜重金投入，拨款8.5亿美元用于此项目的研发。随后，英国和美国也不甘示弱，纷纷开始重新进军信息技术领域，再次向人工智能技术研发提供大量资金。三年后，在美国人道格拉斯·莱纳特的带领下，Cyc项目启动，意在以庞大的信息群与程序群赋予智能化机器以类人的推理能力，从而推动人工智能项目在更广阔的空间中应用，表现出强大的智能化特点。这一项目将人工智能推向又一个高潮，标志着人工智能二次繁荣的到来。

(四）人工智能再度陷入冬寒（1987—1997年）

然而，如同股市的做周期一样，人工智能的繁荣没有过多久就又一次陷入了沉寂，就像经历过1974年研究经费锐减的研究者们所预言的那样，计算机行业的专家们所塑造出来的系统其实用性非常有限，仅仅适用于特定的场景，距离具有类人化推理能力的智能化机器的目标还很远。到了20世纪80年代晚期，各个国家主管人工智能研发的领导们表现出了对于人工智能近期发展的消极判断，认为计算机走向智能化还无法掀起"浪潮"，加之这一研发领域属于资金密集型，研发成本与日俱增，越是到了技术瓶颈期，所需经费越是高地惊人，与其拨款投向这个目前来看利润回报遥不可期的项目上面，倒不如腾出资金来支持那些看起来更容易的项目。由此，人工智能发展再次遭受资金瓶颈的制约，第二次陷入停滞与低谷。

(五）人工智能真正春天的来临（1997年至今）

再次领略了十年沉寂的人工智能终于在1997年获得了新生。IBM公司研制出来的电脑"深蓝"战胜国际象棋世界冠军卡斯帕罗夫，成为首个在标准比赛时限内击败国际象棋世界冠军的电脑系统。自此以后开启了人机对弈的比赛先河，进入2011年以后，几乎每一年都会上演人工智能领域的飞跃式进展，人工智能时代悄然来临（详见表8-1）。

表8-1　　　　人工智能曲折发展的历史过程梳理

时期跨越	发展阶段	标志性事件
20世纪50—70年代	黄金时代	1966—1972年6年间，美国麻省理工学院与美国斯坦福国际研究所先后研制出了世界上首台聊天机器人ELZA与移动机器人Shakey
20世纪70—80年代	首次低谷	遭遇技术瓶颈与投资瓶颈的双重约束下进入停滞的十年低谷
1980—1987年	再次繁荣	1980年，日本经济产业省拨款8.5亿美元用以研发人工智能计算机项目；1983年美国启动了cyc项目。
1987—1997年	再度入冬寒	20世纪80年代晚期，美国撤资对人工智能的投入，人工智能再次遭遇资金瓶颈，第二次陷入停滞与低谷。
1997年至今	真正春天来临	1997年，电脑"深蓝"战胜国际象棋世界冠军卡斯帕罗夫；2011年，IBM公司开发出Watson，打败了两位人类冠军；2012年，加拿大神经学家团队创造了命名为"Spaun"的虚拟大脑；2013年，Facebook人工智能实验室成立；同年，Google收购DNNResearch，推广深度学习平台；百度创立深度学习研究院等；2014年，"图灵测试"通过；2015年，Google来发了第二代机器学习平台TensorFlow；2016年AlphaGo打败李世石。

注：根据历史相关资料自行整理所得

二　作为技术革新力量的人工智能

人工智能依托电子计算机的发展与信息科学的演进，同时建立在数学、语言学、心理学、逻辑学、哲学等基础之上，因而是一个相当复杂且技术含量高的范畴。人工智能研究的高技术性和专业性衍生出了不同的分支研究领域，这些领域之间虽然各不相同，但研究都很深入，涉及的范围也极其广泛。因此，不同研究领域的人们对于人工智能内涵的界定存在差异。

目前，人工智能专业在国际与国内慢慢兴起，在一般的教科书中，人工智能的定义是一个以智能化主体为研究对象的领域（intelligent agent），这里的 intelligent agent 并没有表明是对人的特指，而是对于拥有智能支配能力的领域的总称，他可以对自己身处的环境进行仔细观察并且能够以此为已知条件做出思维、逻辑、智力与行动上的应对，从而达到特定的目标。

人工智能这一名词的缔造者——约翰·麦卡锡认为人工智能是一种科学研究、一项伟大的工程，这一科学或者工程的最终目的是要制造出类人化的智能机器，能够具有人的思维，从而拥有能像人类一样反应与行动的能力。他主要是从研究者、科学家的角度对人工智能进行了完美的概括。Andreas Kaplan 与 Michael Haenlein 在推动人工智能的发展方面做出过杰出的贡献，他们将人工智能定义为能够正确地解释外部数据的复杂系统，这一复杂系统通过计算机程序的输入与输出能够实现对外部信息或数据的学习，并据此形成的知识做出灵活的应对，能够实现特定任务，具有较强的目标指向性。这种界定下的人工智能显然已经脱离了科学研究的范畴，而是作为一种能力被期望用于广泛的人类活动领域之中。

美国是最早研究人工智能的国家，齐聚了业内众多人工智能领域的专家与学者，他们给人工智能所下的定义一般围绕着"知识的传递、学习与应用"展开，认为人工智能是一种覆盖面非常广泛的知识学科系统，该系统研究如何将知识用数据代码的形式表示并传递出来，让计算机进行识别与学习，并最终应用所学到的知识进行思维、逻辑与行动的展示，做到让计算机具有智能化特征，能够去做过去只有人才能做的工作。这些说法反映了人工智能学科的基本思想和基本内容，即人工智能是研究人类智能活动的规律,构造具有一定智能的人工系统,研究如何让计算机去完成以往需要人的智力才能胜任的工作,也就是研究如何应用计算机的软硬件来模拟人类某些智能行为的基本理论、方法和技术。

实际上,人工智能之所以能够对人类社会产生颠覆性的影响,主要原因在于它代表的是一种技术的突破性革新,并且可能或者已经对于经济社会的生产力水平产生了巨大的影响,以至于这一技术自20世纪70年代以来被称为世界三大尖端技术之一(空间技术、能源技术、人工智能),也被认为是21世纪三大尖端技术(基因工程、纳米科学、人工智能)之一。因此,我们可以从技术角度给出人工智能的核心性内涵。

笔者认为所谓人工智能技术指的是以数据资源作为关键要素,借助于电子计算机的软硬件系统对数据、信息进行处理,模仿人类智力、思维、逻辑、行为等活动,从而实现产品生产与服务提供过程的智能化与自动化的一种革新性技术系统。它已经渗透到了人类生活的各个领域,而对于生产过程的影响则主要以应用于制造业的工业机器人技术、数字制造技术与添加制造技术等为主要代表形式。

三　人工智能技术多样化特征明显

人工智能要做的是依托计算机科学与技术模拟人的大脑与行为去做类人化的工作与学习,由于人类思维和行动研究本来就是一项非常复杂且具有多学科融合特点的广域研究,所以人工智能工程注定具有多样化发展特点,其主要特征表现在广泛性、综合性、系统性、大数据驱动性、跨媒体融合性、群体智能性等诸多方面。

(一)广泛性

人工智能具有广泛性的特点主要体现在研发与应用两个层面:

首先，从研发角度来看，人工智能是一套建立在多学科基础上的复杂科学、理论与方法的系统性集合，它在研发过程中表现出了极强的多学科支撑性、复杂理论应用性、使用方法广泛性，因而曾经耗费了大量的人、财、物力资源。美国、英国、日本等发达国家以及包括中国在内的一些发展中国家要实现人工智能领域的技术突破与广泛应用必然经历一个巨资耗费与漫长渗透的过程。

其次，从应用角度来看，人工智能研发的最终目的就是为了应用，而研发的广泛性直接就决定了其应用的广泛性。学理层面来讲，人工智能展现的是类人化的智能性活动，计算机拥有人类一样的大脑，去做各种复杂的动作，像人类一样拥有思维与想法，而人类在改造自然创造世界的过程中具有非凡的能力与广泛性的涉及，因而决定了人工智能技术必然要具有应用上的广泛性特征。现实层面来讲，人工智能目前已经可以应用在互联网服务精准营销和治理、智慧交通、智慧医疗、智慧金融、智慧制造等诸多领域，同时也可以应用在包括医药、诊断、金融贸易、机器人控制、法律、科学发现和玩具等在内的各种具体的生产或服务的提供过程中。未来还将进一步深入科学研究、创造性识别等诸多复杂领域，这说明人工智能的广泛性是在不断延伸中的。

（二）综合性

人工智能技术具有综合性特征。人工智能虽然是计算机科学的一个分支，但它的研究却不仅涉及计算机科学，而且还涉及脑科学、神经生理学、心理学、语言学、逻辑学、认知（思维）科学、行为科学和数学以及信息论、控制论和系统论等许多学科领域。因此，人工智能实际上是在交叉学科和边缘学科体系中衍生出来的多理论、多算法、多信息、多数据、多资源的综合性技术。人工智能的综合性与广泛性是紧密联系在一起的，将其所涉及的广泛领域有机融合在一起才能构成综合性的人工智能学习与操作系统，这又决定了人工智能的系统性特征。

（三）系统性

人工智能技术具有系统性特征，可以体现为内外部两个方面。首先，从人工智能技术内部来讲，它本身是由多个系统组成的，主要包括专家系统、语言识别与表达系统、信息处理系统等，每一个系统之间既自成体系又彼此相连从而构成了协同融合的更加庞大的复杂系统。以专家系统为例，专家系统是人工智能应用研究最活跃和最广泛的系统之一。专家系统就是运用特定领域的专门知识，通过推理来模拟通常由人类专家才能解决的各种复杂的、具体的问题，达到与专家具有同等解决问题能力的计算机智能程序系统。它能对决策的过程做出解释，并有学习功能，即能自动增长解决问题所需的知识。其次，从人工智能技术与外部的关系来说，人工智能可以实现从拟人化的机器人转向更加广阔的智能自主系统的创造过程，比如通过私人订制的人工智能系统可以结合不同载体形成智能工厂、智能无人机系统、智能地产、智能家居、智慧医疗、智慧金融等不同的外部应用系统。这些应用系统看似独立，但实际上却以人工智能技术为纽带联系在一起，从而构成更为庞大的智能化、智慧化应用系统群。

（四）大数据驱动性

人工智能技术应用的成功依赖的是计算机系统中能够将海量的数据信息进行迅速的搜集、整合、加工并做出分析、判断与反应的程序系统，这套系统需要完成两个层面的复杂任务：一是数据处理层面，要求系统能够以极快地、熟练地、准确地方式对数据进行搜集、整理并作出相应的运算；二是知识处理层面，要求针对那些现实世界中存在的不能完全用数值进行计算就解决掉的问题，例如语言的理解和翻译、图形和声音的识别、决策管理等进行分析、判断与反应，尤其是像医疗领域这样类似的一些问题,更不能简单地通过数值计算来给出解决办法,因为医疗诊断往往需要有专门的从医经验和丰富知识的医师才能做出正确的诊断。此时,就需要智能系统实现由数据处理向知识处理的转变。而要完成上述两个层面的复杂任务,就必须要应用大数据技术作为核心驱动,力求在较短的时间内完成知识与数值计算的整合。因此,人工智能技术可谓是一种从人工知识表达到大数据驱动的知识学习技术。

(五)跨媒体融合性

正是由于大数据技术的介入才使得人工智能技术能够跨越不同界限,在融合性的综合媒体环境中获取相应的信息资源。这使得计算机能够处理的数据从分类型处理的多媒体数据转向跨媒体的认知、学习、推理,而这里讲的"媒体"并不是新闻媒体,而是数据存储的不同界面或者环境。通过不同界面的融合互通,人工智能技术能够实现从追求智能机器到高水平的人机、脑机相互协同和融合的境界,而这又在较高层次上体现了该技术的融合性。

四 中国人工智能技术的应用与发展情况

中国引入人工智能技术的历史虽然起始于 20 世纪末期,但普遍地在生产生活中应用人工智能,并且使人工智能在物质生产领域引起较高关注则是近年来才发生的事情。2010 年以后,中国南方的几个制造业大省——浙江、安徽、广东等地,出现了不同程度的"民工荒""招工难"问题,一些工厂中亟需工人但却无法在劳动力市场上得到满足。此种情况为人工智能机器人在南方的制造业大省登陆提供了客观条件,"机器换人"项目首先在浙江省推动起来。浙江省经信委副主任凌云称"机器换人"项目发展到 2015 年,解决了大部分工厂"招工难""用工荒"问题,智能化机器人已累计顶替了 200 万普通劳动工人的工作。

与此同时，安徽也张罗起"机器换人"的大改造工程，制定了《智能制造实施方案》，每年在机械、钢铁、石化、建材、冶金等行业选择300家左右的企业推进使用工业化机器人。广东、深圳等高新技术前沿阵地也不甘示弱，纷纷将智能化机器人引入自身具有比较优势的产业中。根据广东东莞市经信局的数据，2014年9月至2016年10月，东莞"机器换人"专项资金项目申报共1485个，预计可减少8.7万名工人。有人称2015年是中国大规模引入人工智能元年，这在工业机器人应用上面确实找到了直接的证据。

实际上，中国人工智能技术的应用不仅仅是在工业生产与智能制造领域，在人们的日常生活中，很早就可以看到智能化产品的影子了。以智能手机为例，早在1999年，摩托罗拉就生产了第一款智能化手机，采用龙珠CPU作为其中央操作系统，从此开启了智能化手机的先河。如今，智能手机已经走进数以亿计的中国普通老百姓的家中手里，人手两部或者三部手机早已经不是什么新鲜的事情。人们的吃、穿、住、用、行都少不了智能手机的辅助，看电影、刷视频、出门订票、旅游拍照、云支付、云办公等等哪一样都少不了智能手机的陪伴，智能手机似乎已经成为人们生活的必需品、出门必备品，它不仅记录着人们生活的点点滴滴，而且承载着很多人的喜怒哀乐。正应了老百姓的一句俗语：过去的社会，有腿走遍天下；如今的社会，无手机寸步难行。除了智能手机，人工智能技术在其他领域也已经逐步被应用起来，其渗透力逐步提高。

在具体应用的过程中，人工智能技术不断改进，目前已经从技术、数据驱动进入场景驱动阶段。所谓场景驱动指的是人工智能技术可以结合不同场景（主要是不同行业背景）去寻找个性化的问题解决方案。此类定制化、差异化的行业实践应用无论是取得了成功还是经历了失败都会反过来为优化人工智能的核心算法提供实践经验。目前，人工智能主要在制造、家居、金融、零售、交通、安防、医疗、物流、教育等行业中有具体的应用（见表8-2）。

表8-2　　　　　　　　人工智能应用领域概况梳理

人工智能应用领域	人工智能应用概况
智能制造	智能装备、智能工厂、智能服务，推动工业制造4.0
智能家居	通过智能硬件、软件系统、云计算平台构成一套完整的家居生态圈，小米、天猫、Rokid等智能音箱成为爆发点
智能金融	智能获客、身份识别、大数据风控、智能投顾、智能客服、金融云等，是人工智能渗透最早、最全面的行业
智能零售	无人便利店、智慧供应链、客流统计、无人仓无人车等等成为热门方向；京东自主研发的无人仓采用大量智能物流机器人进行在商品分拣、运输、出库等环节实现自动化；图普科技则将人工智能技术应用于门店客流统计
智能交通	ITS广泛应用于对车辆流量、行车速度进行采集分析，监控和调度交通，有效提高通行能力、简化交通管理、降低环境污染等
智能安防	人体分析、车辆分析、行为分析、图像分析；小到关系个人、家庭，大到跟社区、城市、国家安全息息相关
智能医疗	德尚韵兴提供智能医学影像技术；智微信科研发人工智能细胞识别医学诊断系统；若水医疗提供智能辅助诊断服务平台等
智能教育	科大讯飞、又学教育等企业成为佼佼者，机器批改试卷、识题答题、人机交互可以进行在线答疑解惑等
智能物流	通过利用智能搜索、推理规划、计算机视觉、智能机器人搬运工等在运输、仓储、配送装卸等流程上实现自动化改造，无人操作

注：根据相关领域材料自行整理所得

第二节　人工智能技术应用及其对中国就业市场的影响

一　人工智能技术应用的本质和过程

马克思、恩格斯在《资本论》的研究中阐述了人与人之间的生产关系，揭示了资本家剥削劳动者创造的剩余价值的实质。不过，马克思、恩格斯的分析并不是孤立地就生产关系而论生产关系，而是联系了物质生产过程，以生产力为基础来辩证性地研究了作为矛盾一个方面的生产关系。生产力与生产关系是一对矛盾统一体，生产力决定生产关系，生产关系反作用于生产力，二者共生共存，不可偏废其一。人工智能技术也是如此，它通过在先导产业的生产过程渗透，发挥出示范效果并逐步演化为通用技术从而应用于整个产业体系，促进产业结构改变与调整，最终作用于生产方式并影响到要素所有权关系、人们在劳动中结成的相互关系以及各种要素在收益分配中的关系等生产关系范畴（见图8-1）。

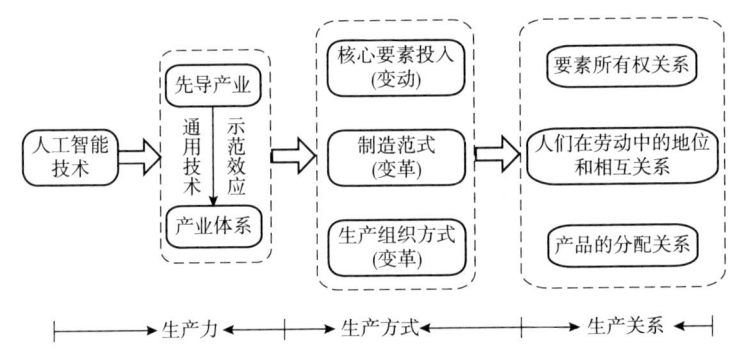

图8-1 人工智能技术的应用通过生产力影响生产关系的基本逻辑

人工智能技术的应用从经济本质上来讲主要是对资本所有者有利的，它意味着成本的节约与剥削的加强：一方面人工智能技术将以数据资源为关键要素的智能化机器应用到生产过程中，极大地提高能源利用率、劳动生产率、资本生产率以及劳动效率，降低生产运营成本、企业管理成本、产品生产不合格率，从而不断促进社会生产力水平提高，这与历次技术革命推动生产力水平质的飞跃产生的效果是一致的；另一方面，人工智能技术在提升社会生产力发展水平上的作用是建立在使用智能化机器来替代体力劳动者和简单脑力劳动者的基础上的。

在原有企业规模不变的情况下，智能化机器的应用会增大投入成本，提高资本有机构成，从而促使资本的一般利润率下降。为了缓解这一压力，资本所有者主要会采取两个方面的措施：一是缩减劳动岗位，二是裁掉原有岗位上的部分员工，而那些被裁减掉的员工主要是从事程序化、固定化或者机械化作业的体力劳动者和简单脑力劳动者。这种情况对于资本所有者来讲意味着成本的节约、利润的上升，而对于劳动者来讲，则意味着劳动权利的被剥夺或者被剥削程度的加深，他们面临的要么是失业要么就是在原有岗位上忍受变本加厉的盘剥。①

二 人工智能技术应用对劳动力市场的影响

人工智能技术应用主要体现为智能化机器引用到生产过程中来，代替部分劳动者，从而使劳动力市场经历了由人工劳动力到人工劳动力与机器人劳动力并存的转变，这无疑会给劳动力市场带来变革性影响。

（一）人工智能技术应用对劳动力需求的影响

从人工智能技术应用的直观层面来讲，人工智能机器人会替代那些从事高危工作、重复性工作以及在机械化、程序化、固定化流水线上工作的劳动者，有了人工智能机器人，企业显然会降低对这部分劳动者的需求。然而，人工智能机器人本身也是由人创造出来的，它不会完全取代人的作用，并且其作用的发挥还需要人的创造性辅助与研究性拓展。这就决定了人工智能技术应用的间接就业创造效应与岗位补偿效应，从而构成对劳动力需求的拉动。总之，人工智能技术的应

---

① 虽然机械化与电气化技术的变革都曾经在一定程度上提高了劳动者的收入水平，人工智能技术的引入可能也会出现同样的效果，但是劳动者收入水平提高的幅度与资本所有者利润增加的幅度相比却是非常低的，这意味着资本所有者对劳动所有者剩余价值的剥削程度更深了。

用对劳动力需求的影响是多方面的，需要详细加以分析。

首先，引进人工智能机器人会降低整个社会对低技能劳动者的需求。与第一、二、三次工业革命类似，"机器换人"现象也将会带来现有产业链的颠覆与变革，使企业的生产方式与生产流程发生巨大变化，以前一些岗位可能要被人工智能机器人所替代，从而带来熊彼特所说的"创造性破坏效应"，使企业的劳动力需求下降。然而，"机器人"劳动力与人工劳动力是有本质的区别的，突出表现为人具有机器所缺乏的缜密的思维与灵活的主观能动性，并且机器人劳动力本身也是人类智慧的结晶与人类劳动的产物，所以"机器人"劳动力能够替代的并非所有劳动者，其劳动替代的情形表现为下述两个方面：一方面，人类社会生产与生活中存在着一些劳动者不愿意做或者仅仅依靠人力无法胜任的工作岗位，例如高空作业、高温作业，或者只有在极其苛刻的环境下才能够完成的高精密度作业，现在可以用机器人来代替人工了，这种替代方式虽然会带来短期的人员失业，但是从降低劳动者的工伤率、保护劳动者人身安全、促进劳动者实现劳动质量改善等方面来说却是劳动者的"福音"；另一方面，在一些规模较大的工厂以及流水线上，出现了智能机器人对人工的大面积替代，工厂逐渐使用机器人来代替工人实现生产的全面自动化，而这有个前提条件就是流水线工作比较简单只需要根据操作指令行事就可以了，功能仅限于输入和输出，没有更加复杂的操作或者思考在里面。这意味着，能够被机器人替代的往往是那些从事重复性、程序化、固定化、机械化工作的劳动者，以及那些从事护理、机械分拣、高空作业等服务或特殊工作的劳动者。这些被替代的劳动者虽然所从事的工作内容有所不同，但他们在性质上却都属于低技能劳动者（体力劳动者或简单脑力劳动者）。因此，可以说"机器换人"现象的发生以及人工智能的发展将会使企业不断降低对于低技能劳动力的需求。

其次，人工智能机器人的引入会提高对高技能劳动力的需求。"机器人"虽然能够代替人工做一些工作，甚至可以完成一些普通人所难以胜任的如高空、高温以及精密度要求极高的作业，但是从本质上来说，它们仍然属于人类智慧创造的产物。机器人的产生需要科学技术人才的研发与创造，依赖于科学家对于信息科学、计算机科学、心理学、语言学以及其他相关科学的深入研究，机器人投入使用之后也需要相应的控制人员、检修人员等的配合才能持续性发挥作用。如今，在人工智能化机器应用的领域，诸如无人工厂、无人码头等确实已经初露端倪，但在这些自动化作业的"机器人"运转背后，还存在着大量支持性的工作岗位，它们需要科学家、工程师、高级技师、专业研发与智能制造人员等的相互配合。也就是说，机器人要真正发挥代替人工的作用还需要有其他劳动者主要是从事科技研发、创造、操作、管理与维修等工作的高层次技术人才的支持与辅助。2019年，人社部、市场监管总局、统计局联合发布13个新职业，既有现在流行的人工智能、大数据、云计算、物联网等工程技术人员，也有电子竞技员、无人机驾驶员等新颖工种。根据观察，在人民日报所报道的13个新职业当中，其中9个都与人工智能产业密切相关，这其中包括了：人工智能工程技术人员、物联网工程技术人员、大数据工程技术人员、云计算工程技术人员、数字化管理师、无人机驾驶员、物联网安装调试员、工业机器人系统操作员与运维员等。因此，"机器换人"背后涉及的是市场提高了对高技能劳动力的需求，一些新兴的工作岗位正在紧锣密鼓地"招兵买马"。

总之，"机器换人"现象所带来的劳动力需求变化可以用图8-2来表示，它代表的是一个存在高、低技能两种劳动力类型的二元劳动力市场，在这个以劳动力价格P为纵坐标，以劳动力数量L为横坐标的直角坐标系中，如果用d_{10}与d_{20}分别表示低技能与高技能劳动力最初的需求曲线，那么，当企业引入机器人劳动力来代替普通劳动者从事工作后，低技能劳动力的需求会由 d_{10} 向左下方移动到 d_{11}，而高技能劳动力的需求则会由 d_{20} 向右上方移动到 d_{21}，即"机器换人"对劳动力需求所产生的影响是二元的，它在带来对低技能劳动力需求下降的同时还会带来对高技能劳动力需求的上升。

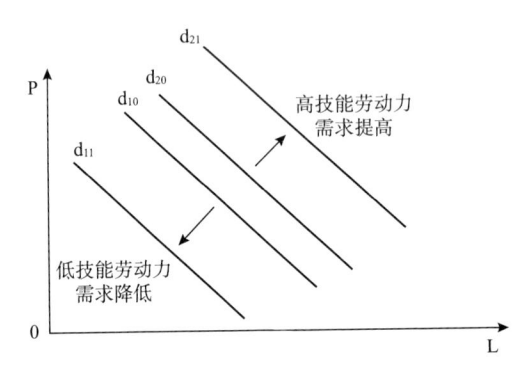

图 8-2 "机器换人"现象所带来的劳动力需求的二元变化

（二）人工智能技术应用对劳动力供给的影响

"智能机器换人"是企业面对用工难、用工贵以及结构转型等问题时的理性选择，劳动力需求会随着智能化技术的成功使用而迅速发生变化。与此不同的是，劳动力供给由于人力资本投资过程的长期性而无法做出对劳动力需求变化的快速响应，而是要经过一个漫长的培养与等待过程。

首先，在"机器换人"现象发生之后的很短一段时间内，一部分低技能劳动力的工作岗位被机器人所替代，企业对这部分低技能劳动者的需求迅速下降而对高技能劳动者的需求迅速上升，导致低技能劳动力面临两难境地：要么失业，要么只能选择转向低工资就业岗位。而与之相反的是，高技能劳动力的社会地位与工资水平却在不断提高，两类劳动者之间的贫富差距不断拉大。如图 8-3 所示，在图 8-2 的基础上，加入劳动力供给曲线，由此对劳动力市场的均衡状况展开分析。在低技能劳动力市场中，劳动力供给曲线用一条水平线 AB 来表示①，而在高技能劳动力市场中，劳动力供给曲线用一条向右上方倾斜的曲线 EF 来表示②，在"机器换人"现象没有发生之前，二元劳动力市场分别在 A 点与 E 点达到均衡，此时，低技能劳动力市场的均衡雇佣水平与均衡工资分别为 OD 与 OP_{10}，高技能劳动力市场的均衡雇佣水平与均衡工资分别为 OG 与 OP_{20}，二者之间的工资水平差距为线段 $P_{10}P_{20}$ 之间的距离。在"机器换人"发生之后，低技能劳动力需求下降导致曲线 d_{10} 向左下方移动到 d_{11} 的位置，假定工资水平不变，那么低技能劳动力市场均衡的点便会由 A 点移动到 B，此时由于低技能劳动力供给无限性特征的存在，使新的均衡雇佣水平由 OD 降低为 OC，线段 CD 之间的距离表示失业数量，均衡工资保持不变（在图形中表现为 $OP_{10} = OP_{11}$）。与此同时，高技能劳动力需求提高导致曲线 d_{20} 向右上方移动到 d_{21} 的位置，由此使高技能劳动力市场均衡的点由 E 点移动到 F 点，新的均衡雇佣水平由 OG 增加为 OH，相应地，新的均衡工资则由 OP_{20} 增加到 OP_{21}。经对比可发现，"机器换人"前后高技能与低技能劳动力市场的均衡工资差距由 $P_{10}P_{20}$ 增加为 $P_{10}P_{21}$，也就是说，两类劳动力之间的贫富差距在扩大。

其次，随着时间推移，劳动者、企业与政府三方会在"机器换人"现象的影响下改变自身的策略选择。从劳动者角度来看，"机器换人"对于低技能劳动者来说意味着要么面临失业威胁、要么接受更低的工

---

① 在这里，之所以用水平曲线来表示低技能劳动力的供给状况，原因在于根据我国目前农村剩余劳动力不断涌向城市、城市依然存在大量失业人口以及劳动力教育结构仍然处于较低层次等现状，低技能劳动者的供给应该是无弹性的，也就是说，低技能劳动力的供给呈现出无限性特征，企业可以实现在工资水平不变条件下的任意雇佣量。

② 高技能劳动力市场上的供给曲线与低技能劳动力市场上的供给曲线不同，它是向右上方倾斜的，也就是说，高技能劳动力的供给数量会随着工资水平的提高而不断增加，这是因为，中国目前高技能劳动者的数量是有限的，但只要工资高到足以超过人力资本投资所花费的时间、精力成本和机会成本，就会有低技能劳动者通过学习、培训等人力资本投资形式转变成高技能劳动者，以此来填充高技能人力资源队伍。

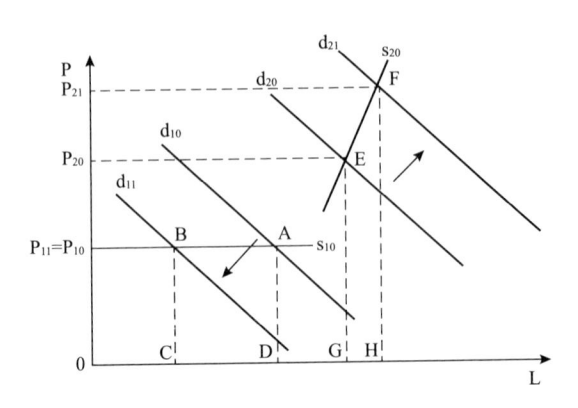

图 8-3 "机器换人"发生之初劳动力市场运行情况

资、要么就选择进行人力资本投资从而跻身于高技能劳动者的行列，显然，大多数劳动者会选择后者；从企业角度来看，"机器换人"之后，企业急需要有负责机器人操作、管理、维修、检查、数控等业务的工作人员，要解决这一问题，除了在劳动力市场上重新招聘外，企业也会在自身已有员工中进行在职培训帮助员工顺利转岗从而满足自己对于高技能劳动力的需求；从政府角度来看，"机器换人"会带来部分工人的失业问题，为了避免社会混乱、降低变革成本、顺利地解决低技能劳动者的再就业问题，政府往往会选择为社会成员创造有利于人力资本投资的环境以实现人工智能时代的有序过渡。由此可见，三方合力的结果必然是推动人力资本投资水平的提高。

然而，根据劳动经济学长期动态模型，由于人力资本投资的效果不是立竿见影的，它需要一个时间传导过程，也就是说人们学成并且能够应用到实践工作的技能养成并不是一蹴而就的，所以导致劳动力市场往往存在像"蛛网"一样的运动和调整过程。这就是所谓的"蛛网模型"（见图 8-4）。在"蛛网模型"的作用下，人工智能人力资本投资过程会伴随着劳动力市场的阶段性波动现象，从而导致劳动力供给适应劳动力需求要经过很长的一段时间。

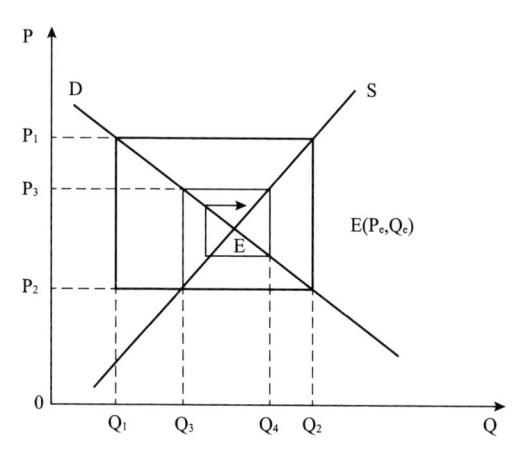

图 8-4 人工智能劳动力市场：蛛网模型

再次，在劳动者、企业与政府三方的合力作用下，人力资本投资效果不断显现，迫使劳动力供给发生变化，导致市场上的低技能劳动力不断通过人力资本投资过程转变为高技能劳动力，从而不断缩小高技能与低技能劳动力之间的贫富差距，不断弱化劳动力市场上的二元性特征。如图 8-5 所示，在图 8-3 的基础上加入人力资本投资的影响，其会带来两个方面的变化：一方面，高技能劳动力数量增多，表现在图形中为曲线 EF 以 E 点为轴心向右下方旋转（例如旋转至 EK 曲线的位置），此时高技能劳动力市场上的新均衡工资为 OP_{22}；另一方面，低技能劳动力数量减少，其无限供给特征渐渐消失，表现在图形中为劳动力供给曲线不再水平而是开始向右上方倾斜（例如图 8-5 中所示，低技能劳动力供给曲线由 BA 以 B 为轴心向左上方旋转至 BJ 曲线的位置），此时低技能劳动力市场新的均衡工资为 OP_{12}。由此可见，人力资本投资带来低技能劳动者向高技能劳动者的转移，从而使两类劳动者之间的工资差距逐步缩小（例如图 8-5 中工资差距由 $P_{10}P_{21}$ 减小到 $P_{12}P_{22}$），劳动力市场中的二元性特征逐步弱化。

总之，"机器换人"现象产生之后劳动力供给的变化要经过一个较为漫长的过程，劳动者、企业与政府三方需要明确认识到"机器换人"

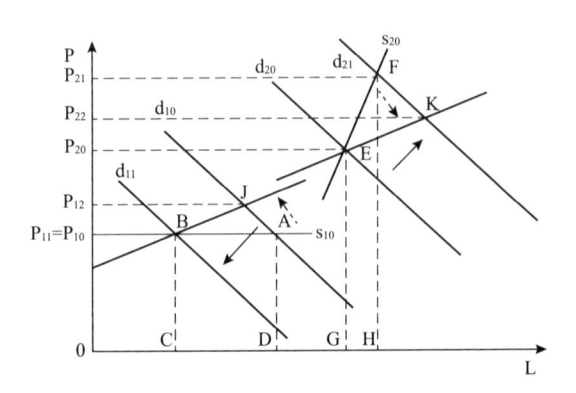

图 8-5 "机器换人"之后人力资本投资作用所带来的劳动力市场变化情况

后对于就业与工资水平、企业利润实现与生产方式选择、社会问题产生与经济发展实践等若干方面所产生的影响,然后做出有利于人力资本投资的策略选择,待人力资本投资效应发挥作用以后,劳动力供给才会实现由低技能劳动力占有较大份额向高技能劳动力所占份额逐步提高的转变。

三 人工智能技术应用对中国劳动就业的影响

经过上述关于人工智能技术应用对于劳动力市场产生影响的理论模型分析,可以看出人工智能机器人引入生产过程中既会带来摩擦性失业的上升,也会带来新的劳动力需求,因此人工智能技术的应用对就业的影响既存在"破坏性替代效应"的消极影响,又存在"创造性岗位互补效应"的积极影响,就业的总效应究竟如何则取决于两种效应综合叠加的结果。

总体上来看,人工智能技术应用对于中国目前的劳动就业的影响是喜忧参半、不太明朗,具体表现在以下几个方面:

(一) 高技能人才紧缺,引发人工智能企业"人才争夺战"

2015年以来,随着南方部分制造业大省发动"机器换人"现象,我国人工智能应用进入爆发期,应用规模逐步扩大,应用领域不断扩展,同时,一些人工智能行业的佼佼者如科大讯飞、搜狗、腾讯等成为人工智能市场的领跑者,带领了一大批初创公司的产生,人工智能企业大量增加,人工智能产业链条逐步形成,新型智能化服务模式涌现。这势必会造成产业结构的调整,从而影响市场对劳动力的需求。目前,人工智能产业形态进入成长期,国家重视并扶持人工智能企业发展,资金自不用愁,但其最紧缺的就是人才。

我国劳动力市场上存在着严重的供需不平衡,人工智能技术人才相当紧缺。一些业内人士认为,国内市场人才供求比例仅为1∶10,供需严重失衡。工信部教育考试中心副主任周明也曾在2016年向媒体透露,中国人工智能人才缺口超过500万人。[1] 人工智能高端人才的缺乏导致了各大互联网企业高薪挖人的现象。以人工智能算法工程师为例,该职位的月薪少则1、2万,多则9、10万。不像其他行业占据职业高薪榜的都是高级管理人才,在人工智能领域中,技术类工程师拿的才是最高薪。

(二)"机器换人"并未对存量就业构成威胁

2010年以来,我国国民经济各行业中应用工业机器人的服务领域较前几年大幅上升,人工智能技术已经渗透到了制造业、运输业、医疗、地产等各行各业中。例如,以计算机视觉原创技术的诞生为开端,人脸识别、指纹识别系统就大规模地应用在了公司考勤、教育考试、公交出行等系统中,给人们生活带来较大便利。智能家居、智能电子设备已经走入寻常百姓家,人们只需喊一下"小爱",那个被称为"小爱"的机器人播放机就会给你播放一首好听的歌曲,还有无人机、无人驾驶车、高速收费站的ETC专用通道、自动售票机、自动贩卖机等无不显示着人工智能时代的巨大魅力。当然,劳动者关心的可不是人

---

[1] 《人民日报》(海外版):《供需严重不平衡的人工智能行业人才去哪儿"挖"?》,https://www.sohu.com/a/192642293_607269,2017年9月17日。

工智能所带来的便利与神奇，而是智能化机器人会否威胁到自己的"饭碗"。

实际上，我国人工智能的大面积应用并未对存量就业构成较大的威胁，一方面在于如上所述，人工智能深入的领域很多在于人们的生活当中，便利了人们的出行，美化了人们的家居……不存在或者很少存在对于劳动者的替代；另一方面在于智能化机器人在替代人工劳动力的领域首先冲击到的也是那些简单机械化、枯燥乏味、工作环境恶劣等本来就不太受人待见的工作岗位，这些岗位中有些甚至曾经上演了"用工荒"，倒逼企业不得不选择用"工业机器人"来代替人工劳动者。此外，这些被替代下来的劳动者也并没有直接成为"弃儿"，而是或者通过内部转岗实现了再就业或者通过跨区域流动重新做起了原来岗位的工作，因而并没有出现大规模失业现象。

如表8-3所示，中国近十年来的城镇登记失业率一直保持在3.6%—4.1%之间，近五年来还有逐步下降的趋势，由2015年4.1%下降到2016年的4.0%，随后的三年每年都下降0.1个百分点，直到2019年城镇登记失业率已经下降为3.6%。虽然由于统计口径的原因，国家统计局的数据没有包括那些农村潜在失业人口等情况，导致城镇登记失业率不能精确反映全国总体失业率。但是由于人工智能技术应用的领域主要布局在城镇，所以我们仍然可以在国家统计局公布的官方数据中看到人工智能技术引入尚未对城镇就业问题带来非常严重的威胁。

表8-3　中国2010—2019年城镇登记失业人数与失业率情况

年份	城镇登记失业人数（万人）	城镇登记失业率（%）
2010年	908	4.1
2011年	922	4.1
2012年	917	4.1
2013年	926	4.1

续表

年份	城镇登记失业人数（万人）	城镇登记失业率（%）
2014 年	952	4.1
2015 年	966	4.1
2016 年	982	4.0
2017 年	972	3.9
2018 年	974	3.8
2019 年	945	3.6

注：根据中国国家统计局网站公布的数据自行整理而得

（三）人工智能技术应用对就业的挤出风险依然存在

尽管如此，我国仍然不能忽视人工智能技术应用对就业的挤出风险。这是因为人工智能技术在市场中的应用会经历一段先冲击固定化、程序化、机械化以及高危高温等本来用工短缺的工作，后冲击带有认知类色彩的程序性工作（如机械式信息处理加工岗位等）的动态变化过程。未来，随着人工智能算法的成熟，受突破性技术的推动，智能化机器所具有的能力可能会超过人类，因而冲击更广泛更复杂的工作领域，从而带来更大范围的就业替代。加之我国目前机器人使用密度还低于全球平均水平，具有较大的市场拓展空间，"机器人"应用的示范效果逐步凸显出来后也会带动各行各业对智能化机器人的需求。由此可见，当"机器换人"的真正需求被彻底激发出来之后，我国劳动力市场的震荡将会不可避免。所以，人工智能技术应用对总体就业的冲击仍然具有较大风险，我们必须提前做好应对准备。

（四）新兴产业业态形成，就业创造效应初显

三次科技革命的历史经验表明，每一次技术进步在给一部分劳动力带来冲击的同时也会给另一部分劳动者带来实惠；同时，每一次技术进步短期内给劳动者带来的可能是被迫下岗的"噩耗"，但长期内

却给他们带来了收入水平提高、劳动质量改善、生活方式调整的"福音"。人工智能技术也是如此。随着互联网的发展和技术进步，人工智能应用市场环节、产业链条都会分解成 N 个部分，社会分工更加细化，行业协作更加紧密，从而创造出更多的新兴产业、更多的工作岗位。对于企业而言，虽然人口红利逐渐消失，但通过细化产业内容、使用人工智能机器人替代人力岗位的"技术红利"可极大降低成本、提高利润，而这又会吸引更多企业的目光，激发更多具有活力和魄力的公司投身于人工智能技术应用以及人工智能机器人的研制与生产事业中。根据《中国新一代人工智能发展报告 2019》显示，截至 2019 年 2 月 28 日，中国共有 745 家人工智能企业，这一数据还不包括那些与人工智能企业有直接或间接关联的企业或组织。在 745 家人工智能企业中，融资总额为 3832.22 亿元，达到 2017 年的 2.04 倍，排名全球第一。

可见，人工智能和机器人会创造一些新兴岗位，还会引起新兴产业业态产生，如专业技能培训、机器人租赁、工作站式机器人或自动化服务提供商等。这些新型服务和业务会创造更多就业岗位，从而使其就业创造效应显现。

第三节　人工智能技术应用导致劳资关系转变

一　人工智能技术条件下劳资关系演化趋势

（一）劳动力人口从流动过剩到停滞过剩

技术进步引入制造系统以后会出现经济周期性的运动过程，从而产生流动性相对过剩人口。随着技术革新的普遍运用，工业生产过程会呈现出"增长初步形成——订单活跃而繁忙——节奏减慢——停滞衰落"的动态变换且周而复始的运动过程,这一过程里,每时每刻都上演着就业与失业的故事,产业后备军主要以流动性相对过剩人口的形式存在。所谓的"相对过剩人口"指的是在工业生产的周期性变换中总是存在着失业人口,这意味着劳动力市场上存在着劳动力的过剩供给,因而形成了相对于劳动力需求而言的过剩人口。而"相对过剩人口"的"流动性"指的则是这部分过剩劳动力不是静止不变的,而是动态变化的,有人失业就有人就业,有人上岗就会有人下岗,体现的是"旧瓶装新酒"的特征,称谓未变人却已变,同时,"流动性"的含义还表现为这部分过剩人口作为产业后备力量可以随时准备着,对空白劳动岗位进行补充。

人工智能技术应用条件下,现有社会生产方式成为高、精、尖的脑力劳动者的主场。劳动力市场上最受欢迎的是那些懂计算机科学、会大数据算法的高技能劳动者,与之相反的是,体力劳动者与部分认知类脑力劳动者会被智能化机器替代下来。人工智能时代,依然能够留在劳动力大军队伍里的要么就是高技能劳动者,要么就是成本极低的低技能劳动者,那些处于二者之间的劳动者们如果不学习先进技术、不接受足够的职业技能与素质培训就会被淘汰出局,成为停滞性过剩人口。

(二)相对贫困走向绝对贫困

流动性过剩人口的存在使得劳动者很难有足够的博弈力量与资本所有者进行谈判从而争取工资水平的提高,贫富差距会逐步拉大,但是由于劳动者还能在劳动力市场中流动,还能找到工作,故而能够保证基本生活解决温饱问题,因而此时的贫困属于"相对贫困";人工智能技术应用后,流动性过剩人口转变为停滞性过剩人口,企业雇佣的劳动者数量大幅度下降,虽然那些留在企业岗位上的单个高技能劳动者会获得可观的工资水平,但是从整个社会上来看,资本雇佣劳动的总体数量下降，工资总量也必然下降，这意味着资本所有者对剩余价值的剥削得以进一步深化，与此同时，也会加剧贫富的两极分化。那些处于收入分配底端的劳动者或者那些游离于劳动力市场之外的劳动者沦为"绝对贫困"者，这是因为在缺乏政府强有力的兜底保障和公益性技能培训平台的前提下，这些底层劳动者只能面临"相对贫困—低收入—低教育投入—低技能—低收入—绝对贫困"[1]的恶性循环。人工智能技术的应用导致流动性过剩人口面临的"相对贫困"转变为停滞性过剩人口面临的"绝对贫困"。

（三）资本由剥削剩余价值转向剥夺劳动生存权利

人工智能技术的应用导致"停滞过剩人口"的出现，这意味着劳资关系恶化的形态并不是存在于就业岗位上的工人与资本所有者之间，而是相对于社会整体的状态而言，"停滞过剩人口"被剥夺了劳动权利，劳资关系外化为社会动荡的因素。对于劳动者而言，"停滞性过剩人口"被迫游离于劳动力市场之外，因而沦为"绝对贫困者"，在无政府援助的条件下，这部分群众会陷入贫困的恶性循环，从而成为城市的流浪者，由此会带来违法犯罪率的居高不下，威胁社会稳定；那么，贫困的积累对于资本所有者而言就一定是好事吗？那也未必。劳动者绝对贫困状态的积累会影响整个社会消费的下滑，而消费的下滑意味着企业较难盈利，企业利润下降会进一步促使其减少雇佣工人的数量，而这又会进一步增加贫困的积累，社会经济发展进入又一轮的衰退。

三 人工智能条件下中国劳资关系的转变

（一）中国"固态化"的传统劳资关系

传统生产方式下，劳动者与机械化、电气化生产工具相结合，按

---

[1] 张新春：《人工智能技术条件下资本主义劳资关系演化与启示》，《当代经济研究》2018年第12期。

照传统生产工艺展开生产与劳动过程，他们会在相同的时间，到相同的地点，按照分工的不同从事不同的工作。资本所有者可以通过控制与监督手段对劳动者工作情况进行监督管理，劳资之间关系逐步走向"固态化"。劳动者们每天上班、下班，执行朝九晚五或者朝八晚五的工作日安排，每个月获得大致稳定的收入水平。当然，在劳动报酬方面，根据计酬方式的不同，劳动者所获得的劳动报酬会有差异，例如：计时工资制度下，在升职加薪之前，劳动者每月工资基本固定；而计件工资制度下，按月取酬时，劳动者每月工资水平会有所浮动，劳动成果越多工资水平越高，劳动成果越少工资水平越低，这取决于劳动者的认真工作程度、劳动强度以及劳动者注意力集中程度的高低，而这又是雇主管理和控制劳动过程的一种手段，通过实行与劳动强度挂钩的计酬方式来调动劳动积极性，最大限度地榨取劳动者所创造的剩余价值。

传统劳资关系中，由于劳资契约具有典型的不完全性特征，企业代替市场成为组织劳资关系的主要方式是合理且必然的市场经济运行结果。因为企业作为一个较大的雇主与众多劳动者签订"格式化"劳动合同，等于用一个契约代替一系列的契约，降低了交易成本，符合市场运行逻辑。然而，由于劳方在劳资关系中具有从属性特征，[1] 政府干预成为必然。政府通过颁布《劳动法》与《劳动合同法》对企业雇佣工人的相关事项做了比较全面和明确的规定，从法律上赋予劳动者与资本所有者平等的地位，并且通过建立劳动基准与劳动监察制度、集体协商与集体合同制度、劳动者社会保障制度、劳动争议处理制度等各种制度安排保证劳动者基本权益的实现。

可以说，传统"固态化"的劳资关系具有与传统生产方式相适应

---

[1] 劳动从属性特征在企业代替市场的逻辑下并没有减弱，反而由于企业的强主导性而使劳方的从属性程度更深。

的特点，同时传统劳资关系的政府干预又适应了这种"固态化"劳资关系构建了以《劳动法》与《劳动合同法》为基本依据的各种劳动者保护制度，由此纠正了劳资关系中的"资强劳弱"，使劳动者与资本所有者双方在签订正规劳动合同的框架下和平共处，共同推动经济发展与社会进步。

（二）人工智能时代中国劳资关系走向"非固化"

人工智能技术没有得到爆发式应用之前，中国的劳资关系主要以固定合同式关系呈现，劳资矛盾主要体现为劳动者对合同条款中的契约精神被破坏而表示不满，就工资、工时、劳动标准、待遇水平、劳动条件等方面展开与资本所有者的对抗，或者表现为资本所有者想方设法对劳动者进行控制与管理，以最大限度地降低劳动者采取偷懒、怠工等方式展开机会主义行为的倾向。此时，劳资矛盾往往存在于企业内部，是内化于劳资关系内部的矛盾与斗争。

人工智能技术大规模应用以后，中国"固态化"的传统劳资关系将会被打破，主要表现在以下三个方面：

第一，劳动者的工作地点可以不固定。智能化机器人取代了人工劳动者在固定的流水线、程序化的工厂车间里面进行产品的生产，劳动者们则被解放出来，转向从事其他工作，如计算机程序员、大数据工程师、机器人建造师、智能化机器检修员等类似的岗位。对于这些工作人员而言，尤其是针对搞设计、研发的人员，他们具体工作的地点可以是在家、在公交车上、在旅行的途中、在等待孩子放学的学校门口……尤其是随着人工智能技术的普及，人们上班打卡的形式丰富多样了以后，劳动者可以通过网络打卡的形式告知雇主他们已经开始上班或下班，雇主也可以通过网络技术监控员工的工作进度。总之，智能化机器人把劳动者从固定化的工作程序中解放出来之后，劳动者工作空间将不再受制于企业组织所规定的固定场所的限制，呈现出

"非固化"色彩。

第二，劳动者的工作时间可以不固定。在人工智能时代里，劳动者的工作时间可以不再继续实行"刻板"的朝九晚五制，只要能够紧跟雇主交代的工作任务，完成好与其他合作者之间的工作衔接，那么就可以自由选择工作时间。这一点在传统生产方式下是很难做到的，因为流水线上工作需要工人们紧密协作才能完成，时间上具有集中完成的要求，所以工人们上班时间是固定的，不灵活。

第三，劳资关系表现出不确定性特点。人工智能技术的应用还会伴随着一种新的经济形式的出现，即"零工经济"。所谓"零工经济"指的是在人工智能冲击下，劳资双方的合作不再受工作时间与地点的约束，二者都具有选择灵活性合作方式的倾向，劳动力市场上会出现一大批颇受企业欢迎的"打零工"劳动者，或者称为"临时工"，他们不与企业签订固定劳动合同，只是通过口头约定与用人单位确立事实劳动关系，用人单位依据劳动成本支付报酬，"临时工"们可以为不同的用人单位提供劳务，从而表现出劳动关系不确定性特征的一种新型经济形式。

"零工经济"并不是人工智能时代的直接产物，但人工智能技术的应用却使这一经济形式受到欢迎，它的存在具有合理空间，遵循下述经济逻辑：

在固定的劳动合同模式下，企业雇佣劳动者需要花费长期的工资成本、福利成本与社会保险费用，从而导致人力资源成本较高，即使在工作量较少（消费处于淡季，或者经济周期处于衰退甚至停滞状态时），也同样要支付较高人工成本即养人成本。现在假设在一个支付月工资的企业中，单个劳动者的工资水平是 w，那么用人单位全年应该支付给他的工资额则为 $12w$。在"零工经济"模式下，企业只需要按照物化劳动成果支付人工费用或按照特定时间付酬（区别于固定合同下的连续时间内付酬),假设此种状况下,用人单位只需要雇佣工人5个月就可以完成全年的生产任务,而每个月付给工人的工资是固定合同制工人的两倍即2w,那么此时该用人单位全年的人均成本就为10w(即2w×5)。因此,对于用人单位而言,企业成本下降了。与此同时,劳动者由固定合同雇工转变为打零工的"自雇者"也可以获得相应实惠,原因在于零工经济下,他可以为不同用人单位服务并获得较高的工资率水平。接着刚才的数据进行分析,当劳动者作为企业固定雇工提供劳动时,他可以获得企业支付的固定工资为12w,然而在自雇模式下,假设其全年花费了10个月时间在工作,其中5个月为一家企业提供劳务获得10w的收入,另外5个月在另一家企业工作同样获得10w收入,这意味着,该劳动者在"零工经济"下获得了20w(10w+10w)的工作报酬同时额外多出了2个月的休闲时间。也就是说,"零工经济"模式下,企业与劳动者均能够在其中获得福利的增加,企业降低了成本劳动者提高了收入,这就是"零工经济"得以产生的根本原因,通过对劳动力资源的高效配置,达到社会福利的最大化。

从现实来看,"零工经济"确实也成为主流的就业途径。"零工经济"带来了巨大的就业机会,灵活就业人员逐年上涨。据阿里研究院报告显示,到2036年中国可能有多达4亿人口属于"零工经济"下的自由职业者。麦卡锡全球研究院2016年的一项研究称,在美国大概有5400万到6800万人通过自主的工作和临时工作获得收入。中国社会科学院人口与劳动经济研究所发布《人口与劳动绿皮书(2017)》显示,2016年零工经济等新经济带动其他行业增加值占GDP的比重达8.1%,而新的就业机会占总就业比重的6.4%。另外,根据近十年内中国国家统计局公布的就业与失业数据(见表8-4)来看,中国灵活就业人数呈现出增加趋势,2011年,在总劳动力人口78579万人中,有就业人口76420万,城镇登记失业人口922万,在总劳动力人口中扣除掉就业与失业人口则得到灵活就业人口的数量为 1237 万人，按照同样的方法计算 2012 年到 2019 年的灵活就业人员分别达到 1273 万、1397 万、1485 万、1674 万、2109 万、2074 万、2007 万、2084 万人次，尤其是 2016 年，灵活就业人口数较 2015 年有大幅度上升达到 20% 还要多。目前，中国灵活就业人数达到两千多万人，而这只是一个非常保守的估计，如果将那些没有在城镇登记的失业人口以及大部分农民工也算作是灵活就业人员的话，我国目前"零工经济"下的打工者数量还要更多。

表 8-4　2010—2019 年中国劳动力人口就业与失业情况统计　单位：万人

年份	劳动力人口	就业人口	失业人口	灵活就业人数
2010 年	78388	76105	908	1375
2011 年	78579	76420	922	1237
2012 年	78894	76704	917	1273
2013 年	79300	76977	926	1397
2014 年	79690	77253	952	1485
2015 年	80091	77451	966	1674
2016 年	80694	77603	982	2109
2017 年	80686	77640	972	2074
2018 年	80567	77586	974	2007
2019 年	80500	77471	945	2084

注：根据中国国家统计局网站公布的数据自行整理

正是由于劳动者工作时间与空间具有不固定发展的倾向，加之"零工经济"的产生与发展，导致劳资双方之间的权利与义务关系无法用固定的劳动合同加以规定，传统的劳动合同式的契约关系被打破。

（三）中国劳资契约关系的"虚化"

劳资契约是典型的不完全契约，人工智能技术应用后，零工经济的出现，会使劳资契约的不完全性进一步加强，主要表现为口头契约取代了正式契约，事实劳动关系取代了契约式劳动关系。人工智能介入生产过程以后，那些规律性、程序性、固定性的工作由人工智能机器人来完成，劳动者的工作内容发生了改变，他们主要从事非规律性的、易变的、需要花费时间进行思考并需人与人之间进行沟通与协调才能完成的工作，这就使得用人单位与劳动者之间签订线性的、固定的劳动合同式的契约关系被打破，取而代之的是散点状、不连续、口头化、无固定形式、无实际依据的契约关系，劳资契约的性质发生根本性转变，由固定"实际"劳资契约转变为非固定的"虚化"劳资契约。

"零工经济"条件下，劳资契约"虚化"的具体情形包括以下四种形式：

首先，劳动者以独立承包人的身份存在，与企业之间建立事实劳动关系，企业根据劳动成果完成情况支付"承包工程款"作为劳动者的报酬。劳动者与用人单位之间虽然建立了事实劳动关系，却没有签订实际劳动合同，正规的企业也许会出具承包合同，但该合同约束下，劳资契约关系转变为了民事合同关系。

其次，为了避免事实劳动关系可能遭遇来自《劳动法》与《劳动合同法》的干预，企业往往会鼓励"零工经济"中的自雇者注册公司或者成为个体工商户，此时，劳动者可以个体工商户身份出现在劳动力市场上与企业建立经济合同关系，报酬则以"外包费用"形式出现，《劳动法》不再适用；有些企业还会自己注销公司，以自然人身份出现，与劳动者之间达成口头交易，二者构成合作式民事契约关系，同样能够起到规避《劳动法》制约的效果。

再次，零工经济下还催生出了劳务派遣这种新型用工形式，即劳动者以劳务输出形式与用人单位签订劳务派遣合同，从而构成事实上的劳动关系，然而由于劳务派遣关系中涉及用人单位、派遣单位与劳动者个人的三重当事人，导致此种形态下的劳资关系更为复杂，劳动者利益往往得不到应有的保障。

最后，无固定期限劳动合同的合法存在也使劳资契约具有了不确定性。在《劳动法》与《劳动合同法》中都有关于无固定期限劳动合同的规定，即"以完成一定的工作任务为期限的"合同是允许存在的，这一规定虽然为企业灵活用工提供了便利，但也为企业"钻政策的空子"以无限拓展的空间。有些企业就使用这种合同实现了长期用工，而究竟工作期限是什么时候则由企业单方面说的算。

第九章　人工智能时代中国劳资关系的政府干预

人工智能时代，中国传统"固态化"劳资关系被打破，取而代之的是"非固化"的灵活劳资关系与"虚化"的劳资契约关系，这种新型劳资关系的运行态势，既加剧了劳动者面临的风险，使劳方博弈力量削弱，又使经济发展面临较大不确定性。加之中国传统劳资关系运行中形成的政府干预模式不再适用于新型劳资关系运行特点，我国劳资关系的政府干预政策必须进行重新调整。

第一节　人工智能时代劳资关系政府干预的必要性

一　劳资关系"非固化"引发"低技能人才"危机

人工智能技术应用到生产过程中，将人们从枯燥的流水线工作中解放出来，从轰隆隆的机器噪音中解脱出来，从高温、高压或高危的行业中解救出来，使劳资关系走向"非固化"与"灵活化"，这在一定程度上是能够受到劳动者的欢迎的，从目前笔者对市场的调查结果来看也确实如此，工人们对待"机器换人"的态度并没有那么"憎恶",反而充满了各种期待。但是,从唯物辩证法的角度来看,任何新技术的应用过程对于现实世界都既会有冲击又会有超越,新技术在给一群人带来便利的同时,也会给另外一群人带来危机,新技术引用后的效果亦有长期与短期之分,我们必须从时间与空间维度科学理性地审视新技术应用的实际效果。人工智能技术的应用过程更是如此。

对于人工智能技术应用而言,中国引入工业机器人的背景是在"用工荒""招工难"的背景下做出的理性选择,企业要发展,追求成本的降低与利润的提高符合正常的经济发展规律。所以,当今世界没有理由单方面诟病"机器换人"现象对普通劳动者就业所带来的冲击。当然,人工智能技术的应用,使劳动者在工作时间、工作地点与工作方式上具有了更自由的选择与空间,但是这一定是建立在劳动者能够掌握雄厚的人力资本的前提之下。也就是说,人工智能技术所带来的便利条件与宽松工作环境掌握在高、精、尖技术的高端人才手里,他们掌握了企业运转所必需的高技能,才能拥有这样的"特权"。那些曾经在流水线上工作的人们一旦无法获得高科技、高技术的学习机会进而无法成为市场所需要的高级人才,那么就会面临失业的危险,成为"停滞过剩人口",走向"绝对贫困"。换句话来讲,人工智能时代,劳资关系"非固化"对于高技能人才来讲是"福音",而对于低技能劳动者来讲却是危机。从中国目前的人口受教育水平结构来看,我国低技能劳动者所占比重是相当高的(见表9-1)。

表9-1　2011—2018年中国人口抽样调查中受教育情况简表　　单位:人

年份	6岁以及6岁以上人口数	6岁及6岁以上大专及以上人口数	6岁及6岁以上高中及高中以下人口数	6岁及6岁以上高中及高中以下人口数占比
2011	1067267	107348	959919	0.90
2012	1047865	110990	936875	0.89
2013	1041825	117925	923900	0.89
2014	1047090	120698	926392	0.88
2015	19833469	2643490	17189979	0.87

续表

年份	6岁以及6岁以上人口数	6岁及6岁以上大专及以上人口数	6岁及6岁以上高中及高中以下人口数	6岁及6岁以上高中及高中以下人口数占比
2016	1077322	139370	937952	0.87
2017	1063758	147593	916165	0.86
2018	1064195	149104	915091	0.86

注：根据中国国家统计局网站公布的数据自行整理而得

低技能人才所面临的危机在一系列机制的作用下又有可能演化成全社会的危机。第一，低技能人才沦为"停滞过剩人口"，资本所有者最大限度地剥削劳动者的剩余价值，会逐步拉大收入分配差距，造成贫富两极分化，而在边际消费倾向递减规律的作用下，居民消费水平会下降，消费不振造成产品滞销，形成产能过剩，一方面会加大社会负担，另一方面还会引发企业破产倒闭的经济危机，从经济与社会两方面来讲都意味着潜在危机的形成；第二，低技能劳动者如果不能获得受教育与培训的机会，不能完成技能角色转换，势必会步入失业人员队伍，按照中国现在的社会保障制度安排，会有一大批曾经的劳动者沦为人工智能时代的失业者，从而成为需要依靠领取失业保险金或者需要政府救济才能维持基本生活的社会弱势群体，这无疑会加重政府财政负担，威胁社会的稳定；第三，低技能劳动者在人工智能技术的冲击下因为被剥夺了劳动权利而游离于劳动力市场之外，如果又无法获得社会保障制度的关怀与庇佑，[1]那么就会铤而走险走上违法犯罪之路，社会犯罪率水平提高，势必会影响人们生活的安定，增加社会不稳定因素，进而影响正常经济秩序，造成一系列不良后果；第四，低技能劳动者若在人工智能冲击下沦为"绝对贫困"者，其本身也就

---

[1] 中国当前的社会保障制度安排虽然已经成熟且完备，但制度在具体实行层面仍然存在诸多问题，还有部分劳动者尤其是低技能劳动者没有被纳入正规的社会保障制度当中来，这就导致并不是所有劳动者都能在危机来临时躲避在社会保障制度这把"保护伞"之下。

失去了接受教育的经济基础,从而会陷入"绝对贫困—低受教育水平—低技能—绝对贫困"的恶性循环。

总之,劳资关系"非固化",低技能劳动者成为绝对弱势群体,他们的问题不解决,全社会都会面临危机,为此,政府必须进行干预。

二 劳资契约"虚化",劳动者风险增加

当然,人工智能技术应用引发低技能劳动者沦为"绝对贫困者"的现象在目前的中国并没有非常明显地表现出来,这是因为中国企业引入人工智能机器人的背景在于制造型企业产生了"用工荒",尤其是在那些机械化流水线上工作的人员流失严重,倒逼企业选择用"机器人"去填充这些鲜有人问津的岗位,从而既解决了企业用工问题又没有带来大面积的失业与裁员。即便如此,目前中国劳资关系的状态也不容乐观,原因在于人工智能技术应用催生"零工经济"的条件下,劳资契约关系发生了由"固定实际化"向"非固定虚化"的转变,这必然会打破原有的劳资关系格局,产生新的矛盾。

这一劳资契约性质的转变会带来多方面的影响:

首先,劳动者的谈判能力下降甚至消失。如果说在固定的劳资契约中,劳资博弈力量的对比还能够受到政府作为公正的第三方力量的影响发生有利于劳动者的调整的话,那么在虚化的劳资契约中,劳动者权益的实现与争取只能实际地取决于劳资博弈力量对比,从而表现出严重的"资强劳弱"特征。

其次,"虚化"的劳资契约使得劳动者面临更大的社会风险。在原来的固定模式的劳资契约关系中,劳资双方签订正式劳动合同,劳动者可以得到《劳动法》与《劳动合同法》的庇佑,保证其合法权益的实现,其中,工时规定可以保证劳动者不会工作时间太长影响劳动力的再生产;加班工资规定可以保证劳动者在超过规定的时间以后继续

工作能够获得额外报酬；社会保险福利待遇规定可以保证劳动者能够被纳入社会保险系统的保障之中，应对其可能面临的养老、医疗、失业、工伤等风险。然而，当人工智能时代来临，劳资契约逐步以非固定的"虚化"形式出现时，劳动者上述权益的获得都会被架空，不再有工时与加班工资的规定，劳动者依据物化的劳动成果取酬，要工作多长时间自己说了算，但是不工作是绝对不会取得报酬的；社会风险由劳动者自己承担，不再有企业所提供的其他额外福利与社保福利。

再次，"虚化"的劳资契约使劳资之间关系面临较大程度的不确定。"虚化"的劳资契约下，曾经受到《劳动合同法》保护的固定劳资契约不复存在，这会导致劳资关系的不确定，主要表现为：劳资关系主体不确定，即由于劳资双方不再签订固定的劳动合同，导致劳动法中所规定的权利义务关系主体不再确定；劳动时间不确定，即"虚化"劳资契约中不再有工时、计时工资、加班工资等概念；报酬支付不确定，即劳动报酬是劳资双方之间就工作成果展开协商的结果，不再受最低工资的限制；劳动保障不确定，即劳动者只能自己缴纳社会保险费用，用人单位不再提供社保福利；劳动风险不确定，即"虚化"劳资契约中不再有关于工作环境、工作内容、工作强度等方面内容的规定，劳动过程中所面临的风险由现场决定；工作责任不确定，即劳动者会为不同的用人单位工作，工作标准存在差异导致工作责任不同。这一系列的不确定使劳资关系演变为纯粹的劳资之间博弈较量关系，在"资强劳弱"的博弈格局下，劳动者必然处于弱势地位。

如果说，在中国传统的"固定化""契约式"劳资关系模式下，政府还能够通过法律制度以及其他各种制度安排使劳资关系发生有利于劳动者的调整，那么，在人工智能时代下，劳资关系的"非固定化"与"契约虚化"便将劳动者所获得的保护重新"架空"，使之成为政策层面的口号，难以发挥实际作用。

三 中国传统劳资关系的政府干预缺乏适应性

传统的生产方式下,中国劳资关系的政府干预主要体现为通过《劳动法》与《劳动合同法》的颁布,促进劳动基准与劳动监察制度、集体协商与集体合同制度、劳动争议处理制度的正常运行,从而保障劳动者合法权益的实现,纠正劳资博弈力量对比中的"资强劳弱"局面,使劳资双方相互制约平衡发展。

然而,人工智能时代下,中国传统劳资关系政府干预的这种平衡性被打破,劳动者工作的时间与地点具有灵活性发展的倾向,"格式化"固定劳动合同显然要走向下坡路。"零工经济"形式的产生就是最好的明证。在这种情况下,企业与工人之间不再签订固定的劳动合同,似乎已经成为劳资双方都能认可的事情,于是便出现了一种怪现象:一方面,政府为了保障劳动者权益的实现,出台了劳动与社会保障方面的一系列相关保护制度,不断细化并丰富《劳动法》、《劳动合同法》与《社会保障法》等法律条文中关于劳动者保护的相关内容;另一方面,劳动者们尤其是低技能劳动者们为了能够实现就业、能够养家糊口,或者提高收入水平,经常会成为无固定工作因而没有与固定单位签订正规劳动合同的"临时工",从而自愿或被迫地游离于政府的"劳动制度保护伞"之外。这种怪现象发人深省,由此也反映出一个非常严重的问题,即中国政府目前的劳资关系干预政策已经不再适用于人工智能时代下性质发生转变的劳资关系了。

中国传统的劳资关系干预政策与人工智能时代下新型劳资关系不相适应,突出表现为:

一方面,新型劳资关系具有"散点状""非固定""不确定性"等特征,劳资契约具有口头契约、民事合同、外包合同、经济合同等取代正式劳动合同的倾向,劳资关系中需要保护的劳动者目前已经渐渐游离在《劳动法》与《劳动合同法》之外,传统劳资关系政府干预政策中的制度安排主要针对的是固定合同制下的劳动者,对于目前"零工经济"中所存在的"临时工"状态的劳动者缺乏制度化保障措施。

另一方面,"零工经济"形式下,众多劳动者虽然能够获得较高的单位工资率水平且拥有了可自由支配的时间,但却不能像正式合同工那样获得企业所提供的福利以及社会保障待遇。以社会保障权利的实现为例,中国目前的社会保障制度还具有明显的跟随就业特征,即社会保障法强制性要求企业要为其员工缴纳社会保险费,社会保险费中个人缴纳部分也需要由企业代扣代缴,这就决定了那些在企业实现固定就业的劳动者往往更能够实现社会保障权利,未来在应对老年、疾病、工伤、失业等风险时能够及时得到社会保障基金的补偿。针对灵活就业人员,虽然我国制定了配套的城乡居民养老保险制度与城乡居民医疗保险制度,但是由于这两项保险制度都具有个人自己缴费且需要自愿缴费的特征,导致灵活就业的劳动者社保缴费激励不足,这就导致了劳动者的社会保障权利难以实现,社会风险劳动者个人自己承担。

第二节　人工智能时代中国劳资关系政府干预的基本思路

人工智能时代,劳资关系走向"非固化",低技能劳动者面临失业危机,劳资契约"虚化",劳动者风险增加,中国传统劳资关系的政府干预与新型劳资关系不相适应。这一切都迫切地要求中国劳资关系政府干预需要跟随劳资关系的新变化做出相应调整,而其调整的基本思路应该针对的是人工智能技术带来冲击的实质,也就是资本由剥削剩余价值向剥夺劳动者生存权利转变这一根本性问题。为此,政府干预思路需要从助力劳动者知识技能水平提升、努力拓展就业渠道、降低劳动者社会风险等三方面努力。

一 助力劳动者知识技能水平提升

人工智能时代,劳动力市场上存在着严重的供求结构失衡,即低技能劳动者供大于求,而高技能劳动者却求大于供,于是就出现了企业挖空心思争相重金抢夺高技能人才、低技能人才挤破头皮却连就业都保证不了的窘境。劳动者面临失业危机的恐慌从本质上来讲是低技能劳动者的恐慌,即劳动者一旦技能低下以至于无法适应人工智能时代对劳动力的需求时,就会面临被资本所有者剥夺劳动权利的局面。为此,要解决人工智能时代的冲击问题,就必须从提升劳动者知识技能水平入手。

劳动者知识技能水平的提升需要借助政府的干预力量,这是因为:一方面,劳动者自身虽有提升技能的意愿却无技能培训所需的经济实力。对于低技能劳动者而言,他们原本就是这个社会中的低收入人群,在没有被智能化机器替代以前,他们已经没有足够的经济实力与时间精力去接受技能培训,而在被智能化机器替代以后,在缺乏其他方面社会保障的前提下,他们更没有足够的财力去开展提升自身技能与素质的人力资本投资。另一方面,企业急需高技能人才却缺乏进行人力资本投资的激励。按照现代劳动经济学的人力资本投资理论,企业出资进行人力资本投资可能会涉及未来人力资本流失的潜在损失,这导致企业不愿意自己进行人才培养,而更愿意从劳动力市场上直接聘用符合自己要求的高素质人才,有些企业为了招到合适的人甚至不惜重金、使用各种手腕与竞争对手展开人才争夺战。可见,人工智能时代下的劳动力市场急需进行人力资本投资以提升劳动者技能水平,但劳资双方却都缺乏进行人力资本投资的条件，那么，助力劳动者知识技能水平提升的任务自然就落在了政府肩上。

二 努力拓展就业渠道

通过人力资本投资助力劳动者技能水平提升是解决人工智能时代下衍生出来的市场对高技能劳动者的极力吸引而不得、对低技能劳动者大量挤出从而给社会带来沉重负担等问题的长期举措。这一举措可以提升到国家战略决策的高度，结合中国科教兴国战略予以平稳推进。然而，要使这一战略决策真正发挥效果却需要一段长期的等待过程，因为人力资本投资效果的显现需要一个漫长的时间，与人工智能所带来的挤出效应相比，具有明显的滞后效应。

那么，要如何才能消化劳动力市场上可能会出现的大量"过剩人口"呢？能够即时奏效的解决办法或许是积极拓宽就业渠道。谈到就业渠道问题，前已述及人工智能本身会创造出一系列与计算机、大数据相关的产业业态与新型就业岗位，因而具有岗位创造效应。但是，发达国家的理论与实践都表明：人工智能的这一岗位创造效应只能减缓失业却不能对冲失业。为此，政府必须站出来积极拓展其他就业渠道，尤其是要积极开拓那些低技能劳动者能够胜任的工作岗位。这样才能助力劳动力市场对于过剩劳动力的吸纳能力，同时提振居民消费能力，阻止经济下滑，避免劳资矛盾激烈化。

三 降低劳动者社会风险

人工智能时代下越来越繁荣的"零工经济"是市场经济条件下劳资双方的一种理性选择。它虽然使劳动者游离在劳动合同与社会保障制度之外，但却能够给那些智能化机器替代下来的劳动者一个实现就业与维持生存权利的机会。因而"零工经济"或许是减缓人工智能冲击的一种有效的过渡形式。政府对待它的态度不应该是"消灭"与"打压",而更应该是"扶持""引导"与"规范",同时还要结合"零工经济"特点出台相关政策降低劳动者社会风险。

当然,降低劳动者社会风险并不仅仅是政府应对"零工经济"形式的理性选择,它更是促进人工智能技术应用能够顺利过渡的政府干预政策的理性选择。因为,只有降低了劳动者社会风险才能使劳动者在被智能化机器替代下来之后仍然能够维持基本生活,从而为促进自身技能水平提升以及更好地适应变化了的市场经济与社会形式提供宝贵的时间。

第十章　人工智能时代中国劳资关系政府干预的调整方向

第一节　以提升人力资本促进劳方博弈力量增加

人工智能时代，劳资契约逐步由固定劳动合同形式转变为口头契约形式，其不完全性进一步加强，劳资关系逐步回归劳方博弈力量处于绝对弱势地位，资本所有者不仅剥削劳动创造的剩余价值，而且很有可能会剥夺劳动者参与劳动的权利。政府要促进劳方博弈力量的增加需以促进劳动者的人力资本投资为主要干预方向，不断加大教育投入并积极推动劳动者的在职培训。

一　逐步建立高等教育中的人工智能专业培养体系

根据教育部公布的《普通高等学校本科专业备案和审批结果》显示，2018 年，我国有 35 所高等学府开设"人工智能"专业，2019 年，开设"人工智能"专业的院校增加了 180 所，增长 5 倍还多。这说明，中国已经逐步注意到了人工智能专业化培养体系的重要性，从大学增设"人工智能"专业上做了积极的响应。从 2019 年普通高校新增备案本科专业名单（见表10-1）上看，新增高校数量排名前十的专业分别是人工智能（180所）、数据科学与大数据技术（138所）、智能制造工程（80所）、机器人工程（62所）、大数据管理与应用（52所）、智能科学与技术（36所）、网络与新媒体（28所）、健康服务与管理（23所）、数字媒体艺术（23所）、学前教育（18所），这其中排名靠前的前五个专业都与人工智能相关联，排名前十的专业中有8个专业都是与人工智能有着密切的关系，人工智能专业已经在各个高校中如火如荼地开展了起来。

表10-1　　2019年普通高校新增备案本科专业名单

专业	新增高校数量	专业	新增高校数量
人工智能	180所	数据科学与大数据技术	138所
智能制造工程	80所	机器人工程	62所
大数据管理与应用	52所	智能科学与技术	36所
网络与新媒体	28所	健康服务与管理	23所
数字媒体艺术	23所	学前教育	18所
供应链管理	17所	智能建造	17所
智能医学工程	16所	金融科技	15所
小学教育	15所	康复治疗学	13所

注：根据《2019年普通高等学校本科专业备案和审批结果》（部分）整理而得

2017年中国在《人工智能行动计划》中设立了"到2020年建设成功50家人工智能学院、研究院或交叉研究中心"的目标，在各个高校增设"人工智能"专业的基础上，全国排名靠前的顶尖学府还专门成立了"人工智能"学院，目前"人工智能"学院的数量已经达到40家。从人工智能学院和人工智能专业发展的情况上来看，该专业是作为计算机科学与技术一级学科下的二级学科存在的，师资力量上也多借助于计算机科学方面的研究与教学人员，这就导致了新开设的人工智能专业培养体系脱胎于原来计算机科学相关专业的情况发生。由于人工智能主要是以计算机软硬件为基础、以大数据算法为核心，意在达到模拟人工思维与行动从而完成人类所能完成的一些工作的技术，所以人工智能专业的培养体系应该融合计算机科学与大数据技术相关专业的培养目标，同时还要引入语言学、心理学、逻辑学等其他研究人类基本语言与思维等的科学，现有人工智能专业培养体系还需要根据教学实践不断加以细化拓展。开设专业不是目的，目的是要借助于人工智能专业的发展真正为社会培养出人工智能时代所需要的人才。因此，我国在开设了相关专业的基础上下一步努力的目标就是要不断深化并落实为社会培养高、精、尖的高技能高素质复合型人才的根本任务。

二 构建公益性培训与再就业服务平台

要促进劳动者技能水平的提升，增强劳方博弈力量，除了要通过正规的学校教育推动未来人力资本投资外，还需要针对目前已经进入劳动力市场中的在职但面临较大失业风险或已经下岗失业的低技能劳动者提供公益性职业技能培训，同时构建再就业服务平台，实现培训与就业的衔接，增强培训的针对性，提升培训向就业的目标转化率。

目前，由中国人力资源与社会保障部统领，授权各个地方人社局已经建立了技能提升专项工作，联合不同的培训机构举办了多场职业技能培训。2019年5月，国务院办公厅印发《职业技能提升行动方案（2019—2021年）》提出了职业技能培训三年基本目标："2019年至2021年，持续开展职业技能提升行动，提高培训针对性实效性，全面提升劳动者职业技能水平和就业创业能力。三年共开展各类补贴性职业技能培训5000万人次以上，其中2019年培训1500万人次以上；到2021年低技能劳动者占就业人员总量的比例达到25%以上，高技能人才占技能劳动者的比例达到30%以上。"以该方案的落实为核心，各个地方纷纷建立了符合各自地方实际的推进方案。同时，还建立了专门针对人工智能、智能机器人等专门领域的职业技能培训，适应人工智能时代发展对人才的需求。

尽管人社局牵头的培训活动取得了良好的效果和很好的带动作用，但是目前中国技能培训平台的辐射范围还比较有限，并且培训的连贯性不佳，尤其是针对人工智能领域的高技能培训，缺乏足够的培训经费和培训师资队伍建设。需要日后予以重点关注。为此，可以引导形成由政府教育培训监管部门、企业、高校、培训机构等组成的人工智能行业技能培训指导委员会，在编写培训教材、规划培训课程内容、实现理论培训与实践演练有机结合等方面发挥主导性作用；可以开展人社局技能培训进社区活动，提高技能培训的辐射面，同时加大宣传力度，让更多的劳动者在政府提供的公益培训活动下受益；可以定期开展专题性的人工智能职业技能提升与培训课程，配备完整的培训师资队伍，保证课程体系的连贯性，同时要积极联合相关企业参与培训课程内容的设计尤其是在实战演练与实验操作环节，要模拟具体企业场景开展具有前沿性、实用性、针对性以及现实性的实操课程；还可以通过政府购买吸收专业化培训中心的优质课程，借助商业培训中心的力量构建专业化知识体系与过硬的师资队伍，当然，目前社会上的专业培训机构"不专业"的情况普遍存在，这就需要结合市场监管进行两手抓，一方面要做好对市场化培训机构的规范，另一方面也要注意合理的引导发挥私营化培训机构的作用；在培训经费的来源上面，尽量不要给政府财政增加额外负担，可以考虑从失业保险基金中划拨经费，我国失业保险基金累计结余数额可观（见表10-2），可以在职业培训中作为经费支撑的强大后盾，发挥促进再就业的劳动者保障作用。

表10-2　　　　2010—2018年失业保险基金收支情况　　　　单位：亿元

年份	失业保险基金收入	失业保险基金支出	失业保险累计结余
2010	649.8	423.3	1749.8
2011	923.1	432.8	2240.2

续表

年份	失业保险基金收入	失业保险基金支出	失业保险累计结余
2012	1138.9	450.6	2929.0
2013	1288.9	531.6	3685.9
2014	1379.8	614.7	4451.5
2015	1367.8	736.4	5083.0
2016	1228.9	976.1	5333.3
2017	1112.6	893.8	5552.4
2018	1171.1	915.3	5817.0

注：根据中国国家统计局网站公布的年度数据整理而得

三 规范人工智能技术专业化培训机构的发展

随着劳动力市场上高技能劳动力的短缺，社会上一些以盈利为目的培训机构纷纷崛起，然而，培训市场的火爆并没有给劳动力市场失衡的供求结构带来效果卓著的改善，反而衍生出了劳动者交了"血汗钱"却没有学成归来获得一份期望工作的恶性问题，更别提提高劳动者技能、促进其就业与收入水平提升、增强劳方博弈力量等作用的发挥了。这背后的原因显然与培训市场的"骗局"乱象有关。

目前，国内的培训市场缺乏严格的监管，简单的几个程序就可以成立一个公司，然后经营培训业务，至于具体的培训课程内容是什么？并不是结合师资力量做长期品牌的塑造，而是跟随市场变化随意更改。当下什么课程是市场人才培养中所需要的，培训机构就开设什么课程。例如，人工智能时代，人工智能、VR、机器人工程、大数据算法、物联网、云计算等等越来越受人们的关注和市场的青睐，培训机构就培训这些课程，那么培训机构中的老师水平究竟如何呢？短短几个月甚至更短的时间构建起来的师资队伍，其质量肯定是令人存疑的。有些机构虽然在宣传单的课程介绍中挂上了名师照片，但正式上课之后名师的授课率却并不是很高，大多数时间都是刚刚毕业的计算机专业大学毕业生给学员上课，其实践技能堪忧，而学员本身对专业知识并无太多认识，往往上完课之后才觉得没有学到太多实用的内容，但学费已交无法收回。

既然如此，为什么还会有人飞蛾扑火般涌向培训机构呢？原因很简单，培训机构的营销手段实在是高明，往往能够抓住劳动者们渴望提升、渴望就业、渴望高薪的心理，使用诸如包高薪就业、与各种部门合作、颁发高含金量证书、培训期间不收费、培训各种新技术等等营销手段吸引潜在学员的注意力，一旦学员报了名，可能说法就不一样了。如此市场乱象，政府必须加强监管，原因很简单，那些想要通过培训提升技能的大多数都是低技能、低收入的劳动者，他们若遇上个良心机构还好，若遇不上，那么就会陷入既花了时间又浪费了金钱结果却仍然没有摆脱被社会所淘汰命运的悲惨局面。为此，政府可以从激励与约束两个方面对技能培训市场进行规范：

一方面，市场监管部门必须要严格审查培训机构的资格与条件，尤其是针对专业化极强的技能培训机构，需要审查师资力量的真实授课能力，审查名师授课出勤率，审查培训机构在相关技能培训领域的经验与成果，审查培训机构招生过程中是否有过度宣传的虚假承诺等。除此之外，还要探索构建培训机构真实培训能力的评价指标体系，按照评价指标体系建立业内培训机构的排名机制，对于排名靠后或者经评价不合格的培训机构严格执行淘汰机制，逐步清除培训市场乱象。

另一方面，针对那些经过评价合格的培训机构要积极采取激励措施，引导其发展。例如，可以开展与人工智能相关的技能竞赛活动，设立丰厚的奖金，采用将竞赛获奖纳入评价指标体系的方式吸引培训机构积极参与；可以通过建立人工智能培养训练协会对各大培训机构进行组织，同时促进培训机构与人工智能企业之间的合作与对接，促进二者战略合作伙伴关系的达成，构建目标企业与专业培训机构之间的联合培养模式；还可以促进符合条件的专业培训机构与人社局的合作，由人社局引导培训机构的发展方向，实现政府与市场的优势互补，共同促进人工智能所需的高素质人才的培养。

第二节 多管齐下缓解就业压力

在互联网普及与计算机技术越发成熟的今天，宏观经济增长由"人口红利"走向"技术红利"已经势不可挡，人工智能技术的应用只会越来越深化。面对这种趋势，国家、政府、企业与个人要正确看待人工智能给人类生产生活带来的巨大变化，既要正视其可能会给人类生活带来的冲击，也要认识到其将会给人类生产生活带来的便利。关于人工智能对就业所带来的挤出效应问题，我们不应该消极排斥，而应该积极面对，通过"开源"的办法多管齐下缓解劳动力市场上的就业压力。

一 以发展新兴产业业态挖掘新的就业岗位

发展新兴产业业态，这是我国在经济进入新常态阶段，应对产业结构优化调整、经济增长与发展方式转变等历史任务时的战略性选择，同时也是人工智能时代产业调整与经济发展的大势所趋。在促进新兴产业业态发展方面，中国政府已经颁布了一系列文件明确了构建包括新能源、新材料、信息技术等在内的十大战略性新兴产业的长远规划。有中央政策的合理引导，诸如平台经济、数字经济、直播经济、新能源经济等新兴经济形式已经获得了较大程度的发展，目前正处于进一步规范的阶段。

新兴产业业态之所以能够挖掘更多的就业岗位原因主要在于：一方面，新兴产业本身在形成过程中就需要相应人力资源与人力资本的推动，在生产、加工、组装或以其他形成进行产品生产或服务提供的过程里形成新的就业岗位，吸纳劳动力市场上的剩余劳动力；另一方面，新兴产业在形成产业链条时，可以带动纵向上前端产业链（研发、设计等）、后端产业链（销售、售后管理），或横向上配套产业、支持产业、衍生产业等的发展进而创造更多的关联性就业岗位，带动更多的劳动力就业。此外，目前从国际视角来看，新兴产业主要围绕信息化、节能化、创意化的领域展开，更容易形成产业链式发展模式，同时在产业结构升级优化背景下，服务业所占比例也将进一步提高，这些方面均有利于就业机会的释放。

结合人工智能对就业造成冲击的背景，中国在促进新兴产业发展方面可以把更多注意力放在就业带动效应比较突出且符合国家发展需要的产业业态方面，例如文化创意产业与老年照护服务业等。

首先就文化创意产业而言，它的发展适应了人们消费活动由物质领域消费为主向精神文化领域消费为主的转变趋势，同时以人的创造力为核心而不单纯强调高技术性，只要创意好，均能够获得成功从而不仅能带动就业而且能带来可观收入水平。例如，创意旅游产业作为文化创意产业中的一个热门行业，最近几年获得了较大程度的发展，既带动了餐饮、娱乐、交通、住宿等行业的发展，又带动了纪念品的生产与销售，挖掘出了很多曾经没有被发现的旅游好去处，也开辟出了一些拥有文化价值底蕴的小村镇作为新的旅游打卡圣地，这在无形中就可以带动了当地老百姓的就业与收入，同时也可以成为吸纳被人工智能替代下来的低技能劳动者就业的良好选择，因为旅游、餐饮行业本身隶属于服务业，对于劳动者没有太高的技能水平要求，就业门槛较低。

其次针对老年长期照护服务产业来讲，它所需要的从业者不用具备太高的技能水平，只需要懂得常识性的护理知识且具有对老年人足够的耐心与爱心则均可以实现就业。我国马上要进入深度老龄化社会，老年人尤其是失能半失能老年人的长期照护问题将会更加突出，发展老年长期照护服务业、构建长期照护服务体系是我国现在必将要做长远规划的大事。这样看来，发展照护服务产业也是一个符合国家发展需要同时能够解决低技能劳动者就业问题的一个良好选择。然而，在目前的中国长期照护服务产业发展还很薄弱，面临的问题还有很多，政府需要投入更多的精力致力于这些问题的解决。

总之，促进新兴产业业态发展是我国政府面临新时期经济发展与社会进步历史任务的必然选择，同时也是缓解人工智能时代就业压力的重要举措。我国需要利用好契机，找准就业带动的目标行业，重点性突破，有计划推进，更好地解决低技能剩余劳动力的就业问题，同时更好地实现新的经济增长点的挖掘。以就业促民生，以民生促消费，以消费带经济，以经济促发展，由此形成良性循环。

二 以鼓励创新创业促进就业状态改善

鼓励创新创业是缓解就业压力、改善就业质量、开拓就业渠道又一理性选择。目前，我国已经形成了大众创业、万众创新的热潮，进一步推进创新创业服务能够实现创业与就业的双赢。为此，国家人社部、科技部、财政部等相关部委要形成合力、共同推进创新创业取得新进展。

首先，通过政策引导与扶持为创新创业活动提供更加良好的制度环境。继续进行商事制度改革，简化政府审批和企业开办流程，大力借助网络化办公手段简化企业登记制度，促进"三证合一"制度向"五证合一"制度的转变，实行企业最多"跑一次"审批大厅的行政管理服务，在保证管控力度的同时最大限度地为创业企业提供便利；重点开展积极、科学、合理、有效的扶持政策，通过税收优惠、低息或贴息贷款、技术支持、人才推进等手段为创新创业营造支持性政策环境，另外，针对初创期企业还可以通过土地、用水、用电、用气等方面的价格优惠给予扶持，通过减税让费等方式降低创业企业成本支出；对创业企业的支持还需要结合地方特色展开有针对性的指导，促使创业项目更好落地实施，协调好地方资金与人力资源，调动地方政府积极性为创业企业提供全方位的配套支持；创新创业扶持政策还需要重点向大学生、农民工返乡创业项目倾斜，为低端劳动者创业提供优先扶持政策。

其次，要完善创业孵化基地建设。要为创新创业项目提供经验支撑还需要充分发挥创业孵化基地的积极作用。要构建全国的创新创业项目的信息库，关注有潜力的创业者，充分发挥创业孵化基地的指导与辅助作用，开展对创新创业的服务与指导。在创业项目的开发开业方面提供咨询服务，在融资与技术方面提供针对性的支持与培训项目，为提高创业孵化基地的服务质量还需积极开展孵化基地之间的交流与合作，在全国形成联网式基地创新建设，总结经验、吸取教训，更好地服务创新创业者。

再次，通过举办创新创业赛事来促进"双创"项目的落地转化。近年来，由国家人社部、科技部等相关部委牵头已经在全国层面以及各地方举行了很多场次创新创业大赛，积累了经验，也取得了初步效果。创新创业大赛设立丰厚奖金能够调动创业者热情，通过赛事过程展示创新创业成果能够促进同行之间交流。此外，大赛组委会也可以通过邀请投资领域专家作为评委，从而提高其对优秀创新创业项目的关注。总之，国家可以通过举办不同领域的创新创业赛事为优秀项目提供展示平台，吸引风险投资者的注意，争取创业所需资金支持，同时还可以通过大赛推进相关领域的人才资源库建设，为创业成功企业储备专业的人力资源。

最后，在推进创新创业服务方面，人社部门与就业指导部门还需要积极开展经验交流，与不同地方的相关部门建立战略合作伙伴关系，形成"全国一盘棋"的合力，共同提高服务质量与服务效能。为此，可以通过举办创新创业服务成果展示会形式进行全国范围内的经验分享与交流，借此还可以邀请专家、学者以及成功创业者与潜在创业者参加，促进创新创业理念的宣传与引导。

三 以促进国际化劳务输出缓解国内就业压力

促进劳动力市场的合理流动是缓解就业压力的有效办法，而促进劳动力在全球市场的流动是当前我国国内就业压力巨大情况下的理性选择。促进国际化劳务输出，我国已经取得了初步效果，从近几年中国对世界劳务合作派出人数（见表10-3）来看，我国每年对外输出的劳务合作人员有二、三十万，目前累计输出人数为六十万左右，加之以私人名义出国务工人员，这一数字还要高出很多。这说明，全球化背景下，我国通过国际化劳务输出形式来缓解国内就业压力是可行的。

表10-3 2011—2018年来中国对世界劳务合作派出人数情况统计　　单位：人

年份	中国对世界劳务合作派出人数	中国对世界劳务合作派出年末人数
2011	209065	488409
2012	278380	505563
2013	255674	482611
2014	292570	596881
2015	276800	618295
2016	264009	595976
2017	300249	602342
2018	265000	606102

注：根据中国国家统计局网站公布的数据整理而得

然而，我国目前对外劳务输出事业尚存在一些问题，不能很好地发挥这一就业渠道对于缓解国内就业压力的作用，为此，需要采取如下措施：

第一，要在政策与认识层面重视对外劳务输出的重要作用，通过法律法规赋予公民合法合规的国家化流动权利，使劳务输出能够规范有序地进行。

第二，在保证国内所需高技能人才不流失的情况下，广开劳务输出渠道，促进低技能劳动者的对外输出。人工智能时代，我国高技能人才缺乏，低技能普遍劳动者过剩，就业市场要缓解的就业压力主要来自于这部分劳动者。西方发达国家由于经济增长速度快于劳动力增加速度且人口老龄化现象日益严重，其他发展中国家面临经济规模扩大且发展速度加快的任务，都在不同程度上出现了劳动力短缺问题，尤其是制造业人员短缺普遍存在，这就为我国剩余劳动力的跨国流动提供了机会。可以采用各种办法，官方渠道与私人渠道并用，共同推进国际劳务输出。

第三，在职业技能培训体系中加入专门针对劳务输出人员的培训内容，通过语言培训、文化培训、爱国主义教育培训等内容提高剩余劳动者的综合素质，为高质量劳务输出保驾护航，也为剩余劳动者的顺利输出创造便利条件。

第四，以信息全球化为依托，建立全球化劳务市场供求信息网络，密切了解国际用人需求变化情况，为我国剩余劳动力的跨国输出做好方向指引与全局把控。在当前全球化经济发展速度提高且用人需求巨大的条件下，我国在国际市场上缺乏竞争力的一个主要原因其实并不在于我国劳动力素质低下，而是在于对国际化劳务市场的丰富信息掌握不到位，很多就业渠道没有被挖掘出来。为此，我国必须要加强国际化人才信息库建设，与其他国家劳动力市场信息化资源对接，在促进我国所需高技能人才引进的同时推动本国剩余劳动力的输出与转移，从而合理利用国际化市场的优势，达到劳动力资源优化配置。

第三节 通过制度改革增强劳动者抵御风险能力

人工智能时代，劳资关系的"非固定化"发展特征使劳动者面临更多不确定的因素，增加了其所面临的就业风险、社会保障风险以及其他生活风险，为此，政府必须要发挥"稳定器""保护伞"的作用，通过制度改革来增强劳动者抵御风险的能力。

一 以社会保障制度改革降低劳动者面临风险

我国的社会保障制度主要是跟随就业的劳动保障制度，对于灵活就业者以及由于各种原因没有与企业签订正规劳动合同的劳动者而言，则缺乏制度保护的刚性。为此，需要进行社会保障制度的改革以适应人工智能时代给劳动者所带来的风险增加问题。

一方面，要不断提高社会保险统筹层次，促进劳动力的合理流动。社会保险统筹层次低是造成劳动力跨区域流动困难的一个主要原因，为了能够促进劳动力资源的优化配置，我国的社会保障制度必须从提高社会保险统筹层次方面推进改革措施。一方面，纵向角度来讲，要不断促进社会保险省级统筹政策的实施与落地，探索建立社会保险中央统筹制度。目前我国各个省、自治区、直辖市已经纷纷建立了社会保险省级统筹政策，但是在政策具体实施环节还存在着流于形式难于推进的障碍，这需要深入利用社保入税的契机，发挥税务系统对于人员工资与社保缴费基数的掌控能力，采用分阶段推进的办法，从缴费环节先行促进社会保险的省级统筹，然后再从基金运营环节、使用与支出环节逐步实现省级的统筹与管理，最后再建立真正的中央调剂金制度，为社会保险基金的中央统筹调剂奠定坚实基础。

另一方面，要适应劳动关系不确定性特点，完善针对灵活就业人员的社会保障制度。我国灵活就业人员数量逐年增加，虽然社会保障部通过允许灵活就业人员自己缴纳职工基本养老保险与医疗保险的规定，以及建立城乡居民养老保险制度与城乡居民医疗保险制度实现了对于全体就业人员社会保障权利的全覆盖，但是灵活就业人员的保险参保率却没有实现全覆盖，仍然有很大一部分灵活就业者处于风险自担的状态。之所以出现这种情况主要在于灵活就业者的收入不稳定，社保缴费又只能自我全额承担，这让人们感觉到与城镇职工比起来，灵活就业人员缴纳社会保险不划算。要改变这种错误认识，还需要政府加大社会保险政策宣传力度，同时对灵活就业人员的社会保障制度进行改革与完善。例如，目前制度中，对于基本医疗保险缴费而言，如果缴费中断3个月，参保者要想继续参保不仅要补足保费还需要额外缴纳滞纳金，否则医保时效将会被中止，这就无形中让参保的灵活就业人员损失了一些收入，容易挫伤人们参保积极性，可以考虑取消加收滞纳金的规定，而采用其他办法来督促参保人员按时足额缴费；又如，现行的针对灵活就业人员的社会保险制度，只有养老保险与医疗保险的规定，缺乏工伤、生育与失业保险制度的保障，而对于灵活就业人员而言，他们也面临工伤、生育与失业的风险，尤其是那些经常在一些诸如建筑工地、机床车间等具有一定工伤风险的场所工作的人员，他们更迫切需要的是受到工伤之后的经济补偿与生活保障，而这刚好是现行社保制度中所欠缺的。或许，从另外一个角度来讲，灵活就业人员的参保率之所以不高还与现有社保制度安排并没有指向他们最迫切需要的风险化解领域有关。未来的社会保障制度改革可以向这个方向考虑，积极筹划为灵活就业人员建立专门的工伤保险与失业保险，解决其最迫切的风险承担问题。

二 以法律制度调整来保障劳动者基本权益

参与社会分工,通过劳动获得生存所必需的收入报酬,是劳动者权益的基本内容之一。人工智能时代,智能化技术应用替代了体力劳动力与部分脑力劳动者,未来还有向智力劳动力进军的可能与空间,这一趋势使低技能劳动者面临生存权与劳动权等基本权益被剥夺的威胁。智能技术应用本身并无过错,它是经济发展到一段阶段后的必然发展趋势,它对劳动者生存权利带来的冲击,成为政府制度化干预的职责与任务。

从宪法层面来讲,随着新时期经济结构发生深刻变化,我国宪法内容也需要做相应调整。目前我国遵循的根本大法依然是1982年颁布的《宪法》,分别于1988年、1993年、1999年、2004年和2018年进行了五次修订。面对人工智能时代的考验,建议再次修改《宪法》的部分内容,重新界定人们的劳动权利,将智能化机器应用的领域进行原则上的先定,使应该继续由人工劳动力完成的工作留给劳动者,而可以由智能化机器完成的工作则助其顺利实现对人工劳动力的替代,即修宪的基本原则应该是:最大限度地发挥智能化技术工具解放人类、造福于人类的积极作用,降低其对人类的替代、排挤和剥削的可能,真正实现科学技术是"第一生产力"而非"第一破坏力"的历史任务。

从劳动者保护的专门法律层面来讲,由于人工智能时代下不确定性劳资关系涌现、零工经济趋势逐渐明显、劳资契约不断走向被"虚化"与"架空"的境地,导致现实生产过程中结成的关系发生变化,事实劳资关系逐步被民事合同关系、经济合同关系所掩盖。如此一来,劳动法律制度对于劳动者的保护作用不断被削弱。要扭转这种局面,就需要根据实际情况改变适时地调整劳动法律制度内容。做好民法与劳动法的衔接，站在保护劳动者利益角度重新界定民法、合同法、劳动法、劳动合同法等可能会涉及劳动者劳权保护的内容，为劳动者一旦遭遇利益侵害总能够寻找到有效的法律救济依据。

总之，随着物质生产过程发生变化，生产关系尤其是劳资关系发生了相应转变，那么对应的保护劳动者权益的法律制度也要做出相应调整，这是社会发展过程中的必然规律。

主要参考文献

中文著作

蔡昉：《刘易斯转折点：中国经济发展新阶段》，社会科学文献出版社 2008 年版。

曹燕：《和谐劳动关系法律保障机制研究——对我国劳动法律制度功能的反思》，中国法制出版社 2008 年版。

常凯：《劳动关系·劳动者·劳权——当代中国的劳动问题》，中国劳动出版社 1995 年版。

常凯：《劳动关系学》，中国劳动与社会保障出版社 2005 年版。

常凯：《中国劳动关系报告——当代中国劳动关系的特点和趋向》，中国劳动社会保障出版社 2009 年版。

陈恕祥主编：《当代西方发达国家劳资关系研究》，武汉大学出版社 1993 年版。

程延园：《劳动关系》，中国人民大学出版社 2007 年版。

程延园：《劳动关系学》，中国人民大学出版社 2011 年版。

郭庆松：《企业劳动关系管理》，南开大学出版社 2001 年版。

郭咸纲：《贡献利益分享模式》，清华大学出版社 2005 年版。

黄淳：《信息经济学》，经济科学出版社 1998 年版。

刘冠军主编：《新编政治经济学教程》，中国人民大学出版社 2011 年版。

刘树成：《现代经济词典》，凤凰出版社 2005 年版。

卢现祥：《西方新制度经济学》，中国发展出版社 1996 年版。

卢之超：《马克思主义大辞典》，中国和平出版社 1993 年版。

罗燕：《劳动争议处理》，中国劳动社会保障出版社 2005 年版。

尚珂主编：《劳动关系管理》，中国发展出版社 2011 年版。

汪浩瀚、徐文明：《现代不确定性经济理论的比较研究：凯恩斯与奈特》，《经济评论》2005 年第 1 期。

徐大伟：《新制度经济学》，清华大学出版社 2005 年版。

杨体仁、李丽林：《市场经济国家劳动关系——理论·制度·政策》，中国劳动社会保障出版社 2000 年版。

袁庆明：《新制度经济学教程》，中国发展出版社 2001 年版。

苑倩、周冰、沈士仓：《现代劳动关系辞典》，中国劳动社会保障出版社 2000 年版。

袁志刚：《失业经济学》，上海人民出版社 1997 年版。

中文译著

［德］沃尔夫冈·多伊普勒：《德国雇员权益的维护》，唐伦亿、谢立斌译，中国工人出版社 2009 年版。

［德］鲁道夫·特劳普：《劳动关系比较研究》，中国社会科学出版社 2010 年版。

［俄］列宁：《列宁全集》（第 24 卷），人民出版社 1972 年版。

［法］埃米尔·迪尔凯姆：《社会分工论》，生活·读书·新知三联书店 2000 年版。

[法] 埃里克·布鲁索、让·米歇尔·格拉尚主编:《契约经济学:理论和应用》,中国人民大学出版社 2010 年版。

[美] 戴维·L. 韦默主编:《制度设计》,费方域、朱宝钦译,上海财经大学出版社 2004 年版。

[美] 丹尼尔·A. 雷恩:《管理思想的演变》,孙耀君等译,中国社会科学出版社 1986 年版。

[美] 丹尼尔·奎因·米尔斯:《劳工关系》,机械工业出版社 2000 年版。

[美] 博尔顿、[比] 德瓦特里庞:《合同理论》,费方域等译,上海人民出版社 2008 年版。

[美] 寇肯:《美国产业关系的转型》,王侃译,中国劳动社会保障出版社 2008 年版。

[美] 罗伯特·高尔曼:《劳动法基本教程》,中国政法大学出版社 2003 年版。

[美] 罗纳德·G. 伊兰伯格、罗伯特·S. 史密斯:《现代劳动经济学:理论与公共政策》(第十版),刘昕译,中国人民大学出版社 2008 年版。

[美] 马丁·L. 威茨曼:《分享经济——用分享制代替工资制》,林春秋等译,中国经济出版社 1986 年版。

[美] 帕斯·洛斯·戴维斯:《科林斯经济学词典》(第 3 版),罗汉译,上海财经大学出版社 2008 年版。

[美] 帕特里克·博尔顿,[比] 马赛厄斯·德瓦特里庞:《合同理论》,格致出版社:上海人民出版社 2008 年版。

[美] 约翰 W. 巴德:《人性化的雇佣关系——效率、公平与发言权之间的平衡》,解格先、马振英译,北京大学出版社 2007 年版。

[美] 路易斯·普特曼、兰德尔·克罗茨纳主编:《企业的经济性

质》，孙经纬，译，上海财经大学出版社2009年版。

[美] 奥利弗·E. 威廉姆森：《资本主义经济制度—论企业签约与市场签约》，段毅、王伟译，商务印书馆2011年版。

[美] 赫伯特·西蒙主编：《现代决策理论的基石》，杨栎，徐立译，北京经济学院出版社1989年版。

[美] 富兰克·H. 奈特主编：《风险、不确定性和利润》，王宇、王文玉译，中国人民大学出版社2005年版。

[美] 埃里克·弗里博顿、[德] 鲁道夫·芮切特：《新制度经济学：一个交易费用分析范式》，姜建强、罗长远译，格致出版社、上海三联书店、上海人民出版社2012年版。

[美] 科斯、诺斯、威廉姆森等：[法] 克劳德·梅纳尔编著：《制度、契约与组织——从制度经济学角度的透视》，经济科学出版社2003年版。

[日] 荒木尚志：《日本劳动法》，李坤刚、牛志奎译，北京大学出版社2009年版。

[日] 青木昌彦．《比较制度分析》，周黎安译，上海远东出版社2001年版。

[英] 巴纳德：《欧盟劳动法》，中国法制出版社2005年版。

[英] 坎南、[英] 亚当·斯密：《关于法律、警察、岁入及军备的演讲》，商务印书馆1962年版。

中文论文

艾理生：《当前我国劳动关系及其相关社会政策分析》，《吉林大学学报》（社会科学版）2007年第6期。

蔡昉：《二元劳动力市场条件下的就业体制转换》，《中国人口科学》1998年第2期。

常凯、李琪：《论我国三方协商机制的组织结构及其职能》，《工会理论与实践》1998 年第 4 期。

常凯：《WTO、劳工标准与劳工权益保障》，《中国社会科学》2002 年第 5 期。

常凯：《劳资冲突处理法制化：构建和谐劳动关系中一项急迫的政治任务》，《中国党政干部论坛》2006 年第 12 期。

陈步雷：《劳动争议调解机制的构造分析与改进构想》，《中国劳动关系学院学报》2006 年第 4 期。

陈少晖：《新合作主义：中国私营企业劳资关系整合的目标模式》，《当代经济研究》2008 年第 1 期。

程恩富：《社会进步与工会的作用》，《学者论坛》2000 年第 2 期。

程启军：《转型—冲突—化解：劳资冲突的协调机制研究——一种社会学的分析思路》，博士学位论文，华中师范大学，2008 年。

程延园：《构建制度化的劳资利益沟通机制——对"东航返航事件"中劳资博弈非制度化的思考》，《中国人民大学学报》2008 年第 4 期。

程延园：《集体谈判制度在我国面临的问题及其解决》，《中国人民大学学报》2004 年第 2 期。

程延园：《劳动合同立法：寻求管制与促进的平衡》，《中国人民大学学报》2006 年第 5 期。

崔勋等：《从近代西方劳资关系研究视角的变迁看劳资冲突走向》，《人力资源开发》2010 年第 5 期。

董保华：《和谐劳动关系的思辨》，《上海师范大学学报》2007 年第 3 期。

董克用：《中国经济体制改革以来劳动关系的变化与调节机制》，《经济理论与经济管理》2001 年第 4 期。

董文军:《我国〈劳动合同法〉中的倾斜保护与利益平衡》,《当代法学》2008年第5期。

冯钢:《企业工会的"制度性弱势"及其形成背景》,《社会》2006年第3期。

冯同庆:《中国的劳工调查与研究》,《工会理论与实践》2004年第5期。

高爱娣:《社会主义和谐劳动关系理论概述》,《工会理论研究》2006年第5期。

韩金华等:《运用税收政策促进非公企业劳资关系和谐发展》,《税务研究》2008年第10期。

韩秀华:《中国二元教育下的农村劳动力转移问题研究》,博士学位论文,西北大学,2006年。

韩海雯:《人工智能产业建设与供给侧结构性改革:马克思分工理论视角》,《华南师范大学学报》(社会科学版)2016年第6期。

何哲:《人工智能时代的人类社会经济价值与分配体系初探》,《南京社会科学》2018年第11期。

贺艳秋:《论道德调整私人企业劳资关系的可行性》,《南阳师范学院学报》(社会科学版)2004年第5期。

贺艳秋:《论私人企业中劳资关系的道德调整》,《中州学刊》2002年第1期。

洪安琪:《改变职工弱势地位、建立协调稳定的劳资关系》,《工会理论与实践》2000年第8期。

姜荣萍等:《从构建和谐劳资关系入手解决民营企业人员流失问题》,《企业活力》2006年第5期。

蒋南平、邹宇:《人工智能与中国劳动力供给侧结构性改革》,《四川大学学报》(哲学社会科学版)2018年第1期。

雷云：《建立适合中国国情的劳资关系调节模式》，《云南民族大学学报》（哲学社会科学版）2007年第3期。

李亮山：《我国劳动关系政府规制研究》，博士学位论文，北京交通大学，2012年。

李炳安等：《转型时期政府在劳资关系中的角色》，《中国党政干部论坛》2007年第6期。

李建民：《中国劳动力市场多重分隔及其对劳动力供求的影响》，《中国人口科学》2002年第2期。

李丽林等：《2004—2010年我国典型停工事件分析》，《中国人力资源开发》2011年第3期。

李培林：《劳资关系之文化调整初探》，《生产力研究》2006年第12期。

李培志：《试论和谐劳动关系的构建》，《中国劳动关系学院学报》2005年第6期。

李松龄：《工资与利润合理关系的理论分析》，《湖南商学院学报》2013年第1期。

李涛：《三方主体缺失与私营企业劳资关系协调机制的构建》，《浙江树人大学学报》2008年第5期。

李亚娟等：《我国政府在劳动关系中的角色探析》，《社会主义研究》2009年第6期。

李广海、陈通：《现代决策的基石：理性与有限理性研究述评》，《统计与决策》2008年第3期。

梁小惠：《论转型期的民营企业劳资关系及其法律规制——兼论2013新修订〈劳动合同法〉实施面临的问题和对策》，《河北师范大学学报》（哲学社会科学版）2013年第4期。

刘大卫：《人工智能背景下人力资源雇佣关系重构及社会影响分

析》,《云南社会科学》2020 年第 1 期。

刘健西等:《转型经济下我国劳资关系协调机制探讨》,《天府新论》2014 年第 2 期。

刘金祥:《多元化路径:我国劳资关系调整模式的反思和重构》,《社会科学研究》2011 年第 1 期。

刘金祥:《三位一体:劳动关系调整模式的创新思考》,《上海企业》2014 年第 1 期。

刘铁明等:《中国和谐劳动关系研究综述》,《马克思主义与现实》2007 年第 6 期。

刘湘国:《我国调整劳资关系的三方协商机制存在的问题及对策分析》,《北京劳动保障职业学院学报》2012 年第 1 期。

刘颖:《构建私营企业劳资关系的协调机制研究》,《科学社会主义》2006 年第 6 期。

罗宁:《中国转型期劳资关系冲突与合作研究——基于合作博弈的比较制度分析》,博士学位论文,西南财经大学,2009 年。

茅于轼:《茅于轼谈劳动关系》,《中国工人》2014 年第 6 期。

穆随心:《试论我国劳动关系的新特点及其法律调整机制——从社会主义市场经济视角》,《理论导刊》2005 年第 8 期。

潘泰萍:《新世纪中国劳动关系调整模式的转型研究》,博士学位论文,首都经济贸易大学,2012 年。

乔健:《略论我国劳动关系的转型及当前特征》,《中国劳动关系学院学报》2007 年第 2 期。

秦晓静等:《我国私营企业劳资关系协调机制分析》,《西北大学学报》(哲学社会科学版)2006 年第 3 期。

丘海雄等:《理性选择理论述评》,《中山大学学报》(社会科学版)1998 年第 1 期。

苏启林等：《不完全契约与应用研究最新进展》，《外国经济与管理》2005年第9期。

孙翔：《AI技术视角下传统企业管理面临的挑战与应对策略》，《吉林农业科技学院学报》2018年第9期。

谭泓：《构建和谐劳动关系的政府角色定位与职能履行问题研究》，《东岳论丛》2013年第3期。

唐均：《"三方机制"：解决农民工工资问题的最佳选择》，《中国党政干部论坛》2004年第5期。

王锦生等：《辽宁省企业科技创新现状及对策》，《科技与创新》2011年第3期。

王力南：《基于内部劳动力市场理论的中国企业劳动关系研究》，《财经理论研究》2014年第3期。

王明亮，刘三林，张成科：《论劳资关系协调"三方机制"实施的社会基础及局限》，《求索》2012年第1期。

王明亮：《"小康型"社会多维网络化劳资利益协调机制研究》，《求索》2013年第6期。

王贤森：《当前和谐劳动关系构建中的新视角——〈工会法〉实施中若干问题的反思》，《中国劳动关系学院学报》2005年第5期。

王乐：《当今社会劳资矛盾多发的原因分析》，《理论观察》2014年第1期。

王工厂：《我国劳动争议处理制度存在的问题及完善》，《学术论坛》2011年第10期。

王君等：《人工智能等新技术迷步影响就业的机理与对策》，《宏观经济研究》2017年第10期。

王维平、高耀芳：《〈资本论〉劳动伦理思想与中国和谐劳动关系的构建》，《现代经济探讨》2019年第8期。

主要参考文献

吴宏洛：《经济全球化下的中国劳资关系研究》，博士学位论文，福建师范大学，2009年。

吴君槐：《利益分享视角下的和谐劳资关系构建》，博士学位论文，西南财经大学，2008年。

吴亚平、郑桥：《从国际比较的视野看中国工会的特点和发展趋势》，《中国劳动关系学院学报》2007年第10期。

夏小林：《私营部门劳资关系及协调机制》，《管理世界》2004年第6期。

肖峰：《〈资本论〉的机器观对理解人工智能应用的多重启》，《马克思主义研究》2019年第6期。

徐永进：《我国劳动基准立法的现状与进路》，《社会科学》2014年第3期。

徐丽雯：《我国劳动争议处理制度存在的问题与完善之策》，《北京行政学院学报》2014年第2期。

许晓军：《工会推动国民经济可持续发展的新视角》，《中国劳动关系学院学报》2006年第8期。

杨河清、詹婧：《我国劳动关系调整模式选择的制度因素探讨》，《人力资源开发》2006年第6期。

杨琳：《劳资矛盾忧患》，《瞭望》2009年第5期。

杨瑞龙、周业安：《交易费用与企业所有权分配合约的选择》，《经济研究》1999年第2期。

姚先国、赖普清：《中国劳资关系的城乡户籍差异》，《经济研究》2004年第7期。

闫晗：《人工智能时代背景下劳动法的未来挑战》，《法制博览》2020年第1期。

张庆伟：《劳资关系的涵义：三种不同的经济学解读》，《当代经济》2007 年第 11 期。

张新春：《人工智能技术条件下资本主义劳资关系演化与启示》，《当代经济研究》2018 年第 12 期。

张鹏飞：《人工智能与就业研究新进展》，《经济学家》2018 年第 8 期。

赵瑞红：《中外企业劳动规章制度研究》，《苏州大学学报》（哲学社会科学版）2010 年第 11 期。

赵曙明、赵薇：《美、德、日劳资关系管理比较研究》，《外国经济与管理》2006 年第 1 期。

赵祖平：《错位、缺位：劳动关系重建中的政府》，《中国劳动关系学院学报》2007 年第 1 期。

郑桥：《产业关系政策是市场经济国家调整劳动关系的重要机制》，《新视野》1995 年第 5 期。

周新军：《劳动关系与劳资关系：两种体制下的经济关系——中国转型期的经济关系研究》，《现代财经》2001 年第 12 期。

周新军：《社会主义社会的劳资关系研究》，《经济评论》1999 年第 1 期。

朱光华、曾小龙：《从新古典交易契约到不完全契约——现代契约理论发展述评》，《河北学刊》2000 年第 1 期。

朱巧玲、李敏：《人工智能、技术进步与劳动力结构优化对策研究》，《科技进步与对策》2018 年第 6 期。

朱巧玲，李敏：《工智能的发展与未来劳动力结构变化趋势——理论、证据及策略》，《改革与战略》2017 年第 12 期。

英文论文

Andrew D. Foster and Mark R. Rosenzweig, "A Test for Maral Hazard in the Labor Market: Contractual Arrangements, Effort, and Health," *Review of Economics and Statistics* 76 (May 1994): 213 – 227.

Atkins P. Mardeen, "Marshall Brenda Stevenson. Happy employees lead to loyal patients," *Journal of Health Care Marketing*, 1996 (16): 14 – 23.

Barton H. Hamilton, Jack A. Nickerson, and Hideo Owan, "Team Incentives and Worker Heterogeneity: An Empirical Analysis of the Impact of Teams on Productivity and Participation," *Journal of Political Economy* 111 (June 2003): 465 – 497.

Bob Filipczak, "Managing a mixed work force," *Training*, 1997 (10): 96 – 103.

Cornfield, Daniel B. Seniority, "Human Capital and Layoffs: A Case Study," Berkeley: Industial Relation, 1982 (3): 352 – 365.

Hammer, Tove, and Robert Stern, "A model of union-management cooperation," *Industrial and Labor Relations Review*, 1986, 39 (3): 337 – 349.

Hiromichi Shibata, "Acomparison of American and Japanesework practices: Skill formation, communications, and conflictresolution," *Industrial Relation*, 1999 (4): 92 – 114.

Ibsen C. L. and Mainland M., "Striking a balance? Flexibility and security in collective bargaining," *Economic and Industrial Democracy*, 2011, 32 (2): 161 – 180.

Katz H C., "The decentralization of collective bargaining: A literature review and comparative analysis," *Industrial and Labor Relations Review*, 1993, 47 (1): 3 – 22.

Mark Wooden, Joanne Loundes, and Yi-Ping Tseng, "Industrial relations reform and business performance: An introduction," *Melbourne Institu-*

te Working Paper, 2001 (2): 2.

Matlay, "Employee relations in small firms: A micro-businessperspective," *Employee relations*, 1999, 21 (3): 34 – 35.

Michael Barrier, "Putting a lid onconflicts," *Nations Business*, 1998 (4): 34 – 35.

Rainnie, A., "Combined and uneven development in the clothingindustry," *Capital Class*, 1984, 22 (2): 11 – 29.

Richardson, G. B., "The organization of industry," *Economic Journal*, 1972 (12): 887.

Zupnov, Josip, "Two Patterns of Conflict Management in Industry," *Industrial Relation*, 1973 (5): 213 – 225.

英文著作

Gittell, Jody Hoffer, *The Southwest Airlines way: Using the power of relationships to achieve high performance*, New York: McGraw-Hill, 2003.

John R. Commons, *The Economics of Collective Action*, University of Wisconsin Press, 1990.

John T. Dunlop, *Industrial relations system*, Harvard Business School Press, 1993.

Keune M. and Galgoczi B., *Collective bargaining on working time: Recent European experiences*, Brussels: ETUIREHS, 2006.

Law Philip, Thomhill and Saunders Mark, *Employee Relations Understanding the Employee Relationship*, Pearson Education Limited, 2003.

Marcus. H. Sandver, *Labor Relations: Process and Outcomes*, Boston: little, Brown and Company, 1987.

S · Webb & B · Webb, *Industrial Democracy*, London: Longman,

1897.

Terry McIlwee, "*Collective Bargaining*", *European Labor Relations*, Routledge, 2001.

Thomas A. Kochan, Harry C. Katz and Robert Znded. l LR B. Mckersie, *The Transformation of American Industrial Relations*, Cornell University Press, 1994.

致 谢

本书是在我博士学位论文的基础上修改、加工而成,反复地查看着整篇文稿,心中感慨万千,既有遗憾又有欣慰,更多的是对在文稿书写过程中给予我帮助的恩师、领导、同事、同学和家人的感激。

首先,要非常感谢辽宁大学经济学院的所有领导、老师与同学,如果没有各位老师的指导,没有各位同学的帮助,那么就没有我博士毕业论文的顺利完成,也就没有这篇书稿的主要框架结构。尤其要感谢我的导师张桂文教授,张老师自担任我的导师以来就一直亲切地关心着我的学习与生活,无论是课堂上的授课还是课下的沟通,张老师都用无比的耐心悉心地教导着我,并教会我储备知识的同时也要学会将知识转化为解决实际问题的工具。我的博士学位论文能够拥有完整体系且能够修改成专著,都是在张老师的悉心教诲下完成的,张老师的敬业精神、对学生的关切之情以及她在学术上的较高造诣都深深地影响并鞭策着我。

其次,要感谢沈阳师范大学管理学院的领导和同事们。著书立说是学术研究者们表达自己思想的必由之路,同时也是一件枯燥乏味的事情,需要"坐得住冷板凳""耐得了孤独与寂寞"。在书稿完成的过程中,正值家里二宝从出生到蹒跚学步阶段,这个阶段对于一个妈妈来说是一个挑战。我曾经想过放弃书稿的写作，是我工作单位的领导不断督促着我要前行，要付出一切努力克服自身面临的困难。还有同事们互相之间加油、打气，彼此信息共享，一起携手走过了书稿写作与修改的漫长过程。感恩遇见，感怀与同事们携手同行！

再次，要感谢我的学生顾吉禄、杨倩倩以及所有 2017 级社会保障专业的同学们。本部书稿写作过程中，正值全球爆发罕见疫情，中国在抗"疫"阻击战中，做出了众多创新性尝试，高校授课也经历了全面线上化的考验。这期间，由于要忙于书稿的写作，又要忙于线上授课资料的准备，以及需要线上进行的教学工作包括本科生与研究生的毕业论文开题和答辩等，时间显得非常紧张。是上述同学们协助老师完成了很多力所能及的工作，尤其是杨倩倩同学在最后的校稿阶段发挥了很大作用，帮助修改了书稿的体例与格式问题，做出了突出的贡献，在这里，一并表示感谢。

最后，要感谢我的父母、我的公公婆婆，如果不是有他们帮我照料孩子，我是无论如何也没有多余的精力来完成书稿的写作的；要感谢我的老公，是他的支持与理解陪着我走过最艰难的写作岁月；感谢我的儿子与女儿，在我撰写书稿的烦躁期，是儿子的理解支持和女儿的活泼可爱帮我战胜烦恼。爱你们！

张　颖

2020 年 8 月